AF539136

हासिल और अन्य कहानियाँ

(कहानी-संग्रह)

हासिल और अन्य कहानियाँ

राजेन्द्र यादव

राजकमल प्रकाशन

ISBN : 978-81-267-1206-9

मूल्य : ₹495

पहला संस्करण : 2006
तीसरा संस्करण : 2024

प्रकाशक : राजकमल प्रकाशन प्रा.लि.
1-बी, नेताजी सुभाष मार्ग, दरियागंज
नई दिल्ली-110 002
शाखाएँ : अशोक राजपथ, साइंस कॉलेज के सामने, पटना-800 006
पहली मंजिल, दरबारी बिल्डिंग, महात्मा गांधी मार्ग, प्रयागराज-211 001
वेबसाइट : www.rajkamalprakashan.com
ई-मेल : info@rajkamalprakashan.com

मुद्रक : बी.के. ऑफसेट
नवीन शाहदरा, दिल्ली-110 032

HASIL AUR ANYA KAHANIYAN
(Stories) by Rajendra Yadav

प्रभा खेतान के सिवा किसी रचनाकार में इस पुस्तक को स्वीकार करने का साहस नहीं है।

राजेन्द्र यादव

26 जनवरी, 2006

'हासिल' और अन्य कहानियाँ अर्थात्

देहवाणी और देववाणी की द्वंद्वात्मकता...

मैं जानता हूँ ये विस्फोटक कहानियाँ हैं--अश्लील, आपत्तिजनक, फूहड़ और कुंठित व्यक्ति की सेक्स-भड़ास। शायद यही डर रहा होगा कि इनमें से अधिकांश कहानियाँ चालीस-पैंतालीस साल से दबी पड़ी रहीं। जब 1970 के आस-पास मैंने 'ढोल और अन्य कहानियाँ' संग्रह दिया तो आनेवाली रचनाओं में 'आपत्तिजनक कहानियाँ' भी प्रकाश्य पुस्तकों में थी। सच कहूँ तो हिम्मत नहीं पड़ी। हिम्मत आज भी नहीं हो रही। मगर सोचता हूँ आख़िर और कितने दिनों इन्हें दबाकर रखा जाएगा? 76 साल की उम्र में एक खास तरह की बेहयायी तो आ ही जाती है। अब मेरा कोई क्या कर लेगा? फिर भी कहने का मन करता है कि कमज़ोर दिल और कच्ची समझ वाले इन कहानियों को न पढ़ें– *"हो जिनको दीनो दिल अजीज़ अपनी गली में आए क्यूँ?"*

बीस साल *हंस* का संपादन करने के दौरान मुझे खलनायक तो बना ही दिया गया है। इस रावण के चेहरे में एक चेहरा और सही। इस तरह की रचनाओं के प्रकाशन में आदमी सबसे ज़्यादा 'अपनों' से डरता हैं–खासकर पत्नी और बच्चों से। अपने मित्रों के सामने क्या कहकर बाप का बचाव करेंगे? ऐसा था हमारा बाप? या ऐसे थे तुम्हारे पापा? मैं जानता हूँ हमारी और इनकी पीढ़ी में ज़मीन-आसमान का अन्तर है। हम आदर्श देश-समाज के सपने देखने वाले लोग थे जो क्रमशः स्वप्न-भंग की प्रक्रिया में कुंठित और हताश होते चले गए। बड़े सपने जब टूटते हैं तो क़हर अपनों पर ही टूटता है। ख़ासतौर पर स्त्री-पुरुष के बीच रोमांस का जादू बिखरने लगता है–वहाँ रह जाती है सिर्फ़ देह या शारीरिकता...अकारण नहीं है कि घमासान युद्धों के बीच प्यार और सेक्स की अविस्मरणीय कहानियाँ जन्म लेती हैं।

एक बात और : चूमा-चाटी, आलिंगन-सम्भोग तक ही बने रहने या इसी सब पर चिल्ल-पों मचाते चमड़ीखोरों से मुझे कुछ नहीं कहना। हाँ, वयस्क पाठकों का ध्यान एक बात की ओर ज़रूर खींचना चाहूँगा : क्या ये सारी

कहानियाँ अँधेरे कमरों की नीली रोशनियों या बिस्तर पर केलि-क्रीड़ाओं में मस्त औरत की स्वतंत्रता और प्रतिरोध की कहानियाँ नहीं हैं ? यहाँ अप्रत्यक्ष और अवचेतन रूप से स्थिति की सारी लगाम औरत के हाथों में है। वह अघोषित और अनकहे ही पुरुष का इस्तेमाल कर रही है। शायद वह अपने अवचेतन में जानती है कि शारीरिक शक्ति में वह पुरुष का मुक़ाबला नहीं कर पाएगी, सिर्फ़ सेक्स ही वह जगह है जहाँ पुरुष को नचा सकती है—उसे यह भ्रम देते हुए कि वह शिकारी है और उसने शिकार मार लिया है। दरअसल पराजित और दयनीय होने का भ्रम देती हुई स्त्री ही वहाँ विजयिनी होती है। यह पुरुष के प्रभाव से मुक्त होकर अपना फ़ैसला स्वयं लेने का पहला पाठ है। आश्चर्य नहीं है कि स्त्री-मुक्ति का पहला चरण बिस्तर से ही उठाया जाएगा, उस क्लियोपैट्रा द्वारा जो अपनी सेक्स-पावर के प्रति आश्वस्त है। यह बोध स्त्री को शायद होता पहले भी रहा होगा, मगर इसे विचार यानी स्त्री-मुक्ति की चेतना का दर्शन उत्तर-आधुनिकता की ही देन है। कोई भी निजी बोध, आपसी हिस्सेदारी से 'विचार' बनता है और यही विचार आगे जाकर सिद्धान्त का रूप लेता है।

स्त्री का यह विश्वास क्या 'उसने कहा था' के लहना सिंह की याद नहीं दिलाता, जहाँ भीतरी कमरे में 'रेशम का शालू' पहने बैठी एक औरत बीसियों साल बाद अचानक अपना विश्वास लहना सिंह को सौंप देती है और इसी की रक्षा के लिए लहना सिंह रणक्षेत्र में उसके बेटे वज़ीरा को बचाने के लिए मर मिटता है।

इन कहानियों पर कोई भी फ़ैसला देने वाले पाठक से मैं सिर्फ़ एक ही सवाल पूछना चाहूँगा : क्यों बड़े से बड़े पेंटर और मूर्तिकार ने बेहद रच-रचकर न्यूड पेंट किए हैं? क्यों मूर्तिकारों ने मंदिरों और महलों में नग्न-स्त्री या सम्भोग को पत्थरों पर उकेरा है? क्यों नीति और वैराग्य-शतक लिखने वाले भर्तृहरियों ने पहले शृंगार-शतक लिखे हैं? रूसो, बर्ट्रेण्ड रसेल, लारेन्स, गांधी, रजनीश की दार्शनिक ऊँचाइयों के पीछे देह का सम्पूर्ण स्वीकार क्यों नहीं है? वे मानते हैं स्त्री सौन्दर्य का पर्याय है, प्रकृति की सुन्दर कलाकृति है। एक कलाकार जब इस कलाकृति का अभिनन्दन करता है तो 'पाप' कहाँ? सभी तो कुंठित-सेक्स के मारे नहीं हैं। सामाजिक समस्याएँ तब भी क्या कम विकराल थीं? युद्ध, बाढ़, भुखमरी, अकाल तब भी उतने ही भयावह नहीं थे? कह सकते हैं : हम पुरुष थे इसलिए हमने बार-बार स्त्री को ही चुना। अगर ये कलाकृतियाँ इतने ही अकुंठ भाव से स्त्रियों ने बनाई होतीं तो शायद निशाना पुरुष होता...मान लीजिए नोबुल-पुरस्कार विजेता और 'सौ सालों की तन्हाई' जैसे 'महाभारतात्मक' उपन्यास के लेखक गैब्रियल गार्सिया मार्खेज (जन्म 1927) के 2004 में लिखे नवीनतम उपन्यास *मेरी*

विषादग्रस्त रंडियो की स्मृतियाँ को किसी तस्लीमा नसरीन ने लिखा होता तो यह प्रारंभिक वाक्य वह कैसे लिखती : "जब मैं 90 साल का हुआ तो तो मेरी उत्कट कामना थी कि क्यों न अपने आपको किसी अक्षत-योनि किशोरी के साथ उन्मत्त और निरंकुश सम्भोग की झंझावाती रात-बिताने की खूबसूरत सौग़ात दूँ?"

अगर सेक्स-'पावर-गेम'(सत्ता की शतरंज) है जैसा कि फूको ने सिद्ध किया है तो इन कहानियों के प्रायः सभी नायक अन्त में कैकेयी के हाथों पराजित दशरथ की तरह अपने को परास्त और चीटेड महसूस करते हैं। आख़िर हम कितने दिनों सेक्स और समाज को परस्पर विरोधी मानने के बचकाने आदर्श के चंगुल में फँसे रहेंगे? या सूअर जैसा मनहूस मुँह बनाकर बोलते रहेंगे कि "सेक्स हो, इससे किसी को इनकार नहीं है, मगर वह उस तरह हो जैसा हम चाहते हैं।"

बहरहाल गिलोटिन के नीचे, बलि-वेदी पर यह सिर हाज़िर है...

नई दिल्ली **–राजेन्द्र यादव**

1 जनवरी, 2006

अनुक्रम

हासिल और अन्य कहानियाँ अर्थात्
देहवाणी और देववाणी की द्वंद्वात्मकता... 7

जुगनू यानी रोशनी के बीज 13
एक खुली हुई साँझ 18
मैं वहाँ नहीं हूँ... 27
कहानी रुकती नहीं है... 34
फ्रैंच-लैदर (कंडोम) 37
नया फ़्लैट... 46
लक्ष्मण-रेखा 52
चालीस साल बाद 54
दो दिवंगत 73
सुधा की डायरी 74
एक कटी हुई कहानी 82
मरा हुआ चूहा 102
हासिल 109
सिद्धि 133

जुगनू यानी रोशनी के बीज

प्रतिकार

प्रायश्चित स्वरूप गुरु द्रोणाचार्य ने एकलव्य को सिंहासन पर बैठा दिया तो उसने चरणों में झुककर निवेदन किया, "आचार्यवर, मैं और मेरी जाति आपकी युगों-युगों ऋणी रहेगी। मगर मुझे तो राजकाज का कोई अनुभव ही नहीं है, न मेरी शिक्षा-दीक्षा ऐसी हो पाई कि नित्य उठनेवाली समस्याओं की बारीकियों को समझूँ। और राज के शत्रुओं से लड़ने के लिए मेरे पास अँगूठा नहीं है—मैं बाण कैसे चलाऊँगा?

गुरु ने धीर-गम्भीर भाव से मन्द-स्मिति के साथ कहा, "वत्स, शत्रुओं से लड़ने के लिए अर्जुन तुम्हारे सहायक होंगे और राजकाज की समस्याओं में मैं तुम्हारा मार्गदर्शन करूँगा।"

"फिर मैं क्या करूँगा गुरुदेव?" एकलव्य का व्याकुल प्रश्न आया।

"वत्स, तुम निश्चिंत होकर अपना और अपनी जाति का सांस्कृतिक उत्थान करो। दास-दासियाँ, महल अटारियाँ सभी तो तुम्हारे पास है—अथाह सम्पत्ति, अगाध सौन्दर्य तुम्हारे सामने खुला है। आख़िर, इन सबसे भी तुम युगों से वंचित रहे हो। हम तुम्हें सिर्फ़ सत्ता ही नहीं दे रहे, इस क्षेत्र में तुम्हारे साथ हुए अन्याय का भी प्रतिकार कर रहे हैं—रम्भा, मेनका, सोमरस सभी तो तुम्हारे हैं..."

एकलव्य ने गहरी साँस ली। अब वह फिर संस्कृति के जंगलों में था।

आत्महत्या

उस दिन वह विश्व-विजय के गर्व से खुश—इतनी खुश कि नाचने लगी थी—आज अपनी प्रयोगशाला में, उसने पहले परखनली शिशु को जन्म नहीं, 'जीवन' दिया था। वीर्य-बैंक से खुद शुक्राणु चुने थे और विशेष तापमानों के बीच रासायनिक प्रयोग किए थे। उसने भ्रूण को विभिन्न आकार लेते, बढ़ते और फिर स्पंदित होते हुए अपनी आँखों से देखा

था—और यह उसकी, विज्ञान की महानतम सफलता थी। इस परखनली शिशु की वह पहली जन्मदात्री और अब पहली माँ होगी। सारी दुनिया में तहलका मच जाएगा।

सफलता के विस्फोट के दौरान ही उसने महसूस करना शुरू किया कि वह लगातार उदास होती जा रही है। भीतर से उमड़ते व्यर्थता-बोध और निरर्थकता के इस दुर्निवार ज्वार के बीच डूबते व्यक्ति की तरह वह अपने को बार-बार याद दिलाना चाहती थी कि आज उसने प्रकृति के सबसे बड़े रहस्य—या अदृश्य शक्ति को छीनकर सचमुच मनुष्य को अपना निर्माता स्वयं बनाने की शुरुआत की है। सारी दुनिया के इतिहास और भूगोल बदल जाएँगे, उसके हाथों सृष्टि का नया प्रारंभ होगा—मनुष्य की ऐसी प्रजाति आएगी जिसे हम निर्धारित-नियन्त्रित करेंगे...

भीतर से उठती उदासी की यह बाढ़ एक प्रश्न का रूप ले रही थी : अब? फिर वह एक निर्णय के साथ झटके-से उठी और प्रयोगशाला में जाकर कुछ द्रवों और रसायनों को मिलाती उबालती रही। सहसा भयानक विस्फोट हुआ। पूरी बिल्डिंग एक धमाके के साथ उड़कर बिखर गई। मरने से पहले उसके चेहरे पर अद्‌भुत सन्तोष था : आत्महत्या उसने अब नहीं, सफलता के उन प्रथम क्षणों में की थी।

मुक्ति

उनका खयाल था कि मृत्यु कहीं बाहर से आकर ही उन पर झपट्टा मारेगी और काम तमाम हो जाएगा। सोचा भी नहीं था कि 'दुश्मन' उनके अपने भीतर, अपनी ही नसों में घुसा बैठा है।

हुआ यों कि अपने एक घनिष्ठ मित्र के एक्सीडेंट में खून की ज़रूरत पड़ी। ब्लड-बैंक में जो खून था उसमें से कोई भी खून उनके अपने ग्रुप से नहीं मिला। लाख कोशिश करने पर भी बाहर से इन्तजाम नहीं हो सका और वे ऑपरेशन-थिएटर में ही चल बसे। उसी दिन उन्होंने तय कर लिया कि वे हर वर्ष अपना खून देंगे और ब्लड-बैंक वालों से अनुरोध करेंगे कि खून का एक प्रतिशत उनके लिए सुरक्षित रख दिया जाए। उनका अपना ग्रुप भी 'रेयर' ही था। यह खून समय पर सुलभ रहा तो किसी भी इमर्जेन्सी में काम आ सकेगा, वरना किसी और के काम आएगा...

मगर हुआ वही जिसका डर था। वे ऑपरेशन की मेज पर थे और खुद उनका ही खून उन्हें चढ़ाया जा रहा था। सारे डॉक्टर चकित थे कि खुद उनका खून उन्हें ही सूट नहीं कर रहा था और नसों में जाकर ज़हर बन जाता था...

आखिर उन्होंने वहीं दम तोड़ दिया तो बेटे ने इत्मीनान की गहरी साँस ली—बुड्ढ़े ने प्राण खा लिए थे—अब जाकर मुक्ति मिली...

पकड़ से बाहर एक क्षण

'शारीरिक सुख की आध्यात्मिक अनुभूति या परमानन्द का बोध' जैसे ही किसी भाव को उस दिन पहली बार उसने अनुभव किया था। वे उस मकान में शरण लिए हुए हैं, यह किसी ने पुलिस को वता दिया था और अब मकान घेर लिया गया था। नीचे के सारे दरवाज़े बन्द करके ऊपर की मंजिल पर साथियों ने मोर्चे ले लिए थे। दोनों तरफ़ से गोलियाँ चल रही थीं। पुलिस को उलझाए रखकर भागना था। वह नेता था इसलिए उसका भागकर सुरक्षित निकल जाना बहुत ज़रूरी था। बगल के कमरे में जब ग्रेनेडनुमा बम फूटा तो लगा कि अब भागने के सिवा कोई विकल्प नहीं है। उसने कृतज्ञतापूर्वक लड़की को धन्यवाद दिया, असुविधा के लिए माफी माँगी और बेहद भावुक होकर उसके दोनों हाथ पकड़कर सीधे उसकी आँखों में झाँका। पलांश में पता नहीं क्या हुआ कि झटके से दोनों एक दूसरे से लिपट गए और फिर उसने लड़की के सारे कपड़े उतार डाले, अपनी पेटी-पिस्तौल निकाल एक तरफ डाली। वे इस तरह गुँथे हुए थे जैसे दो तारों को साथ मिलाकर बल लगा दिए गए हों...उस समय न उसे नीचे तोड़े जाते दरवाज़ों की आवाज़ें सुनाई दे रही थीं न सीढ़ियों पर धम-धम चढ़ते भारी बूटों का ध्यान था, न टूटते काँचों ने उसका ध्यान बँटाया, न उखड़ते पलस्तर ने...धुएँ और गर्द-गुबार के बीच नंगी ज़मीन पर सिर्फ़ वे दोनों थे और थे एक-दूसरे में समा जाने को तड़पते उनके शरीर। अब जो हो, सो हो...काश, कोई इस क्षण दोनों को गोलियों से छलनी कर दे और मुक्त कर दे...वह उसकी ज़िन्दगी का सबसे सफल, सार्थक और सात्विक सम्भोग था...एक दैवी-क्षण।

उसे खुद नहीं मालूम वह वहाँ कैसे बच निकला था और जंगलों में उतर गया था। लड़की भी आकर उन्हीं में शामिल हो गई थी। भाग-दौड़, आँख-मिचौली की ज़िन्दगी में फिर एक वैसा ही क्षण आया। चार-पाँच साथी नहर के इस पार ऊँची-सी जगह में मोर्चा लिए थे। सामने दूसरे किनारे से भी गोलियाँ चल रही थीं। सहसा धमाका हुआ और बग़लवाला, दसियों साल से हमेशा साथ रहनेवाला साथी लुढ़क गया। जब उधर से गोलियाँ चलनी बन्द हो गईं तो वह सिर्फ़ साथी की खुली हुई पथराई आँखों को देखता रहा—भाव शून्य, अवसन्न। तभी न जाने कहाँ से आकर लड़की ने उन खुली आँखों को बन्द कर दिया था और आकर उससे लिपट गई। अभी-अभी दुश्मन आएँगे और हमला करेंगे। इस बीच ही यहाँ से हट जाना है। मगर वे लिपटे थे और पुरानी स्मृति उठ खड़ी हुई थी भागने या बिछुड़ने से पहले वे फिर 'उसी क्षण' को पा लेना चाहते थे। मगर उसकी चेतना में खुली हुई दो आँखें ढँकी थी। लाख कोशिश के बावजूद उससे कुछ नहीं हो रहा था। जैसे शरीर के कुछ हिस्से थे ही नहीं। तब भीतर से एक गहरी आकांक्षा हुई थी, काश, कोई गोलियों से उसका शरीर छलनी कर दे और वह मुक्त हो जाए...

माँ की कमर

''पापा, माँ की कमर बहुत चिकनी है न?''

''कौन कहता है?'' पापा के स्वर में ओढ़ा हुआ लाड़ था।

माँ का दिल धड़का।

''आप...'' बच्चे ने कहा। पापा ने हँसकर बेटे को गले लगा लिया। माँ ने मुक्ति की साँस ली...

प्रेमिकाएँ

प्रेमिकाओं के सिर में दर्द होता है
वे पट्टियाँ बाँधती हैं और मुरझाई रहती हैं
तुम हलके हाथों माथे पर बाम लगाते हो
और वे कृतार्थ होती हैं इस स्पर्श-सुख से
आहिस्ता से हथेली रखकर
तुम्हारा पिघला हाथ दबा देती हैं
और तुम झुककर चूम लेते हो...

प्रेमिकाओं के पेट में मरोड़ नहीं उठते
पेचिश या अतिसार नहीं होता
प्रेमिकाएँ पादती नहीं हैं
छींकती भी नहीं हैं
मासिक-धर्म के समय
सिर्फ उनका शरीर गिरा-गिरा होता है

प्रेमिकाओं को सिर्फ क्षय होता है
और वे उदास लेटी बादलों के घेरे देखती हैं
स्मृतियाँ या सपने बुनती हैं

या कहीं किसी गुमनाम अँधेरे में
अपने किसी पति का बच्चा जनने में
चुपचाप मर जाती हैं

तुम्हारे पास सिर्फ एक फूल
एक याद
और एक एहसास बनकर साँस लेती हैं।

एक खुली हुई साँझ

वह जो कुछ भी हुआ था, उसमें शायद शिवेन भी था...शायद शिवेन ही था...

...अब तक माहेश्वरी आ गया होगा। रेस-कोर्स का चक्कर लगाकर शिवेन यहाँ आ बैठा था। एक-डेढ़ मील का चक्कर होगा। रोज़ खुली हवा में इतना ही टहल लिया करे तो पेट की शिकायत न रहे। लेकिन देखें, यह कार्यक्रम भी कितने दिनों चलता है, उसने अपने-आपसे कहा। हर प्रारम्भ के साथ ही इस डर की भी शुरुआत हो जाती है। देखा जाएगा, जितने दिनों भी चले। अब लौटना चाहिए...

बैठे-बैठे पाँव सो गया था। खड़े होकर दो-एक बार झटका, अँगड़ाई ली और फिर उधर देखा जिधर वह चली गई थी। साँझ के धुँधलके में पानवाले के पीछे एक छाया-सी ही दीखती थी। वही है। विक्टोरिया का गुम्बद, उसके ऊपर नाचती परी, उतरती किरणों की आभा में साँवली पड़ गई थी। अभी-अभी गुजरी गाड़ी की मंथर-स्वर-रेडियो के गीत की अधूरी कड़ी एक ओर सरककर खो गई थी। पार्क-स्ट्रीट के पास, पता नहीं भीतर जाने से पहले या बाहर निकलकर—गुज़राती परिवार आइसक्रीमवाले के पास खड़ा था। अभी-अभी एक टैक्सी का मीटर डाउन किए जाने की आवाज़ आई थी। एक अदृश्य जिज्ञासा से बैठे हुए शिवेन ने खड़े शिवेन की तरफ़ देखा था—'यानी अब क्या?' उसने रूमाल निकालकर चश्मा साफ़ किया, जमुहाई लेकर कसकर मुँह पोंछा और दोनों हाथ कमर पर रखकर तनकर खड़ा हो गया। अपने से सवाल किया—'माई डियर फ्रैंड, अब क्या किया जाए?' फिर खुद ही दाँतों से नाखून कुतरते हुए कहा—'थोड़ी देर और बैठते हैं यार, अभी से जाकर होगा भी क्या? हो सकता है, माहेश्वरी देवता अब तक लौटे ही न हों...' फिर इतनी देर से उठते सवाल को जवाब दिया—"तुम्हें भ्रम हो गया है दोस्त, वो चीज़ वैसी है नहीं।"

'जाओ। इसी कलकत्ते में मुझे इतने साल हो गए। क्या चीज़ कैसी है, यह कपड़ों और देखने से कहीं पता चलता होगा? इस लड़की का इस तरह आना, पास से दो बार गुज़रना, फिर उचक-उचककर पेड़ की पत्तियाँ तोड़ना, उन्हें जुड़े में लगाकर देर तक दाँतों से कुतरते रहना...इस सबका आख़िर मतलब क्या है?...ज़रा-सा पीछे-पीछे घूम आने में हर्ज़ ही क्या है?'

शिवेन मुस्कराया। 'देखने में किसी अफ़सर या अच्छे खाते-पीते आदमी की बीवी लगती है। कहीं कुछ...' असल में वह मुस्कराया उस लड़की की बात सोच कर ही था। उचककर पेड़ से पत्तियाँ तोड़कर उसने एक पत्ती की पीपनी बनाई थी और जब फूँक देने से महीन-सी आवाज़ में वह बजी तो अपनी सफलता (या शैतानी) पर वह इधर देखकर मुस्करा पड़ी थी। अनजाने शिवेन भी मुस्करा दिया था। तभी ज़रा-सी निगाहें मिली थीं। बस, तभी से सोचते-सोचते तार टूट जाता था और वह मुस्कराहट याद हो आती थी। पानवाले के पास अभी तो शायद वही खड़ी है। साफ़ नहीं दीखता। बदन तोड़कर अँगड़ाई लेते हुए उसने अपने को समझाया–'पान खाना चाहिए। एक खाने के बाद के लिए घर ले चलेंगे।'

वह पान ले चुकने पर बाक़ी पैसे लेने को हाथ बढ़ाए थी, उसी क्षण शिवेन वहाँ पहुँचा। हाँ, वही थी। उधर देखकर मुस्कराने की हिम्मत नहीं पड़ी...साफ़-सुथरे कपड़े, कानों को ढँकते हुए सुरुचिपूर्ण केश, अभिजात व्यक्तित्व की गरिमगन्ध। गले में सलेटी मोटे मोतियों की माला और कलाई में कड़ा, दूसरे में सुनहले कड़े में जड़ी घड़ी। व्यस्तता से उसने कहा, "दो जोड़े पान..."

नहीं, वह ग़लत सोचता था। इस वेश-भूषा में कोई यहाँ क्यों आएगी? कलकत्ते में और जगहें नहीं हैं क्या? दिल धड़कने लगा था, अगर उस समय झूठ-मूठ के जोश में कोई रिमार्क कस देता तो? यह किसी अच्छे घराने की है, किसी से मिलने आई है शायद। अपना यह विचार उसे ख़ुद इतना तर्कपूर्ण लगा कि सारा तनाव शान्त हो गया–किसी एक की यह प्रेमिका हो सकती है, सारी दुनिया की नहीं। और मिलना-जुलना तो सब चलता ही है। अब उसकी समझ में लड़की की सारी बेचैनी आने लगी...यह प्रेमी की प्रतीक्षा की बेचैनी और चंचलता है। इधर चाट-कचौड़ी वालों की भीड़ भनभना रही थी। एक बीड़ा खाकर और दूसरा बँधवाकर वह लौटने को ही था कि लगा, जैसे ज़रा आगे वह ठिठककर खड़ी है। जैसे पति के पान इत्यादि लेने पर पत्नियाँ निस्पृह भाव से खड़ी हो जाती हैं। एक बार उधर का चक्कर लगाकर लौटने में क्या हर्ज है? मुँह में भरी पीक को थूकने की युक्ति अपनाए आपको देखकर वह जरा इधर खिसक आया। ज़ोर से पीक थूकी फिर अपने-आपसे ही पूछा–'आपको किसी का इन्तज़ार है क्या?' देर तक फिर अपने-आप पर आश्चर्य करता रहा कि उस संभ्रांत महिला के लिए लक्ष्य करके इस तरह की बात उसके मुँह से निकली कैसे?

'न...हीं, यों ही घूमने निकल आई हूँ।' सलीस अंग्रेज़ी में उत्तर मिला। शायद शिवेन की बेचैनी और धर्म-संकट को वह भी समझ गई थी। पता नहीं, इसके बाद सचमुच ही वह बोली या केवल शिवेन ने ही सुना–'हो सकता है, आपका ही इन्तज़ार हो...!'

ओऽम्माँ! शिवेन के भीतर कोई निःशब्द उछल पड़ा। यह तो वही हुआ। तब तो पहली बात ठीक थी। माहेश्वरी होता तो पहले ही बता देता।...अब...अब, लौट आया जाए

या साथ हो ले? उसने जैसे अपने आसपास को पहली बार आशंका और नए सिरे से देखा। पीठ के पीछे विक्टोरिया-मेमोरियल की केवल छाया थी ओर लॉनों में पाम-नारियल के पेड़ों के बीच बत्तियाँ। रैड-रोड और रेस-कोर्स वाली सड़क पर रोशनियों की क़तारें झलमला आई थीं, चौरंगी की दुकानों और विज्ञापनों के अक्षर पानी में भीतर डूबे हुए लगते थे। दोनों ओर मोटरों और कारों की दौड़ती रोशनियाँ दीखती थीं; शब्द नहीं आते थे। किसी रहस्यमय फ़िल्म का साउंड-ट्रैक जैसे अचानक फ़ेल कर गया हो...यह सब उसने केवल अचेतन रूप से ही 'देखा' और 'सोचा'। वह कब बिलकुल उसके पास चला आया, और 'ज़रा उधर एकान्त में चलकर बैठें?' के जवाब में सूखे गले से बोला—'चलिए।'...'काम तो नहीं है?'...'नहीं, दोस्त राह देखेगा।'...'तब कोई बात नहीं है...।' बड़ी सधी-सुथरी हँसी।

जिस 'घटना' या 'सनसनी' की वह इतने दिनों से राह देख रहा था, वह सामने थी, और न तो उद्वेग से उसका शरीर थरथरा रहा था, न अब दिल धड़क रहा था। क्या विक्टोरिया आने से पहले और बाद (अनेक बार की तरह) उसने प्रत्याशा नहीं की थी कि ऐसा होगा? ऐसा हो, न जाने कितनी बार इस 'स्वप्न' को मन-ही-मन दुहराया होगा। निहायत ही ठंडे दिमाग़ में केवल एक ही बात थी, घड़ी आज घर ही छोड़ आता तो अच्छा होता। अच्छा, पर्स में कुल कितने पैसे होंगे? रोज़ सिर्फ़ बॉल-पेन जेब में रहता था, आज तो कमबख़्त पार्कर ही चला आया है। अगर 'कुछ' हुआ तो पाँच-सात सौ की चपत लगेगी...।

'आपको मेरे साथ चलने में डर तो नहीं लग रहा?'' उसे स्वीकार करना पड़ा कि बोलनेवाली के स्वर में अपनेपन की मिठास और शिष्ट-संस्कार है।

''नहीं-नहीं, डर की क्या बात है?'' उसे नहीं, शिवेन ने अपने-आपको समझाया, 'आस-पास इतनी भीड़ है। एक आवाज़ पर बीसों लोग दौड़ पड़ेंगे।' हँसी भी आई, आदमी होकर इस तरह महसूस कर रहा है, जैसे वह लड़की हो और कोई गुंडा बहकाए लिए जा रहा हो। उसे ज़रा आत्मविश्वास से अवसर के अनुरूप ही व्यवहार करना चाहिए, 'लीजिए, पान लीजिए।''

''पान अभी आपके सामने ही तो खाया है न, फिर भी आप दे रहे हैं...'' महिला चलते-चलते रुक गई, पान अँधेरे में शिवेन के हाथ के खुले पत्ते से लेते हुए दोनों की उँगलियाँ भी टकराईं, और शायद सनसनी भी हुई, फिर अधिकार से उन्होंने उसकी रूमाल माँगकर हाथ भी पोंछे। इस सबको और बाद की सारी घटना को वह अपने लिए नहीं, लौटकर माहेश्वरी को सुनाने के लिए ग्रहण करता रहा। यह सब बताते हुए उसने अपने-आपको माहेश्वरी से कहते पाया, ''थोड़ी देर उस महिला के साथ चलते-चलते मुझे लगा, जैसे मेरा सारा कांफ़िडेंस लौट आया है। कुछ लोगों के साथ होता है न, उनके साथ पहले के ही कुछ क्षणों में परायापन एकदम मिट जाता है। मुझे लगा, जैसे मैं अपनी किसी

पुरानी परिचित के साथ यों ही घूमने निकल आया हूँ...।"

भीड़ से बचकर मैदान में और भी अन्दर जाकर उसने कहा, "यहीं थोड़ी देर बैठा जाए।"

"बैठिए।" शिवेन ने देखा, वे लोग मैदान के इस हिस्से को काटते नाले के किनारे आ गए हैं और इधर काफ़ी एकान्त, अँधेरा है। अभी यह महिला कोई इशारा करेगी और कुछ लोग कहीं से आकर उसे दबोच लेंगे—कल अख़बारों में निकलेगा, 'मैदान में एक व्यक्ति की घड़ी-पर्स किसी ने छीन लिये। वह व्यक्ति बेहोश स्थिति में नाले में पड़ा पाया गया।' 'मैं अन्दाज़ा लगा रहा था कि इस औरत की उम्र क्या होगी?...' उसके भीतर कोई माहेश्वरी को सुना रहा था—'तीस के आसपास ही लगती थी...।'

"आपका नाम पूछ लूँ?" बैठने के बाद उसे क्या बातें, क्या-कुछ करना चाहिए—यह समझ में नहीं आ रहा था। टेरिलीन की पैंट है, क्रीज़ ख़राब नहीं होगी—उसने मन को आश्वासन दिया। ज़रा दूर हटकर एक या दो व्यक्ति और दीख रहे हैं, कोई ऐसा ही एकान्त-खोजी युगल होगा। इसका हाथ अपने हाथ में ले लें तो यह आपत्ति करेगी, या झपटकर एकदम चूम ही लेना चाहिए? पान खाने के बाद उसका सिर गरम हो जाता है और अपने आसपास सहसा नकली और अयथार्थ लगने लगता है। थोड़ी देर में ठीक हो जाएगा।

"आप समझते हैं, नाम मैं आपको सही बताऊँगी?" फिर वही सधी और बुद्धिमान हँसी थी। शायद अक़सर ही इस प्रश्न का सामना उसने किया है। लड़की तेज़ है, बंगाली नहीं लगती। विज्ञापनों की हलकी रोशनी की जितनी-भर परछाईं यहाँ तक आती है, उसमें आँखें काफ़ी चमकदार और बड़ी-बड़ी लगती हैं। कहीं भी तो कोई बाज़ारूपन नहीं।

"इस तरह मिलनेवाली कोई भी लड़की अपना नाम सही नहीं बताती। नाम बहुत ही ज़रूरी हो तो समझ लीजिए कि मेरा नाम मधु है।"

"आपकी आँखें बहुत खूबसूरत और बड़ी हैं।" फ़िल्म के अनाड़ी नायक-जैसे स्वर को सँभाला नहीं जा सकता था क्या? अवसर के अनुरूप एक्टिंग करना उसके लिए इतना मुश्किल क्यों हो जाता है?

"कई लोगों ने ऐसा ही कहा है?" पतले होंठों पर परिहास—या स्वीकृति—की हलकी हँसी ज़रूर थी। उज्ज्वल हँसी अँधेरे में भी दीख जाती है। माहेश्वरी गालियाँ दे रहा होगा। "आज तबीयत ठीक नहीं थी, फिर भी निकल आई..."

'ज़रूर गहरी मजबूरी होगी...भगवान के लिए अगला वाक्य यह मत कहना कि मेरा बाप बीमार है, भाई की फ़ीस देनी है, शाम को खाना नहीं बनेगा। आपके पास पाँच रुपए होंगे?—मेरा सारा भ्रम टूट जाएगा।' उसने मन-ही-मन मनाया। लेकिन यह वाक्य किसी-न-किसी रूप में तो आना ही है। उसे पूछना चाहिए—आख़िर आपके साथ ऐसी क्या मजबूरी है कि आपको इस लाइन में आना पड़ा? चलते समय कुछ-न-कुछ देना तो पड़ेगा

ही, यही समझ लेना कि उसने एक अप्रत्याशित बहुमूल्य अनुभव ख़रीदा था...लेकिन जब तक ख़ुद न कहेगी, तब तक नहीं। देखें, यह तकल्लुफ़ कितनी देर चलता है! जब देखेंगी कि आज का 'दिन' यों ही ख़ाली चला जा रहा है तो ज़रूर माँगेगी। "आप तो ख़ासी पढ़ी-लिखी लगती हैं।"

"बुरी बात है क्या?" जैसे बहुत विश्वास में लेकर प्रश्न-से-प्रश्न काट दिया गया। बात बदल दी गई, "यह मैदान मुझे बहुत अच्छा लगता है। इतनी खुली जगह इस शहर में और है ही नहीं। आप तो यहाँ अक्सर आते नहीं हैं शायद...।"

"आप यहाँ आनेवाले सारे लोगों को पहचानती हैं?"

"कई बार आई हूँ न, इसलिए लगातार आनेवालों को पहचान लेना मुश्किल नहीं है।" तब बात में एक दुष्ट व्यंग्य तिर आया, 'इतनी निगाह तो रखनी ही पड़ती है।'

"कहीं आसपास ही रहती हैं क्या?" मन में ही जवाब दिया—फ्री-स्कूल स्ट्रीट में रहती होगी।

"कलकत्ते ही रहती हूँ।" फिर एक मुस्कराहट, "पर्सनल जानकारी में आप लोगों की बहुत दिलचस्पी रहती है न...अच्छा बताइए, आपके शौक़ क्या-क्या हैं?"

"कॉलेज के दिनों में तो वही थे जो सबके थे। अब तो वही जो यहाँ के अस्सी प्रतिशत लोगों के हैं, सिनेमा, अख़बार, किताबें और कभी कोई म्यूज़िक कान्फरेंस।" शिवेन को अचानक खयाल आया कि क्या इसे किसी म्यूज़िक-कान्फरेंस में देखा था? जो इस तरह की कान्फरेंसो से जाती है, उनके व्यवहार में एक संभ्रांत शालीनता आ जाती है। पूछ लिया, "आपको तो म्यूज़िक का होगा।"

हलकी-सी हँसी, "आपको कैसे मालूम?" यह सवाल नहीं था, मानो शिवेन के भ्रम की पुष्टि थी कि यही सोच रहे हो न। आगे, "मुझे तो पढ़ने का भी बहुत शौक़ है। कलकत्ते में एक अच्छी बात है, यहाँ सारी मन लायक़ किताबें मिल जाती हैं और मानसिक भोजन की वैसी कमी महसूस नहीं होती जैसी दिल्ली इत्यादि में होती है।"

"हाँ, यह बात है।" और भीतर बोला, तो आप दिल्ली-बम्बई भी घूमी हैं! किसी पैसेवाले के साथ चक्कर लगा आई होंगी। उसने सामने देखते हुए भी 'देखा'—दोनों हाथ गोद में रख लिये गए हैं। धुँधली रोशनी में भी नाखून चमक रहे हैं। नेल-पॉलिश का शेड पहचानना मुश्किल है। नए सिरे से याद हो आया, सेंट की गन्ध भीनी और मधुर है। अब आगे? पहल उसे ही करनी चाहिए।

उसे यह सब बड़ा अस्वाभाविक, साथ ही बहुत सामान्य भी लगा, इस आराम से बैठे हैं जैसे क्लब के लॉन पर किसी अँधेरे कोने में गार्डन-चेयर्स डालकर बैठे हों और नए परिचय की सतह हर वाक्य की परत से और गहरी होती चली जाती हो। यह लड़की 'वह' है या नहीं? 'और देर तक वह अपने शौक़, सिनेमाओं की बातें बड़ी आत्मीयता के साथ बताती रही।' वह दूर कहीं माहेश्वरी को सुना रहा था। आश्चर्य कर रहा था कि इंटीरियर

डेकोरेशन और फूल सजाने के सिलसिले में वह जिन-जिन चीज़ों या बातों के नाम ले रही थी, उसमें से आधे का मतलब उसे नहीं मालूम था। यानी कासीपुर और गोपालपुर की अँधेरी गलियों की 'चीज़' तो वह हर्गिज़ ही नहीं थी। शायद उसके अपने मानसिक स्तर से कुछ भारी ही पड़ेगी—यानी उँगलियों में चाहे जितनी कसमसाहट होती रहे, यों ही समय बीतते जाने की चाहे जितनी बेचैनी मथती रहे; हाथ बढ़ाकर वह उसका हाथ अपने हाथ में नहीं ही ले सकेगा, इस नेल-पॉलिश और कलाई-घड़ी को छूकर वह उनकी क़ीमत की बात नहीं पूछ सकेगा...बौद्धिक रूप से ही बात किसी सेक्स-विषय पर लाई जाए तो शायद 'उस दिशा' में कुछ प्रगति हो। जो होना ही है, उसे टालकर इन बेकार की बातों, दिखावटी दिलचस्पियों, 'अच्छा, यह तो बड़ी नई बात है...आप तो बहुत ही प्रबुद्ध हैं...मैंने सिर्फ़ नाम सुना है, देखा नहीं।' जैसे नक़ली वाक्यों में क्यों वक़्त गुज़रने दिया जाए? क्यों नहीं प्रत्यक्ष या अप्रत्यक्ष सौदे की बात हो रही? मान लो, पट ही जाए तो माहेश्वरी के सामने कमरे पर तो ले जाया नहीं जा सकेगा। अब तक तो वह आ गया होगा। जैसे-जैसे समय बीत रहा है, उसकी भीतरी बेचैनी और उद्वेलन, लौटे हुए माहेश्वरी का ख़याल बोझ की तरह उसे दबाने लगे हैं। एक बार जैसे ही शौक़ों की बात टूटी, उसने बिना किसी प्रसंग के ही कहा, "मेरे एक मित्र की पत्नी हैं, जब भी किसी अंग्रेज़ी सिनेमा में जाती हैं, और वहाँ कोई चुम्बन-आलिंगन का दृश्य आता है तो झेंपकर पति के पीठ के पीछे सिर झुका लेती हैं, मुझे भी हँसी आती है।"

"मुझे तो ऐसा कुछ भी नहीं होता।" 'मधु' की आधी कनपटी पर रोशनी है, "बचपन से ही देखते आ रहे हैं। बल्कि प्रत्यक्ष ज़िन्दगी में तो ऐसे-ऐसे सीन देखे हैं। अभी परसों की ही बात है, किसी के साथ हुगली के किनारे बैठे थे, बेंच पर। अँधेरा था। दीवार के नीचे हलकी-सी पट्टी छोड़कर पानी थपड़-थपड़ कर रहा था—अचानक नीचे से एक ख़ास तरह की आवाज़ आई। झाँककर देखा, पहले तो अँधेरे में कुछ दिखाई नहीं दिया...फिर ग़ौर किया तो एकदम बेड-रूम सीन था...मैंने कुछ दिनों पहले एक उपन्यास पढ़ा था, 'हफ़्ते का आठवाँ दिन'। उसमें शहरों की इसी समस्या पर बड़े सशक्त ढंग से लिखा गया था कि बड़े शहरों में जगह की तंगी के कारण प्रेमियों को मन-लायक एकान्त ही नहीं मिल पाता।"

"अच्छा?" अपनी दिलचस्पी और सही विषय छिड़ जाने की खुशी को शिवेन ने अतिरिक्त आश्चर्य में लिया था।

"बाक़ायदा सम्भोग हो रहा था।" बेहद सपाट ढंग से उसने कहा, "मैं देर तक देखती रही। मुझे तो कुछ भी नहीं लगा...।"

"ताज्जुब है...हम लोग तो नॉर्मल आदमी हैं।" कहने के साथ ही शिवेन को ख़याल आया, हो सकता है वह वैसी न हो, बस, सचमुच कुछ एबनॉर्मल हो, घर से लड़कर चली आई हो। सिनेमा का एक अँधेरा हॉल घूम गया, पास बैठी एक महिला पूरे समय रूमाल

से आँसू पोंछती रोती रही थी। निश्चय ही घर से लड़कर सिनेमा में आ बैठी थी। लेकिन यह जिस निश्चित ढंग से घूम रही थी, अब बैठी बातें कर रही थी, उसमें तो घर से लड़कर आने जैसी कोई बात ज़ाहिर नहीं होती थी। वह यह सारी बातें सोचता रहा और बोलता रहा, ''हम तो इस तरह का दृश्य देखने के लिए एक बार रात-भर खिड़की से लटक रहे थे, दो-तीन लड़के थे, एक-दूसरे को खींचकर उतारते थे और खुद लटक जाते थे...'' निश्चय कर लिया कि इसी बात को बढ़ाकर कुछ घनिष्ठ चित्रों का वर्णन कर दिया जाए और फिर कंधे पर हाथ रखकर अपनी ओर खींच लेने में कठिनाई नहीं होगी।

तभी अप्रत्याशित रूप से उसने जमुहाई ली, हथेली आगे करके, ''इस तरह की विकृत जिज्ञासा शायद हरेक में होती है।'' फिर बिना किसी सूचना के अपने हाथ के कड़े की घड़ी को रोशनी में घुमाकर देखा। ''अँधेरे में कुछ दिखाई ही नहीं देता।'' कहकर बहुत स्वाभाविक ढंग से घास पर टिकी शिवेन की कलाई ऐसे अधिकार से उठाई जैसे वह रोज़ का मित्र है, रोशनी की तरफ़ करके घड़ी देखी और झटके से सीधी हो गई, ''अब चलें, बहुत देर हो गई...।''

शिवेन की समझ में नहीं आया, उस हाथ से छोड़ी गई सनसनाती कलाई का क्या करे? वहीं वापस रख ले या बढ़ाकर उसकी गर्दन के पीछे से दूसरा कंधा पकड़कर अपने पास खींच ले? उसने भी यों ही घड़ी देखी, माहेश्वरी भुनकर भुर्ता हो गया होगा।

फिर दोनों उठ खड़े हुए, औपचारिक रूप से अपने-आप कपड़े व्यस्त-भाव में झाड़े। मन में आया, सारा तनाव और प्रत्याशा व्यर्थ ही चले गए और शिवेन जैसे कहीं दूर खड़ा हुआ उन दो छायाओं को सटे-सटे आते हुए देखता रहा, ''देखिए, अँधेरा है, गड्ढे-वड्ढ़े से बचकर आइए।'' कहकर कँपकँपाती उँगलियों से उसने 'मधु' की बाँह पकड़ने का बहाना कर रखा था और वह अत्यन्त स्वाभाविकता से अपने को ढीला छोड़े इस पकड़ को स्वीकार करती चली आ रही थी, कभी-कभी आपस में अपने शरीर टकरा भी लेने देती थी। दूर खड़ा शिवेन इस तरह देखता रहा, जैसे वह अँधेरा और मैदान एक धुँधला सागर है, जिसकी गहराइयों से 'दो मूर्तियाँ' किनारे की ओर चली आ रही हैं। 'उस वक़्त नहीं लगा था, लेकिन अब लगता है कि या तो तब मैं बेहोश था आधा नशे में...' उसने मन-ही-मन माहेश्वरी को बताया। ''आपसे फिर कभी मिलना हो तो? सचमुच आपसे मिलकर बड़ी खुशी हुई। इतने समझदार लोगों से यहाँ मुलाकात...'' उसकी बात अधूरी ही रह गई, मधु ने उस ओर घूमकर देखा, मानो कुछ कहना चाहती है। फिर मुस्कराकर सामने देखती चलने लगी। 'वह ऐसी समझदारी से मुस्कराई थी जैसे इस वाक्य को उसने अक्सर ही सुना है और यहाँ भी उसकी प्रत्याशा झूठी नहीं पड़ी है।' तब संक्षिप्त-सा उत्तर मिला था, ''यहीं कहीं मिलेंगे...।'' टाल दिया गया था। मैं पूछता हूँ, जब सबकी परिणति उसी बेड-रूम सीन में ही होनी है तो इस सारी इंटलैक्चुल बकवास की ज़रूरत क्या है? उसके पहले औरतों से यह सब सुनना, ऊबानेवाला लगता है और बाद में इस तरह की

बातों की कोई इच्छा नहीं रह जाती। अच्छा माहेश्वरी, यह सब ऐसा नहीं लगता, जैसे दो आदमी सौदा करने मिलें और बजाय मुद्दे की बात करने के एक-दूसरे के परिवार के बारे में पूछते-जानते रहें, साथ ही दोनों यह सब भी समझते रहें कि यह सारी बकवास है और बात पर पहुँचने की औपचारिकता है...फिर अगर वह बात न हो तो कैसी व्यर्थता और झुँझलाहट का अहसास आदमी को मथता है...'

"कुछ ठंडा पिएँगी?' दूर से सोडा-लेमन-पान रखकर बैठे दुकानदार को देखकर शिवेन ने प्रस्ताव किया। गैस-लाइट में बोतलें चमक रही थीं।

"चलिए, एक कोकाकोला पी लेते हैं।"

सन्तोष और झुँझलाहट का अजीब मिश्रण था। पास आकर दो कोकाकोला खुले, पान लगे और शिवेन इस तरह आड़ में रहा कि बेंच पर बैठे 'शिवेन' को अगर वह जगह दिखाई भी दे रही हो तो कम-से-कम वह न दीखे। शिवेन कहेगा, 'बेवकूफ...' साथ ही बेहद निराशा होने लगी, इस चीज़ की क़ीमत केवल दो पान और कोकाकोला ही है? हो सकता है, विदा लेते समय दस रुपए माँगे जाएँ—ज़रूर माँगे जाएँगे। पर्स खोलते हुए उसने दस रुपए का नोट ही निकाला, पाँच ही वापस मिले रुपयों में से इसे दिए जाएँगे।

"नहीं...नहीं, आप नहीं...यह कैसे हो सकता है?" शिवेन ने जल्दी से उसे रोका, लेकिन तब तक बड़े पर्स से निकलकर दस का नोट पानवाले तक पहुँच चुका था, "देखिए, यह आप क्या कर रही हैं?"

"क्यों, दोस्त के लिए मैं थोड़ा-सा ख़र्च नहीं कर सकती?" सुनकर शिवेन का ढीला हाथ वापस जेब में जाकर निकल आया। उसे लगा, जैसे यह एक और पराजय है जो अपमान के निकट है। अब यहीं से विदा होकर अलग हो लिया जाए।

"मुझे उस पेड़ के नीचे सड़क तक नहीं छोड़ आएँगे?" मधु ने शायद उसके बुझे मन को महसूस करके स्वयं हलके-से उसकी बाँह का सहारा ले लिया था।

"हाँ-हाँ, ज़रूर। आपको यहीं क्यों, घर तक छोड़ते हुए जा सकता हूँ।" हलकी-सी आशा जगी। हो सकता है, इसका अलग अपना कमरा हो और यह यहाँ से यों ही 'ग्राहकों' को ले जाती हो।' साथ ही हलका-सा भय और बेचैनी हो रही थी, सड़क के किनारे उसे अपना हाथ हटा लेना चाहिए और इस तरह चलना चाहिए जैसे दो अपरिचित संयोग से साथ-साथ चलते दीख रहे हैं।

"बस, सड़क तक छोड़ दीजिए..." एक बार मधु उसकी ओर देखकर मुस्कराई थी, ज़्यादा चालाक होने की कोशिश मत कीजिए।

"टैक्सी बुला लूँ..." उसने सड़क के किनारे खड़े होकर पूछा।

"नहीं-नहीं, मैं चली जाऊँगी..." वह सामने कुछ खोजती-सी कहती रही।

"अच्छा, तो कल फिर इसी समय..." शिवेन की बात अधूरी रह गई, एक गाड़ी घूमकर बिलकुल सामने आ लगी थी। टैक्सी नहीं, मेहँदी रंग की ऐम्बेसेडर। और इसके

बाद की बात को शिवेन प्रयत्नपूर्वक इसी तरह याद करने की असफल कोशिश करता है, जैसे सुबह उठने के बाद का सपना।

'आइए, ज़रा बाहर निकल आइए, आपको अपने मित्र से मिलवाएँ।' के बाद चाबी लिये कोई गाड़ी का दरवाज़ा बन्द करते बाहर निकले थे, घूमकर पास आ गए थे। तब शिवेन को लगा था कि उसकी छाती धड़क रही है, पिंडलियाँ पसीने से तर-ब-तर काँप रही हैं और उसका वहाँ मधु के साथ होना या रहना एक दंडनीय अपराध है, कि उसकी चेतना हवा में घुल गई है और मधु या सामने बाक़ायदा सूट-सज्जित व्यक्ति असली नहीं, कोई आउट-ऑफ़-फ़ोकस तसवीर है और मधु के ये शब्द शायद उसने कभी सुने ही नहीं थे, ''ये मेरे हस्बेंड हैं, और आप...आप मेरे मित्र...''

''बड़ी खुशी हुई.'' उँगलियों में फँसे चाबी के छल्लेवाला हाथ, पसीने से पसीजे एक ऐसे हाथ में मिला था जो काँप रहा था और बस चलता तो वह हाथवाला छूटकर भाग जाता।

''अब चलें...' के बाद एक तरफ़ मधु बैठ गई और दूसरी तरफ़ घूमकर 'हस्बेंड' और विदा का हाथ खिड़की के ऊपर हिला था. जड़ खड़े शिवेन की समझ में नहीं आया था कि खिसकती गाड़ी से उसने जो कुछ सुना था वह निहायत दुष्ट, क्रूर क़हक़हा था सिर्फ़ बातचीत का यह टुकड़ा—'डियर, तुमने बहुत देर लगा दी...डॉक्टर जाने कब का आ गया होगा...' '...नहीं, मेरी तबीयत अब काफ़ी ठीक लगती है...।'

कोहरे में डूबी पिछली लाल बत्तियाँ जब मोड़ पर बिलकुल ग़ायब हो गईं तो जैसे वह चौंककर अपने में लौट आया हो...जाग पड़ा हो। फिर बेजान शरीर को दो-चार क़दम चलाकर पत्थर को बेंच पर बैठा दिया, चश्मा हाथ में लेकर धीरे से माथा पत्थर की 'पीठ' पर टिका दिया।

'अभी भी मुझे नहीं लगता कि वह सब मेरे ही साथ हुआ था।' कोई उसके भीतर सोच रहा था, 'कहीं ग़लती से पानवाले ने ज़र्दा तो नहीं डाल दिया था?'

मैं वहाँ नहीं हूँ...

यह कहानी कसौली में 14-3-66 को लिखी गई थी। न जाने क्यों तब से अनछुई पड़ी थी। हो सकता है 'नई कहानी' के अन्तिम दौर में लगता रहा हो कि ऐसा कुछ विशेष इसमें नहीं है।

–राजेन्द्र यादव

मेरी अपनी एक कोठी होगी। सफ़ेदी पुती ईंटों की किनारी लपेटे लाल बजरी की लहराती सड़क गेट से भीतर पोर्च तक होती हुई दूसरे गेट या गैराज तक निकल जाएगी। उसकी बगल में तराशे हुए खूबसूरत लॉन होंगे–मेहँदी और करोंदों की बाड़ वाले बीच में पीले-हरे फूल। वहीं रंग-बिरंगी छतरी के नीचे आरामकुर्सी पर अधलेटा मैं किताब पढ़ा करूँगा, या आलस में गहरी बातें सोचा करूँगा। बढ़िया गाउन पहने घूम-घूमकर फूलों को देखूँगा। माली को आदेश दूँगा, और मिलनेवालों से अनमना-सा बातें करूँगा। व्यस्त भाव से ड्राइवर को आवाज़ दूँगा–"गाड़ी निकाल लाओ..." मेरी अपनी अलग स्टडी होगी, जिसमें बाहर की बसों-कारों की कोई आवाज़ प्रवेश नहीं कर पाएगी...पार्टियाँ दूँगा तो उनकी तैयारी का बोझ दो दिन पहले से सिर पर सवार नहीं होगा, खुद सब्ज़ी-मिठाई लादकर नहीं लानी होगी। सिर्फ़ कह दूँगा, "आज पाँच आदमी खाने आएँगे" ऐन समय पर पाँच की जगह सात भी आ जाएँ तो वैसी खींच-तान नहीं होगी। सबकुछ अपने आप होगा...

तब क्या मन में इतना ही अकेला, असहाय, निर्वासित अन-समझा महसूस करूँगा? सारा बाहरी भरा-पूरापन तब भी क्या भीतर को बिलकुल ही अनछुआ छोड़ जाया करेगा? तब भी क्या शादी की कराहती शिकायतों से भागकर कहीं जा छिपने की बात मन में आया करेगी..."तुम सोच नहीं सकते राम, मैं कितनी घुटन, कितनी अकेली और कितनी लाचार महसूस करती हूँ...हमेशा बच्चों, कुत्तों और नौकरों में मन को उलझाए रखने की कोशिश करती रहती हूँ...बाहर जाने से डर लगता है और अकेला होने पर घबराहट होती है...लगता है भीतर गई तो पता नहीं क्या कर डालूँगी आदमी का चेहरा देखने से डर लगता है।" फिर गले में आँसू भरी आवाज़ "हालाँकि, हर समय राह देखती हूँ, बाहर झाँकती हूँ कि कहीं से कोई अपना आ जाए तो उससे खूब बातें करूँ, उसके साथ बाहर घूमूँ,

अच्छे-अच्छे खाने बनवाऊँ, उसके साथ सिनेमा जाऊँ...लेकिन जब तुम्हारे होटल के बैरे ने आकर बताया कि कोई राम साहब आए हैं और बुला रहे हैं...तो धक्क से रह गई...अब यहाँ कौन आ गया?...अब फिर किसी जान-पहचान वाले से मिलना पड़ेगा...फिर मन हुआ भागकर सीधे तुम्हारे पास चली आऊँ, देखूँ इतने दिनों बाद मुझे याद करनेवाला कौन आ गया? मगर फिर टाल दिया : बच्चे स्कूल से आ जाएँगे तो चली जाऊँगी...चाय पीकर जाऊँगी। परसों जब तुम्हारे पास आई थी तो बता नहीं सकती, अपने आपसे कितना लड़कर आई थी। लौटकर खूब रोई-खूब रोई...रात भर सोचती रही कि मुझे क्या हो गया है? इतना सबकुछ है, मगर मेरा मन कहीं नहीं लगता...इन बच्चों की जिम्मेदारी न होती तो...''

अगली बात मैं उसे बोलने नहीं देना चाहता था। उसके सोचने, न सोचने से ख़ास सरोकार नहीं था, फिर भी यों ही बात काटकर कहा, लेकिन इन तीन दिनों से तुम फिर कहाँ ग़ायब हो गई? मैं रोज़ शाम को राह देखता था कि कम से कम चाय ही साथ पिएँगे...एकाध बार मन में आया भी कि मैं ही तुम्हारी तरफ़ हो आऊँ, फिर यही सोचकर रुक गया कि दो मील पहाड़ उतरकर तुम्हारे यहाँ पहुँचूँ और वहाँ जाकर मालूम हो कि तुम दूसरे रास्ते से ऊपर चली आई हो...बीमार आदमी हूँ, इतनी कसरत...।

वह हलके-से मुस्करा दी, ''बुरा मत मानना, सच्ची बात कहती हूँ राम, मैंने सोचा अब दुबारा मिलकर क्या होगा? वही सब पुरानी बातें आएँगी तुम पूछोगे, ऐसी दुबली क्यों हो गई, बीमार थी क्या, हो क्या गया? और वह सब अब मैं सुनना नहीं चाहती...तुम्हारी ख़बर मिली तो यही सोचती रही कि चार साल पहले हम लोग मिले थे तो कैसा उछाह था, मन कैसा भागने-दौड़ने को करता था...भीतर से हमेशा कुछ छलछलाया करता था। तुम और सारे लोग कहते थे कि कोई कह सकता है कि तुम छत्तीस-सैंतीस की हो? बीस-बाईस की लगती हो...किसी को विश्वास नहीं होता था। मैं खुद अपने आपसे कहती, शशि दुनिया चाहे जितनी बूढ़ी हो जाए, तेरे ऊपर उम्र का कोई असर नहीं होगा...और आज कुल चार साल हुए हैं...कोई पुराना दोस्त मिलता है तो आदमी अपने आपको उसी पुरानी निगाह से देखने लगता है। विश्वास नहीं करोगे, मुझे शीशा देखने से डर लगता है...क्या बुढ़िया जैसी शक्ल हो गई है...बीमार और मनहूस...''

''कहाँ यार, ऐसा तो कुछ भी नहीं हुआ...आज भी छेड़ने-पटाने को मन करता है...'' दिलासा देते हुए भी गले तक बन्द चैस्टर से निकले सिर और कनपटियों पर लिपटे मफ़लर के फ्रेम में एक बुढ़िया का चेहरा ही सामने था...बुझी आँखें और झीने होते बाल...

''नहीं राम, अब बुढ़िया तो हो ही गई...आदमी अपने आपको थोड़े ही धोखा दे सकता है? चालीस-इकतालीस की उम्र तो हो ही गई...और यही सोचकर मैं दो दिन नहीं आई कि जिस सबसे टूटकर यहाँ आ गई हूँ, फिर से उस सबसे जुड़ने से क्या फ़ायदा?

चाहे जितना अपने को जोड़ लो, बाँध लो...आख़िर आदमी है तो एकदम अकेला ही... मगर मन नहीं मानता। बहुत बेचैन रही इस बीच...चार साल बाद दोस्त आया है, दो मील दूर होटल में रुका है और मैं हूँ कि उससे मिलने से डरती हूँ...फिर मन नहीं माना। सोचा, चलो गप्पें ही लड़ाएँगे, उसकी अपनी पुरानी बातें करेंगे, खुश होंगे...कौन कब-कब आता है...लोग मिलते भी हैं तो कतराकर निकल जाते हैं। हारकर चली आई...पर मन बहुत ही टूट गया है राम...तुम्हारे साथ कोई औरत नहीं है, इसलिए और भी संकोच नहीं हुआ...अगर किसी को साथ लेकर आते तो हरगिज-हरगिज नहीं आती। फिर तुम चाहे यहाँ होटल में नहीं, बगलवाली कोठी में ही क्यों न ठहरे होते..."

"अरे शशि, औरतों से ऐसी नफ़रत कब से हो गई?" मैं याद करके मुस्कराया, "याद है, पिछले दिनों हम लोग ख़ूबसूरत औरतों को देखकर नम्बर दिया करते थे...तुम्हीं तो कहती थी कि दुनिया में अगर कोई ख़ूबसूरत चीज़ है तो वह है औरत...एक-एक अंग कैसा साँचे में ढालकर बनाया है..." सोचकर मैं हँस पड़ा, "याद है, एक खूबसूरत लड़की को देखकर तुमने कहा था कि अगर मुझे भगवान ने आदमी बनाया होता तो इस लड़की को यहीं बीच सड़क पर खींचकर 'रेप' कर डालती...आदमी होती तो जितनी खूबसूरत औरतें हैं सबको रेप करती...तुम्हारी एक बात कभी नहीं भूलती, हँसी भी आती है। याद है, तुमने भेद की तरह मुझे समझाया था कि दुनिया की हर ख़ूबसूरत लड़की चाहती है कि उसके साथ रेप हो...रेप का आधा मज़ा तो वह लोगों की भूखी निगाहों और तारीफ़ के फ़िकरों में लेती ही है। डरती वह उस घटना से नहीं है, बल्कि उसके तो सपने देखती है। वह डरती है उस घटना को दूर खड़े होकर देखनेवाली आँखों से...तमाशबीनों से। अगर उसे विश्वास हो कि कोई उसे देखने वाला नहीं है, या वह खुद भी दूर खड़ी होकर अपने आपको 'देख' नहीं रही...बोलो, कहती थी या नहीं?"

उसने गहरी साँस लेकर दोनों कानों को हाथ लगाए, "वो सब छोड़ो राम, देखो, तुम कहोगे मैं खुद औरत होकर कैसी बातें करती हूँ, लेकिन सच कहती हूँ कि औरत से ज़्यादा कमीना, स्वार्थी, बेरहम और मक्कार दूसरा कोई नहीं है। मैं मौत से नहीं डरती...सिर्फ़ औरतों से डरती हूँ। मुझे उनकी कम्पनी कभी अच्छी नहीं लगी। बोर हो जाती हूँ। वही टुच्ची बातें, वही टुच्चे व्यवहार...मुझे हमेशा आदमियों के बीच अच्छा लगता था। अभी भी लगता है। वे खुले मन से आपकी तारीफ़ें करते हैं, दुनिया भर के बड़े विषयों पर बातें करते हैं। मुझे सचमुच बड़ा उत्साह महसूस होता है, लगता है आप ज़िन्दगी के बीच बैठे हैं। वहाँ आदमी कैसे बूढ़ा हो सकता है, मैं यही सोचा करती थी। तुम कुछ कहो, मुझे तो आदमियों के बीच बैठना, हँसना, मज़ाक़ करना आज भी अच्छा लगता है। लेकिन ट्रैजेडी यह है कि हर आदमी के साथ एक मिसेज़ लटकी होती है और उसे मैं बर्दाश्त नहीं कर सकती। दूसरे के कंधे पर बाँह रखकर, कूल्हे सटाकर डांस करेंगी और मुझे घूरेंगी जैसे मैं इस बीच उनके आदमी को निगल जाऊँगी...बोलो, जब तुम्हें अपने और अपने आदमी पर इतना विश्वास

नहीं है तो निकलती ही क्यों हो, तिजोरी में बन्द करके रक्खो न...''

मफ़लर के ऊपर साड़ी का पल्ला शशि ने माथे पर इस तरह लपेटा हुआ था कि रह-रहकर लगता था वह गंजी है और उसे छिपाने की कोशिश कर रही है...आँखों की चमक न होती तो मैं उसके सिर के पीछे तकिए की कल्पना करता, जिसका सहारा लेकर वह किसी अस्पताल के बेड पर लेटी हो और मैं उसे देखने गया हूँ...

''ये मिसेज़ लोग...तोबा, दे आर सिकनिंग...इनसे मेरी दोस्ती हो ही नहीं सकती है। एक मिस ब्राउन है उसी से दोस्ती है...वह न होती तो मैं सचमुच मर गई होती राम... उन्होंने तो मुझे मार ही दिया था...''

''तुम सही कहती हो शशि, मुझे भी मिसेज़ ने ही मारा है...'' उसकी बातों के प्रवाह में मैं कहीं अपने भीतर चला गया था...मैं बीमारी से भागा था या उससे...

''क्यों बहुत लड़ती है क्या?'' अचानक मुस्कराकर उसने पूछा...लगा जैसे अपनी धारणा के सच होने पर मुस्कराई है।

''बिलकुल नहीं लड़ती...बस घर के माहौल को हमेशा तनाव में रखती है।'' कुछ देर अपने में डूबकर मैंने जैसे अपने-आपसे कहा, ''उसका बस चले तो वह बीस से तीस तक की उम्रवाली सारी औरतों को गोली मार दे। वह सोचती है कि इन सारी औरतों और लड़कियों को बेहद आसानी से पटाया जा सकता है और मैं इस कला में माहिर हूँ। वह सोचती है कि लड़कियाँ मूलतः बेवकूफ़ और गधी होती हैं। उसका पक्का विश्वास है कि मैंने कम से कम पचास-साठ लड़कियों को ज़रूर बिगाड़ा है,'' मैं उदास से स्वर में कहता रहा, ''बात सिर्फ़ इतनी है कि...

शशि ने सन्तोष से गहरी साँस ली, ''यही होता है राम, यही होता है...पता नहीं, ये औरतें इतना जलती क्यों है? देख लो, क्या हालत हो गई है मेरी...मैं सच कहती हूँ राम, मुझे कभी जलन नहीं होती। मुझे मालूम है, एक लड़की से ये बहुत प्यार करते थे, शादी से पहले से। ख़ैर, शादी उससे न होकर मुझसे हो गई। मैंने सोचा कि अगर उन्हें उससे प्यार है तो मुझे कुढ़न क्यों हो? मुझे खुद वह बहुत प्यारी लगती है। मैं कभी-कभी उसे बुला लेती थी। मेरी बहुत अच्छी दोस्त हो गई थी वह। मैं इन्हें अकेला छोड़ देती, घूमने, सिनेमा देखने भेज देती। मुझे तो कभी नहीं लगा कि वह मेरे आदमी को हड़प जाएगी; आज उसके भी घर-बार हैं, बच्चे हैं। जब कभी ये उदास होते हैं तो मैं ही कहती हूँ कि आप दो-एक दिनों को उधर हो आओ। तुम जानते हो राम, शादी अपने आप में एक मॉनोटोनी यानी ऊब है। मुझे तो उस लड़की पर भी दया आती है...''

मैं दर्द से हँस पड़ा, ''दया? अपने यहाँ दया-वया कुछ नहीं है। उसे लगता है जो बातें मैं दूसरों से करता हूँ वह उससे क्यों नहीं करता...जो दूसरों को लिखता हूँ वह उसे क्यों नहीं लिख सकता...मेरा सारा प्यार, मेरी सारी खुशी, सारी रोमानियत सिर्फ़ और सिर्फ़ उसी के लिए है, उसकी मिल्कियत है। उसमें से एक बूँद भी कहीं जाती है तो उसके साथ

धोखा होता है। मैं नीच, कमीना और बदमाश हूँ। घर में शक और घुटन के सिवा वह कोई और माहौल रहने ही नहीं देती...''

''गाँव की है क्या?'' उसने यों ही उत्सुकताहीन ढंग से पूछा।

''नहीं, सारी ज़िन्दगी बड़े-बड़े शहरों में रही है, खुद ऐसी जगह नौकरी करती है जहाँ दिन में बीसियों आदमियों से मिलना होता है। लेकिन उसे अपने ऊपर इतना विश्वास है कि मेरे और दूसरी औरतों पर सिर्फ़ अविश्वास ही कर सकती है। अगर वह किसी के साथ चाय पीती है तो अपने ख़याल से कोई ग़लत काम नहीं करती, मगर मैं किसी से फ़ोन पर भी बात कर लूँ तो यह मेरी कमीनगी है। उसके मन में बैठ गया है कि मेरा किसी भी लड़की की तरफ़ देखना, मुस्कराना, बातें करना सिर्फ़ एक ही मतलब से होता है और वह है कि मुझे उसके साथ सोना है, उसे बिगाड़ना है। मैं समझ नहीं पाता कि मुझ पर विश्वास न हो, मगर दूसरों पर इतना अविश्वास क्यों है? अगर वह पुराने ज़माने की रानी होती तो ज़रूर मुझे घोड़ों की तरह अस्तबल में बन्द करके रखती, हमेशा मेरी आँखों पर पट्टा चढ़ा होता...जिन्हें वह चाहती, सिर्फ़ उन्हें ही देखने का मुझे हक़ होता। तुम आज खुलकर कह सकती हो कि तुम्हें आदमियों की कम्पनी पसन्द है। मैं जुबान पर भी नहीं ला सकता कि मुझे लड़कियों के साथ होना अच्छा लगता है...लाहौल विला, इस पर तो तूफ़ान हो जाए...

''लेकिन यह तो नेचुरल बात है...'' शशि ने जमुहाई लेकर हाथ सामने कर लिया।

''हो नेचुरल...वह दुनिया के सारे लोगों के साथ हो, मगर मेरे साथ क्यों हो? उसके इसी रवैए ने मुझे बीमार कर दिया है...इतना अकेला, निर्वासित महसूस करता हूँ कि तुम्हें बता नहीं सकता शशि...भाग न आता तो सचमुच मर जाता...लेकिन मैं बीमार रहूँ, ठठरी रह जाऊँ, या मर जाऊँ इसमें उसे कुछ भी ग़लत नहीं लगता। कहती है, डाइवोर्स ले लो, अलग हो जाओ। फिर तुम्हारा जो मन हो सो करो...''

''मैंने कहा न राम, औरत से ज़्यादा स्वार्थी, कमीना और कोई नहीं होता...''

''अच्छा ख़ासा मकान है, नौकरी है, बच्चे हैं, फिर भी लगता है कि मुझसे ज़्यादा अकेला कोई नहीं है। अब कभी-कभी लगता है कि यहाँ से कभी भी न लौटूँ और चुपचाप किसी दूर-दराज़ जगह में चला जाऊँ। ऐसी जगह भटकता हुआ ज़िन्दगी बिता दूँ जहाँ कोई भी न पहचानता हो...न मैं किसी को जानता होऊँ...''

वह छत की ओर मुँह करके मेरी बातें सुनती हुई कुछ सोच रही थी। सहसा बड़े ज़ोर से नकली हँसी हँस पड़ी, ''अब तो तुम मेरी ही बातें कहने लगे...यही तो मैं भी कह रही थी...'' फिर शायद अपनी बात खुद उसे ही बे-मौजूँ लगी। व्यंग्य से बोली, ''यह प्यार है राम...इसलिए इतना पज़ेशन है। मुझे तो दोस्त के विश्वासघात ने मारा है...''

''हाँ यह प्यार है...माई फुट...'' मैंने उसे घूरकर कहा, ''हमने तो तुम्हीं लोगों के मुँह से सुना है कि प्यार का दूसरा नाम त्याग है, वह आदमी को उदार बनाता है...उसी उदारता

और त्याग का शिकार तुम्हारे सामने बैठा है न...''

इस बार झटके से सीधे बैठकर गम्भीर भाव से शशि ने कहा, ''नहीं राम, प्यार आदमी को सचमुच उदार बनाता है। हम लोगों में आपस में इतना प्यार है कि बता नहीं सकती। लेकिन मुझे कभी याद नहीं है कि हमने एक-दूसरे पर बन्धन लगाए हों। आदमी जब मुक्त होता है तो जिम्मेदारियों को भीतर से महसूस करता है। तब जिम्मेदारी ऊपर से लादा हुआ बोझ नहीं होती...बन्धन आदमी को उच्छृंखल बना सकता है, मुक्ति तो प्यार ही देता है। मैं दोस्तों के बीच बैठकर हँसी-मज़ाक़ करती हूँ, ही-ही, ठी-ठी करती हूँ। ये खुश ही होते हैं..चलो, क्या है दो घड़ी ये इसमें खुश रहती है तो इसी में सही...जैसे माँ बच्चे को मन-पसन्द चीज़ें खाते देखकर खुश होती है। इन्हें पता है कि मैं किन लोगों के बीच ज़्यादा खुश रहती हूँ, सो कभी-कभी उन्हें बुलाकर पार्टी देते थे...जाने कितने लोग हैं जिन्हें ये जानते तक नहीं हैं...''

''फिर मेरी समझ में नहीं आता कि परेशानी कहाँ है, जब तुम भी उनका इतना ख़याल रखती हो, वो भी इतना ध्यान रखते है तो...''

''यही तो मेरी भी समझ में नहीं आता...तुम्हारी भी तो परेशानी यही है...''

''चलो, हमारी-तुम्हारी दोस्ती का यही सूत्र काफ़ी है कि हम दोनों मालिकों के सताए हुए गुलाम हैं और अपना-अपना दुखड़ा रोकर हलके हो रहे हैं'' कहकर मैं खिसियाने भाव से हँस पड़ा...

''सच कहूँ, अब दोस्त बनाने की बात भी मन में नहीं आती। एक दोस्त ने ही तो मारा है मुझे...उसके लिए मैंने अपने सारे रिश्तेदार, सम्बन्धी छोड़ दिए...दस साल मुझे कभी लगा ही नहीं कि हम दो अलग प्राणी हैं...लेकिन उसी दोस्त ने मुझे कोर्ट से समन भिजवा दिया कि मेरे उसके आदमी के साथ नाजायज़ सम्बन्ध हैं। वो तो कहो, मेरे हस्बैंड उस वक़्त मेरे साथ न खड़े होते तो मैं आज कहाँ होती...कहाँ मिलते हम लोग? सच कहती हूँ इस दोस्ती ने मुझे तोड़ दिया है राम...कोठी, बँगला, नौकर-चाकर सब बेकार लगते हैं तुमसे बातें करते डर लगता है कि कहीं कल को तुम्हारी बीवी भी समन न भिजवा दे...शायद तुम मुझे पागल ही कहोगे कि किसी भी खूबसूरत औरत को देखकर मुझे लगता है जैसे इसकी सुन्दर खाल के नीचे भी वही घिनौने कीड़े कुलबुला रहे होंगे...

''भई, देखकर तो मैं कुछ भी नहीं कह सकता...छूकर या चूमकर देखूँ तो ज़रूर बता सकता हूँ कि खाल के भीतर क्या है...''

मेरी पीठ पर ज़ोर से धौल मारकर वह झटके से उठ बैठी, ''इसीलिए तो तुम्हारी बीवी खूबसूरत औरतों को तुमसे बचाकर रखती है...''

''सचमुच उसे संसार की सुन्दरता को बचाए रखने की बड़ी फ़िक्र है...'' मैं भी खड़ा हो गया। वह फिर ज़ोर से हँस पड़ी। फिर हम दोनों ही कुछ देर चुप रहे। सहसा वह बोली, ''बीमारी के बाद समझ लो, आज पहली बार खुलकर हँसी हूँ।''

"अभी तो बातों की पहली क़िस्त है। मेरे पास तो अपनी ही इतनी बातें हैं, इतनी बातें हैं कि महीनों हँस सकते हैं।" उसकी हँसी का कारण मैं हूँ यह जानकर मुझे अच्छा लगा...

"लेकिन अब लौटूँगी तो अकेलापन और भी काटेगा..." उसने बिना मेरी बात सुने अपना वाक्य पूरा किया, "अच्छा अब चलें। सुबह से बड़ी उदासी छाई थी...तुमसे मिलकर..."

"वैसे हम लोगों ने किया भी क्या है, सिर्फ़ अपना-अपना रोना रोते रहे... एक-एक विलेन तैयार कर लिया। सबकुछ उसके मत्थे मढ़कर अपने को शहीद बनाते रहे..." मैं फिर गम्भीर होने लगा...

"यही तो दोस्ती है डियर..." वह बनाबटी गम्भीरता से बोला, "दो शहीदों के अपने-अपने कन्फैशन्स..."

उसके जाने के बाद देर तक मैंने कुछ नहीं सोचा, फिर धीरे-धीरे लगने लगा : कितनी सतही और ऊपरी बातों में हमने दो घंटे बिता दिए...जहाँ एक-दूसरे में गहरे उतरने की जगह थी वहाँ से बचते रहे। असली बातें तो भीतर कहीं दबी पड़ी हैं जो हर क्षण ऐसे टेप की तरह बजती हैं जिसकी भाषा मेरी समझ में नहीं आती, सिर्फ़ आवाज़ें सुनाई देती हैं...अब जब यहाँ से लौट जाऊँगा तब भी क्या ये ऐसे ही सुनाई देती रहेंगी...बीमारी से ठीक होने के बाद सपनों का जंगल होगा, पहाड़, नदियाँ, खेत होंगे या फिर मेरी अपनी कोठी होगी, सफ़ेद पुती ईंटों की किनारीवाली बजरी की सड़क लहराती पोर्च तक जाएगी...तब भी क्या यह भीतर का टेप इसी तरह बजता रहेगा...?

कहानी रुकती नहीं है...

"अच्छा, आपको अमीषा की याद है? अरे! वही, अपनी यूनिवर्सिटी की तूफ़ानी लड़की, जिसने बहसों-सेमिनारों और झंडा-प्रदर्शन से हंगामा कर रखा था। आजकल वह हमारी कलीग है, उसी डिपार्टमेंट में पढ़ाती है..."

मैंने पूछा, "तो?"

तीन-चार साल बाद मिली रोमी अपनी बातें बताने के बाद अचानक सजीव होकर कह रही थी, "उसके साथ जो हुआ, वह एक कहानी है। शांयद दिलचस्प, शायद ट्रेजिक...हुआ यह कि शादी उसे करनी नहीं थी और बहुत हाथ-पैर मारने के बाद नौकरी उसे मिली नहीं। हारकर हमारे उस दूरदराज़ क़स्बे में ही लेक्चरर होकर आ गई...दूर दूसरे क़स्बे में रहने की जगह थी, इसलिए रोज बस में एक-डेढ़ घंटे का सफर करके आती और शाम को चली ज़ाती। बस ड्राइवर भी यंग, ख़ूबसूरत जवान था। परिचय तो होना ही था। वह उसके लिए जगह रखता, इन्तज़ार करता...धीरे-धीरे चाय-वाय के लिए घर आने लगा। अमीषा ने ही तकल्लुफ में कभी कह दिया होगा...ख़ैर, कस्बाई अकेलापन और साथी की तलाश। मामला काफी आगे बढ़ गया। मुझे ताज्जुब भी होता। कहाँ लगभग अनपढ़ ड्राइवर और कहाँ दिल्ली की अमीषा...फिर वह शादीशुदा और दो बच्चों का बाप। अक्सर ही रात को अमीषा के यहाँ ही रुक जाता...मैंने उसे समझाने की कोशिश भी की कि ऐसा ही है तो विज्ञापन देकर अपने जैसा कोई देख ले, पुराने मित्रों में से किसी से सम्बन्ध बना ले। अगर अकेलेपन की ही समस्या है तो कॉलेज या बस्ती की समस्याओं में दिलचस्पी लेना शुरू कर दे। मगर उस पर तो अजीब जादू था। कहती है कि 'रोमी, मर्द का साथ और सेक्स इतना पागल बना देनेवाला होता है, मैंने तो कभी सोचा भी नहीं था। अब जब वह रात को गाड़ी अड्डे पर खड़ी करके थका-माँदा आता है तो सच, मेरा मन होता है कि उसके हाथ-पाँव दबाऊँ, उसकी सारी थकान दूर कर दूँ...अब तो वह पहले जैसे संकोच से नहीं, अधिकार और गर्व से आता है। मुझे सचमुच अच्छा लगता है। ज़िन्दगी बहुत भरी-भरी लगती है। वह मेरी इतनी केअर करता है कि तू सोच नहीं सकती...' मैंने समझाया कि हाँ, वह तो करेगा ही। उस पसीने से गँधाते अनपढ़ गँवार को तुझ जैसी पढ़ी-लिखी, तेज-तर्रार, अपने से चौगुनी तनख्वाहवाली लड़की मिले तो वह तो आसमान

में उड़ेगा ही...रात को आकर अच्छी सेवा-टहल और दारू-मुर्गा मिले, सेक्स के लिए तेरी जैसी लड़की हो तो फिर उसे क्या चाहिए...वह बताती थी कि रात को आकर नहाता-धोता है, परफ्यूम-पाउडर लगा कर नवाबों की तरह गिलास टकराता है। सच कहती हूँ रोमी, मुझे बहुत अच्छा लगता है...ख़ैर कुछ दिन बाद आकर बताया कि यार रोमी, मैं तो प्रेगनेंट हो गई। मैंने कहा, मर। कहती है, मैं तो बच्चा रखूँगी। वह सिर्फ़ मेरा बच्चा होगा। मैंने उसे डाँटा, पागल हुई है, बस्ती को तू जानती है। यहाँ के लोग जीने नहीं देंगे। यहं दिल्ली नहीं है। बड़ी मुश्किल से दिल्ली जाकर सफाई करवाई और अब उसे वापस वहीं कॉलेज छोड़कर आ रही हूँ। ड्राइवर साहब उसकी सारी सेवाएँ कर रहे हैं। पता नहीं, क्या जादू कर दिया है कि उससे बाहर सोच ही नहीं पाती। कॉलेज और क़स्बे में भी बातें उठने लगी हैं कि इन सबका लड़कियों पर क्या असर पड़ेगा। हो सकता है, नौकरी छोड़नी पड़े। दिल्ली वह वापस आएगी नहीं। वहीं अलग जगह लेकर रहेगी। आपको अजीब नहीं लगता कि ऐसी डायनेमिक लड़की का यह अन्त हो...?'' कहानी सुना कर रोमी मेरी ओर देखने लगी।

मैंने सोचते हुए कहा, ''रोमी अभी अन्त कहाँ है? अभी तो कहानी आगे चलेगी।''

''मतलब?'' रोमी ने पूछा।

''मतलब बहुत ख़तरनाक है। पहले संकोच और कृतज्ञता से झुककर चोरों की तरह रात को आनेवाला मर्द अब बोल्ड होगा। अपने से ऊँची हैसियत और ऊँचे वर्ग की औरत को पाने का गर्व उसके व्यक्तित्व को अलग अकड़ देगा। ऐसी पढ़ी-लिखी, सोने का अंडा देनेवाली रखैल कितनों को मिलती है? माफ़ करना, मैं बहुत गन्दी भाषा इस्तेमाल कर रहा हूँ, मगर दोस्त कहने लायक कुछ भी तो कॉमन नहीं है। हो सकता है, शेखी में अपनी विजय और उपलब्धि की नुमाइश के लिए दोस्तों-वोस्तों को लाने लगे। पत्नी-बच्चों को समझा दिया होगा कि ऊपरी कमाई का एक और रास्ता खोल लिया है। अब तक बीच में पैसा-वैसा भी ज़रूर आ गया होगा। पहले रोने का नाटक करते हुए बच्चे की बीमारी, एडमीशन या किसी और ज़रूरत के नाम पर 'समझ में नहीं आता क्या करूँ' की भाषा के जवाब में अमीषा जी खुद निकालकर रुपए पकड़ाएँगी, फिर माँगने का सिलसिला शुरू होगा। अगर नौकरी छोड़कर अलग रहने लगीं तो उनके घर को ड्राइवरों-क्लीनरों का अड्डा होने से कोई रोक नहीं सकता। हो सकता है, लूट के माल को अपने दोस्तों को चखाने का सिलसिला भी शुरू हो जाए, जब तक उसकी माँगें मानती रहेंगी, ठीक-ठाक चलेगा। फिर मारपीट, गाली-गलौज के नाटक...सोचकर डर लगता है कि कॉलेज से मिला पैसा ख़त्म होने पर अमीषा जी का क्या होगा...देखना, एक दिन वह ड्राइवर साहब के गले का पत्थर बन जाएँगी...या तो खुद फन्दा लगाकर लटकेंगी या कि कुएँ-खाई में मरी पाई जाएँगी...इस कहानी का यही अन्त होना है...''

मेरे इस वर्णन से रोमी सिहर उठी, ''प्लीज़, ऐसा मत कहिए, कोई और रास्ता भी तो हो सकता है...''

''हो सकता है, हो...शायद वर्ग संघर्ष का एक रूप यह भी हो...शोषित द्वारा शोषक वर्ग के किले में सेंध...'' फिर झटककर मैंने कहा, ''यार मन बहुत भारी हो गया। एक-एक कप कॉफी और मँगा लेते हैं।''

फ्रैंच-लैदर (कंडोम)

एक के ऊपर ही दूसरी आवाज़ लगाता है, यह नहीं कि ज़रा साँस ले। साले के गले में भोंपा लगा हुआ है! केसरी हड़बड़ाहट में कोट से जूझता हुआ टिफ़िन का डिब्बा निकाल रहा था। अब जब भी नया कोट बनवाने का मौक़ा मिला, वह दर्ज़ी से ज़रूर ये जेबें बड़ी करने को कहेगा। घंटा-भर डिब्बा निकालने में लगता है। निकल उल्लू के घोड़े, वरना वह अभी फिर दहाड़ेगा। ज़रा-से काम के लिए ऐसा चीख़ेगा जैसे आग लग गई हो या सिर पर बम आ पड़ा हो। अपनी दहाड़ इतनी ही प्यारी है तो सामने घंटी क्या अचार बनाने को रखी है? पता नहीं, मुझ पर इस तरह क्यों खिजलाया रहता है जैसे मेरी ही वजह से कम्पनी नुक़सान में चल रही हो। बन्द कर दे न, अपनी इस नानी को। तुझे क्या हकीम ने बताया है कि कम्पनी चला? जितना लगाया है उतना तो निकाल ही लिया होगा। और बन्द कर या चला। सात साल का प्रॉविडेंट-फंड तो तेरे बाप से रखवा लेंगे हम लोग... इसीलिए तो बन्द नहीं करता...तीन महीने की पे...

लिपटा हुआ अख़बार ज़रूर फट गया, लेकिन जैसे-तैसे डिब्बा निकला। अंदर के सब्ज़ी-पराँठों की वजह से अभी तक गरम था। डिब्बा भी ऊपर से खजैला हो गया है। रोज़-रोज़ की इस खींचतान में जेबों की सींवन उधड़ने लगी है। उसने उधड़े रेशों को छूकर देखा, भीतर हाथ डाला। टिकट को लपेटकर बनाई गई तीली थी और इससे वह कान कुरेदता आया था। दूसरी जेब में गुटका था। जेब की हर चीज़ को वह बड़े इत्मीनान से रखता और निकालता है। लेकिन आज जैसे ही उसने कोने में पड़े झाड़न से मेज़, टाइपराइटर, कुर्सी साफ़ की (हरामख़ोर चपरासी!) कि नारा सुनाई दिया, "केसरी, इधर आओ!" और काँपते घुटनों से वह कोठरी (जिसे 'यह' केबिन कहता है) में घुसा भी नहीं था कि "लगता है तुमसे काम चलेगा नहीं। एक जगह बहुत दिन हो गए हैं, इसलिए कुर्सी चिपक गई है। काम-धाम कुछ होता नहीं है, दराज़ में बन्द करते चले जाते हो। बीस दफ़ा कहा, चाबी अपने साथ ले जाने की ज़रूरत नहीं है। अब हमें किसी रिफ़रेंस की ज़रूरत हो तो कहाँ सिर मारें?"

"जू जी, आपने ही कहा था कि सारे काग़ज़ों की ज़िम्मेदारी मेरी है और चाबी मुझे अपने ही पास..." वह बड़ी मुश्किल से हकलाकर आवाज़ निकाल पाया। क्यों घबरा

जाता है इतना।

"जी, काम ढंग से और टाइम पर हो, इसलिए बोला था। उसमें अंडों की तरह काग़ज़ों को सेने के लिए नहीं बोला था।" नक़ल में आवाज़ बनाकर आँखें नचाईं, "जाइए, चाबी आज से आपके पास नहीं रहेगी। मुझे देकर जाएँगे.."

अरे, हमें क्या है, शहद लगाकर चाट चाबियों को। जीभ होंठों पर फेरी, "जी, अच्छा।" लौटने पर भी गुटकेवाली जेब में घुसा उसका हाथ काँप रहा था। दराज़ों में क़िस्मत होगी, तेरी होगी। मेरी क्या जन्म-पत्री रखी है। ये गुप्ता जी और लालसिंह देखते कैसे हैं, जैसे...अरे, जब तुम पिटे हुए कुत्ते की तरह लौटकर आते हो तब मैं तो नहीं घूरता तुम्हें। सबके सामने, तीसरे दिन साला दिमाग़ ख़राब कर देता है। कभी कहेगा, 'आप तो पूजा-पाठी आदमी हैं, आपको क्या है इस दुनियादारी से...' कभी ताना देगा—'आपके मौसा का काम तो मुझसे कई गुना बड़ा है, उनसे कहिए न कि अपने दफ़्तर में पेंशन बाँध दें।' केसरी दाँत पीसकर रह जाता, तेरा खून पीकर जाऊँगा...पूजा-पाठी हूँ तो...

टिफ़िन के डिब्बे की गर्मी महसूस करके उसने फिर से तय किया कि यहाँ अब कुछ नहीं रह गया है। चल पड़ने में ही इज्जत है (जैसे अभी भी उसमें से कुछ बचा हो!)। सारी जेबें टटोलकर चाबियाँ निकालीं, डरते हुए कि कहीं घर ही न छूट गई हों। भीतर रखे गुटके को हाथ लगाकर चाबी घुमाई और झटके-से दराज़ खोल डाली। कहाँ झंझट में आ फँसे! बेटा केसरी, ये सब छोड़-छाड़कर भागते क्यों नहीं हो? काग़ज़, चिट्ठियाँ, फ़ाइलें निकालकर इस तरह पटकीं कि दुबारा धूल न झाड़नी पड़े...प्रॉविडेंट फंड के हज़ार-बारह सौ, जो भी हों, बीवी को दो और तनख़ा में से टिकट लेकर निकल जाओ कहीं भी, क्या रखा है इस कुत्ता-घसीट में?

दराज़ बन्द करते हुए कोने में फिर वही मुड़ी-तुड़ी पुड़िया चमकी। कुछ देर सामने के कैलेंडर में तारीख़ें टटोलीं और फिर आधी दराज़ पूरी खोल ली। इधर-उधर देखा, किसी की निगाहें तो नहीं हैं इधर। डरते, झिझकते हाथ से झट पुड़िया को उठाकर मुट्ठी में भींच लिया और उसी हाथ से दराज़ फिर भीतर ठेलते-ठेलते ख़याल आ गया तो ज़रा-सी खुली छोड़ दी। मौक़ा पड़ने पर चुपके से इसमें उसे टपकाई जा सकती है। अच्छा हुआ, दीख गई, वरना वो हरामज़ादा बाद में तलाशी लेता तो पता नहीं, क्या सोचता...बन्द मुट्ठी में, काग़ज़ के पार गिल-गिलाहट महसूस हुई—अभी भी गीला होगा? कुर्सी को और भी मेज़ के भीतर खींचा, टाईप मशीन सामने खिसकाई और फ़ाइलों की आड़ में, झुके-झुके पुड़िया सावधानी से खोलने लगा...उस समय यही लिफ़ाफ़ा हाथ आया था। सलवटें खुलने पर पीले-पनीले दाग़ों के बीच अपना नाम और पता सामने था—स्याही फैल गई थी। टिकट की मुहर इतनी ख़राब थी कि याद ही नहीं, लिफ़ाफ़ा कहाँ से आया था। जाने कितने समय पुड़िया के रूप में लिफ़ाफ़े को मुट्ठियों में रहना पड़ा है। पसीने की सीलन से काग़ज़ के रेशे उधड़ने लगे हैं।

भीतरवाली 'चीज़' की स्थिति ऊपर कागज़ से ही महसूस करते हुए उसके होंठ गोपनीय मुस्कराहट में फैल गए, लगता है, जैसे किसी ने लिफ़ाफ़े में बन्द करके उसे मेरे पते पर भेज दिया है! मज़ाक़ तो अच्छा है। क्यों न अब वह इसे किसी के नाम भेज दे? मज़ा रहेगा। अभी लिफ़ाफ़ा निकालकर टाइप करे...किसके नाम? साहब के केबिन का पता ही लिख दे तो कैसा रहे? आपकी नाक बहुत फ़ों-फ़ों करती है, इसे नाक पर चढ़ा लीजिए...साला ख़ाक हो जाएगा...नहीं, इसे नहीं, मौसा को क्यों न भेज दिया जाए...और अपने इस विचार पर वह सचमुच हँसने लगा। आसपास कोई हँसता न देख ले, इसलिए झट इधर-उधर देखा और हँसी को खाँसी में बदल दिया...लाल सिंह आ रहा था। फ़ाइलें लिफ़ाफ़े के ऊपर सरका दीं और जल्दीबाज़ी दिखाते हुए कार्बन निकालकर मशीन पर चढ़ाने लगा...मौसा और केबिन-साहब उसके दिमाग़ में साथ ही क्यों आते हैं?

एक लाइन टाइप करके ही उसे बिला-वजह गुस्सा आने लगा। आज इसे ज़रूर फेंक देगा...इसे इस तरह सँभालकर रखने में क्या तुक है? ऐसी कौन-सी नायाब चीज़ है जिसे हमेशा अपने पास ही बनाए रखना चाहता है? लेकिन साला फिंकता भी तो हो, जान को लग गया है। चार दिन कोट की भीतरी जेब में डाले घूमता रहा। फेंकने का ख़याल नहीं रहता था और जब ध्यान आता था तो जगह फेंकने की जगह लायक़ नहीं होती थी। बोलो, बस में बैठे-बैठे अगर खिड़की से उछालो तो लोग समझ नहीं जाएँगे कि ऐसी और क्या चीज़ हो सकती है जिसे चुपके से यों फेंका जा रहा है? अनुभवी लोगों को ताड़ने में क्या लगता है? घर के बाहर फेंको तो हमराज़ादा जमादार यों पड़ी हुई पुड़िया को ज़रूर खोलकर देखेगा, शायद नोट या अँगूठी, नथ या कुछ और ही मिल जाए...सड़क पर फेंकते हुए कोई आगे-पीछे से देख ले तो? ऐसे ही किसी ने रास्ते में जेब से चुपके से कुछ फेंका था तो जाकर केसरी ने कागज़ उठाकर खोला, चबाए हुए पान की लुगदी थी...धत्तेरे की! जो लोग सुबह-सुबह सेहत बनाने या शाम को घूमने, सिनेमा-होटल जाते हैं उन्हें कितनी आसानी रहती है, लिया और कहीं भी पेड़-झाड़ी, नाली या लॉन की घास में फेंक दिया। सुबह तो उसे दूध और चाय गरम करने से ही फ़ुर्सत नहीं मिलती...फिर वही लदर-पदर करते यहाँ भागो–शाम को दिन-छिपे के बाद घर दौड़ो...एकाध बार कहीं फेंकने का मौक़ा भी आया तो शुक्र है, पहले ही ख़याल आ गया–लिफ़ाफ़े पर तो अपना ही नाम-पता लिखा है, जिसे मिलेगा वह फ़ौरन ही समझ जाएगा। लोगों को सन्देह जगाने और लिफ़ाफ़े से निकालकर फेंकने का वक़्त नहीं था। अपने यहाँ का पाख़ाना खुड्डी है, भंगिन साफ़ करती है। उसे रंग-बिरंगे कपड़े उठाने की तो आदत है, लेकिन ये...? कल ही कमबख़्त सीढ़ियों में खड़ी होकर कुछ कह-कहा दे। धीरे बोलना तो यहाँ कोई भी नहीं जानता। दफ़्तर में फ़्लश है, हलकी चीज़ है, हो सकता है, तैरती ही रह जाए। अक्सर फ़्लश ख़राब हो जाते हैं और भीतर की गन्दगी उलटकर बाहर निकलने लगती है...

जेब में लिये हुए हमेशा काँटा लगा रहता था कि कहीं पैसों-वैसों की तलाश में वह

ससुरी खोज न निकाले। हंगामा मच जाएगा, यह क्या है, क्यों लिये फिर रहे हो? इकलौता सूट जाड़ों के शुरू में ही धुलता है। गर्मियों में तो अब तक कई बार कपड़े धोबी को जाते और चोरी पकड़ी जाती। शुक्ला के साथ हुआ न, ज़िन्दगी-भर को गाँठ पड़ गई...एक रात किसी काम से बाहर रह गया था। लौटा तो पर्स निकालने में रूमाल में लिपटे 'तीन' निकल आए...वो ले-दे हुई कि सारी चौकड़ी भूल गए साहब बहादुर! यहाँ हफ़्तों-महीनों एक न हो, आए दिन तबीयत ख़राब, सिर-दर्द, थकान-नींद लगी रहे और वहाँ एक रात में तीन-तीन? वही तो मैं कहूँ कि ऐसे संत कब से हो गए? फिर तो वो माथा-फुटव्वल हुई, रोना-धोना, सामान बँधना, मैके जाना, नाटक के सारे सीन हुए। साले साल-भर अकेले होटल कूटते रहे...

केसरी बेसाख़्ता हँस पड़ा। एक जगह गया था। वहाँ छोटा बच्चा गुब्बारा फुलाता घूम रहा था। दयाराम ने देखा तो झेंपा, फिर बेशरमी से बोला, ''बेटा, इस मोज़े को इधर लाओ। गुब्बारा नहीं है यह...'' मोज़ा! ही, ही, ही...केसरी देर तक हँसता रहा, कैसा बढ़िया नाम है! कमाल कर दिया यार दयाराम तूने भी...शब्द क्या है, खुद मोज़ा है, चीज़ पर ऐसा फिट बैठा है कि बस...मगर, क्यों जी, इसका नाम फ्रैंच-लैदर क्यों पड़ा है? वहाँ के बहुत बेहतरीन होते होंगे। इस पर तो मेड-इन-इंग्लैंड लिखा था...अच्छा, एक दिन ऐसा भी तो आ सकता है जब लोग सिगरेट के खाली डिब्बे की तरह बे-झिझक सड़क पर फेंक दिया करेंगे? हाँ, हाँ, इसे लेकर इतना सब परेशान होने की कोई बात भी तो हो यार...

''क्या बात है, केसरी बाबू?'' इस बार केबिन से गुप्ता जी हाथ में काग़ज़ झुलाते हुए निकले आ रहे थे, ''लगता है, आपके भगवान जी ने कोई लॉटरी भेज दी है...''

जी हाँ, यह ले लीजिए, लॉटरी भेजी है भगवान जी ने लिफ़ाफ़े में, ऊपर मेरा पता है। देखोगे? तुम साले वाउचर और रसीदें जमा-ख़र्च करनेवाले हिसाबी, तुम्हें क्या मालूम, मेरे पास कौन-सी लॉटरी निकल आई है। ''लॉटरी नहीं, ऐटम बम! हम तो ये कहें, भगवान कहीं हैं तो लॉटरी रख लें और हमें मोज़ों का एक पार्सल भेज दें।'' केसरी डाँट भूल गया था। सोचा, मज़ाक़ गुप्ता समझेगा नहीं। बात को घुमाव देकर बोला, ''पिछले संडे को नए मोज़े लिये थे, साले फट गए। पैरों में ठंड लगती है। आपसे ये भी नहीं होता कि एक हीटर इस कमरे में भी लगवा दें...''

''हीटर,'' गुप्ता जी ने दोनों हथेलियाँ उसकी मेज़ पर टेककर राज से कहा, ''अब तो वो हीटर भी बिकनेवाला है। ले लो, सस्ते में मिल जाएगा।'' फिर मुँह लटकाकर दुखड़ा रोया,''तुम यार, अपने मौसा से कहकर हमारा भी जुगाड़ लगवा दो न, यहाँ तो कुछ नहीं रखा है...''

''मेरा अपना ही ठिकाना नहीं है।'' केसरी बुझ गया।

''अपने गुटके में से ही कोई चौपाई निकालो, पता तो लगे, क्या है क़िस्मत में?''

गुप्ता कंधे झुकाकर हट गया। उसे पता है, केसरी के पास हमेशा रामायण का गुटका रहता है, उसमें रामशलाका, शकुन-विचार चौपाइयाँ अलग पृष्ठों पर है...अक्सर कभी-कभी खोलकर देख लेता है कि आज का दिन कैसा कटेगा...रामायण पूरी पढ़ने की उसे कभी फ़ुर्सत नहीं मिल पाई। हर बार सोचता है, कभी दो-एक दिन की छुट्टी मिलेगी तो एक सिरे से पढ़ डालेगा। कभी कहीं कथा हो रही हो तो एकाध दिन में जितना सुन लिया उसी से सन्तोष करना पड़ता है। मगर साथ रखने का भी कुछ-न-कुछ असर तो होता ही है। एकाध बार हुआ भी है। सोलहों आने विश्वास नहीं कर पाता, लेकिन एकदम अविश्वास भी नहीं है। अब उस दिन को ही क्या कहेंगे? रामशलाका में चौपाई निकली, 'प्रविस नगर कीजै सब काजा, हृदय राखि कौसलपुर राजा' यानी काम सिद्ध होगा। बड़े लड़के विपिन को दवाई की ज़रूरत थी, तय कर लिया आज साहब से रुपए माँग लेगा, दिन अच्छा है। लेकिन मेज़ पर बैठते ही केबिन से पुकार पड़ी, वही रोज़वाली खिच-खिच। खिसियानी बिल्ली की तरह नोचने-खाने को हम लोग ही मिलते हैं, केसरी ने सोचा। पैसे तो क्या मिलते, हुक़्म हुआ कि "आप जाकर बाज़ार से कार्बन-रिबन और स्टेशनरी का दूसरा सामान ख़रीद लाइए।" मन बहुत ही बुझ गया, क़िस्मत ही कूड़ा हो तो चौपाई-औपाई कुछ काम नहीं देती। सोच लिया कि आज जैसे भी हो, मौसा की तरफ़ जाना है, उन्हीं से कुछ माँगा जाएगा।

"अरे, हम लोगों की क़िस्मत में बैंगन लिखा है," उसने गुप्ता को सुनाकर कहा। पुड़िया को जिस तरह वह छिप-छिपकर देख रहा था उससे अचानक एक बात का ध्यान आ गया। कम्पनी के अच्छे दिनों में साहब ने एक सुन्दर-सी स्टेनो रख ली थी। तब गुप्ता और केसरी दोनों उसे हसरत-भरी निगाहों से देखा करते थे। साथ के ही कमरे में बैठने के बावजूद वह जिन ऊँचाइयों में डूबी रहती थी उसे दोनों समझते भी थे और अपमान भी महसूस करते थे। लेकिन चारा भी क्या था ! अक्सर वह फ़ाइलों की आड़ करके छोटा-सा शीशा पर्स से निकाल लेती, अपना चेहरा निरखती रहती और तरह-तरह के मुँह बनाकर मुस्कराया करती। वह साश्चर्य सोचता रहता कि कोई कैसे रोज़-रोज़ अपने को ही देख-देखकर मुस्करा सकता है, क्या देखती है वह अपने-आपमें ही? याद आया लिफ़ाफ़े पर अपना नाम देखकर वह भी तो शायद इसी तरह मुस्करा रहा था...

अचानक केसरी उदास हो गया। दो-एक बार दसों उँगलियों को टाइपराइटर के अक्षर-बटनों पर सितार की तरह फेरकर सोचने लगा, कभी ये उँगलियाँ कैसा अच्छा बैंजो बजाया करती थीं। अब तो झुर्रियाँ पड़ गई हैं। पूरा-का-पूरा गाना निकाल लेता था... रात-रात भर छत पर अकेला बैठा बैंजो बजाता रहता और सपने देखता, एक दिन वह हिन्दुस्तान का सबसे बड़ा बैंजो-आर्टिस्ट बनेगा...तालियों से गड़गड़ाते हॉल आँखों के आगे लहराया करते थे। अब तो टाइप-मशीन ऐसी लगती है जैसे आटा गूँध रहा हो...

"हम कहते हैं, अपने मौसा से बातें करके तो देखो, हो सकता है कोई जगह निकल

ही आए। यार, हमने दस साल कलकत्ता की हार्टले कम्पनी में काम किया है, एकाउंटेंसी के सारे पेंच जानते हैं। ऐसे लोगों की उन्हें भी तो ज़रूरत पड़ती रहती होगी। यहाँ वक़्त बरबाद करना तो ऐसी-तैसी ही कराना लगता है।'' गुप्ता अपनी मेज़ पर जा बैठा था और काग़ज़ इधर-उधर करता उलटी आलपीन से कान साफ़ कर रहा था।

बात ही करनी होगी तो तेरे लिए क्यों, अपने लिए नहीं करूँगा? लेकिन ऊपर से मुँह बिगाड़कर बोला, ''क्या बात करें गुप्ता जी, सूरत देखने को मन नहीं करता। पता नहीं, अपने को साले क्या तीसमारखाँ लगाते हैं। सच कहता हूँ, बाबू जी से किराया लेकर जाते थे, हफ़्तों घर आकर पड़े रहते थे। आज फ़र्म के मैनेजिंग-डायरेक्टर हों या मालिक, अब किसी में ग़ैरत-बैरत रह थोड़े ही गई है।'' मन में फिर से दुहराया, हाँ, मौसी से ही कहूँगा, वही कुछ करें तो करें...करेंगी कैसे नहीं...भीतर एक गुदगुदी-सी हुई। दो छातियों के साँवले दाग़ उभरे और उसने टाइप के दो बटनों पर इस तरह उँगलियाँ रखीं जैसे किसी बहुत ही मुलायम चीज़ को छू रहा हो...एक दिन लिफ़ाफ़े पर मौसा का पता लिखकर मोज़ा ज़रूर भेज देगा...और क्या, ज़रा चुहल ही सही।

उसके सोचे हुए को गुप्ता ने 'देख' तो नहीं लिया...? लिफ़ाफ़ा फिर मुट्ठी में आ गया। बहुत मन हुआ, कहे—''यार गुप्ताजी, एक दिन का मज़ेदार क़िस्सा बताएँ...'' लेकिन उठती बात को अँगड़ाई लेकर दबा लिया। गुप्ता कहे बिना चूकेगा थोड़े ही, अच्छा, ये बात है! बेटे, ऊपर से तो बड़े सीधे, भगत बनते हो, मंगल के दिन हनुमान जी का टीका लगाए घूमते हो...अँगड़ाई के बीच में ही सोचा, आज तो बदन बहुत ही अकड़ रहा है। आज भी कुछ स्टेशनरी ख़रीदने भेज देता तो कैसा रहता! लेकिन मौसा रोज़-रोज़ लाइसेंस बनवाने दिल्ली थोड़े ही जाएँगे? आहा, दो बच्चों के बाद भी क्या कमर रखी है साली, जैसे जल-डमरू-मध्य हो...एक वो हमारी भैंस है। सारे दिन चारपाई तोड़ेगी तो और क्या बनेगा? हम वहाँ रसोई में बैठे-बैठे पराँठे बनाएँ और दाल बघारें और तुम बैठी-बैठी कराहती रहो, तबीयत ठीक नहीं है...तेरी तबीयत की भैंस मारूँ...दो लात लगें कमर में...तबीयत तो ऐसी ठीक हो कि याद करो...बोलो, ये कोई हमारे काम हैं कि हम नहाने से पहले तुम्हारे और तुम्हारे बच्चों के कपड़े धो रहे हैं, पेशाब से भीगे हुए रजाई-गद्दे सुखा रहे हैं, बच्चों की नाक साफ़ कर रहे हैं।

''अच्छा गुप्ता जी, एक बात तो बताओ।'' उसने सारस की तरह गर्दन आगे बढ़ाकर भिंचे गले से पूछा, ''नसबन्दी से कोई असर पड़ता है क्या?''

''काहे पर?'' गुप्ताजी समझे नहीं। डूबे हुए किसी काग़ज़ के पीछे हासिल जोड़ रहे थे।

''यार, आठ साल में चार बच्चे तो हो गए, अब नहीं चाहिए...दिन-भर चाँय-चाँय। हम तो इन बीवी-बच्चों के गुलाम होकर रह गए...''

''तुम्हें क्या फ़िकर है?'' गुप्ता जी के चश्मे के काँच ख़ास ढंग से चमके, ''तुम्हारी

तो वैसे ही नसबन्दी है। धरम-करम में ध्यान लगा दो...मुसीबत तो हम जैसों की है, रोज़ के बिना नींद ही नहीं आती।''

सूखा आदमी। ज़बानी डींग मारता है। फिर भी अपनी बात जारी रखी, ''मन को चैन मिले तो सब करें, गुप्ताजी।'' गहरी साँस लेकर कहा, ''मौसा ने नसबन्दी कराई है, हम भी सोचते थे कि करा ही डालें। सच कहता हूँ दोस्त, कभी-कभी तो जी चाहता है कि स्वर्गाश्रम में जाकर संन्यास ले लें। एक शीशा तोड़ रहा है, दूसरा जूते खो आया है, तीसरा रज़ाई-गद्दों पर कबड्डी मचाए है तो चौथे के गले में गोली फँस गई है...हत् तुम्हारे की, कहाँ नरक में आ फँसे..!''

''गृहस्थी के सुख हैं, बेट्टा!'' गुप्ता ने ताना मारा।

''कद्दू हैं। लेकिन गुप्ताजी, अब हम तो कहीं जा भी नहीं सकते। शाम को लौट आएँगे। बरसों पिंजड़े में बन्द चिड़िया की जो हालत होती है, वो हो गई है। उड़ना भी भूल गए। वरना हम तो सोचा करते थे यार, फक़तदम अकेले होंगे, कभी समुद्र के किनारे घूमा करेंगे, कभी पहाड़ों पर चक्कर लगाया करेंगे...कभी खेतों की पगडंडियों से गुज़रेंगे...अब तो शाम को देर हो जाए तो यही खटका लगा रहता है कि पता नहीं बेगम की तबीयत कैसी है, बच्चों को रोटी भी मिली होगी या नहीं। धुएँ से उनके सिर में दर्द हो जाता है न, सो रात-रात भर वो दबाओ। ये नवाबज़ादी हमारे ही करम में लिखी थी...''

''तुमने आदतें बिगाड़ दी हैं। अब रोओ बैठकर...'' गुप्ता जी फिर काम में लग गए।

''सही कहते हो। पहले लाड़-लिहाज़ में करते थे, बड़े घर की बेटी है, कब यह सब किया होगा। अब वो उनका हक़ हो गया...'' केसरी को लगा, सचमुच वह बड़े दुख में है। कहीं दूर से बोला, ''बच्चों को पालने-पोसने लायक़ ही होती तो हम तो चल दिए थे...''

तकलीफ़ का बड़ा होना फिर मौसा की याद दिला गया। मौसी से बात कैसे शुरू की जाए, कर तो देगी। कोई ऐसा तरीक़ा हो कि ठसक भी बनी रहे और बात भी बन जाए। इस बार ग़लती नहीं करनी। एक बार आदमी झुकता है तो उठ नहीं पाता...पता नहीं, बग़लों में कौन-सा पाउडर लगाती है, तबीयत मस्त हो जाती है। गोरी-गोरी छातियों पर कनपटी टिकाकर, उधर नाक किए हुए मन होता है, गहरी-गहरी साँसें ही खींचता रहे...माँ की सगी छोटी बहन...अरे होगा भी यार, ऐसे मौक़ों पर ये सारी बातें नहीं सोची जाती...फैली टाँगों, पेड़ू और छातियों पर चुपचाप आँखें बन्द करके लेटे हुए वही समुद्र के किनारे, पहाड़ों की चोटियाँ, हरे-हरे खेतों की पगडंडियाँ ही नाचती रहती हैं...उस समय तो यही लगता है कि दुनिया में कहीं कोई नहीं है, कहीं जाकर सब्ज़ी नहीं काटनी, टाइपराइटर नहीं ठोकना, बस में नहीं लटकना...

क्यों जी, इसमें बुरा क्या है? किसी को कुछ भी नहीं पता, फिर भी पाप और

ग़लत-ग़लत-जैसा क्यों लगता है? उसने लिफ़ाफ़े को ज़ोर से मुट्ठी में भींच लिया, पाप और अपराध की माँ की...वहाँ लेटकर तो ऐसा लगता है जैसे बरसों पानी में डूबकर ऊपर सतह पर तैर आया हो...हज़ारों साल का बोझ पानी की लहरों की तरह गुज़रता चला जा रहा हो...मौसी-भाभी, अमीर-ग़रीब, क्लर्क-मालिक इन सबमें क्या रखा है। आदमी आदमी है और औरत औरत...मन में उभरती मौसा की सूरत को मुँह चिढ़ाने की इच्छा होती है...रसोई से निकलकर, गन्दे तौलिया से गला रगड़ते हुए, "सुनती हो, खाना ठंडा हो जाएगा।" कहकर भीतर से कोई बोलता है, तुम्हें क्या पता भैंस जी, मेरी भीतरी जेब में एक पुड़िया है...मोज़ा...ही, ही, ही!

यह क्या पागलों की तरह मेरे भीतर-ही-भीतर एक बातचीत चलती रहती है? सभी इस तरह अपने से बातें करते रहते होंगे। कभी पकड़ लिए गए बेटा केसरी, तो वो कुटम्मस होगी कि...आख़िर आदमी करे क्या...जिधर देखो, उधर ही झंझट है। अब धीरे-धीरे रोज़ के हिसाब से कुटम्मस हो रही है, किसी दिन एक साथ हो जाएगी...हो जाए, जो जितना लिखाकर लाया है, वह तो भोगना ही है...

"यार गुप्ता जी, आदमी को इन सारी मुसीबतों से कभी छुटकारा भी मिलेगा?" उसने घबराकर पूछा। एक बार, उसे याद है, किसी महात्मा से भी उसने ऐसा ही सवाल पूछा था।

"गेरुए कपड़े...या एक तोला अफ़ीम..." जैसे गुप्ता के पीछे से कोई बोला। वह उसी व्यस्त भाव से काम किए जा रहा था।

पुड़िया लिए हुए हाथ काँप गया। अफ़ीम की तरह गोली बनाकर निगलने की कोशिश करे तो कैसा लगेगा? सुना है कोई गुप्त काग़ज़ पकड़ लिया जाता है तो लोग फ़ौरन निगल जाते हैं। सिगरेट पीता ड्यूटीवाला संतरी, अफ़सर के सामने पड़ने पर जलती सिगरेट पी गया था, यह क़िस्सा भी किसी ने बताया था। मौक़ा पड़ने पर वह इसे निगल सकेगा? गिलगिलाहट की कल्पना से उबकाई आने लगी। गले में चिपक गया तो साँस रुक जाएगी। बचपन में गुड़ निगलते हुए फँस गया था, माँ बताया करती थी। प्रार्थना जैसे स्वर में केसरी ने कहा, "और अगर दोनों में से कोई न हो सके तो..."

"तो इमली के पत्ते पर बैठकर डंड पेलो!" स्पष्ट ही केसरी की बेकार बातों से गुप्ता झुँझलाने लगा था। हो सकता है कोई काग़ज़ अभी पहुँचाना हो, या माँग आ जाए। इस साले को अभी दुनिया-जहान की समस्याएँ परेशान कर रही हैं। झटके से दोनों हाथ मेज़ पर समानान्तर फैलाकर झुके, बोले, "पुत्तर, काम क्यों नहीं करता अपना...? जब से मार मेरा और अपना भेजा चाट रहा है। समझ कि इसी में मोक्ष है, वरना वो अभी दहाड़ेगा तो संन्यास और अफ़ीम दोनों भूल जाओगे।"

"नाक तक आ गया है गुरु..." केसरी के स्वर में ऐसी खुशामद थी जैसे हल गुप्ता के पास रखा है और वह दे नहीं रहा।

''देख केसरी, इस ज़िन्दगी में तो इस सबसे छुटकारा है नहीं। वो किसने कहा है कि 'ज्ञानी भुगतै ज्ञान से और मूरख भुगतै रोय' सो मुन्ना मेरे, ज़्यादा सिर मत खपा। एक दिन कोई बता रहा था कि फ्रांस में या पता नहीं कहाँ, कोई बहुत बड़ा फिलॉसफ़र है। वो कहता है कि आदमी कभी स्वतन्त्र हो ही नहीं सकता...हज़ारों सालों से साले पर धरम-करम, पाप-पुण्य, अच्छे-बुरे और परिवार-समाज-कल्चर का इतना बोझा लदा है, दिमाग़ में इतना कचरा भरा है कि चाहे, तो भी छूटने की कोशिश नहीं कर सकता...उसे कोई रास्ता ही नहीं बचा...''

लो, ये साले तो फिलॉसफी बघारने लगे। केसरी भकुए की तरह उसका मुँह देखता रहा। भीतर से एक बेनाम-सी बात उठी, लेकिन गुप्ता जी, मैं तो यार कभी-कभी एकदम हलका और फ्री महसूस करता हूँ। मगर जो बात उठी थी वह यही थी या और, केसरी तय नहीं कर पाया। समझ में भी नहीं आया कि कहा कैसे जाए। इसलिए उसे झूँझल चढ़ आई, हाथ की पुड़िया इसके मुँह पर दे मारूँ...असल में इसकी ज़बान पर मोज़ा चढ़ना चाहिए...

लालसिंह ने आकर रहस्य की तरह धीरे से कहा, ''साहब बुला रहे हैं... फ़ौरन...''

मशीन की तरह केसरी उठ खड़ा हुआ। इधर-उधर काग़ज़ टटोलते हुए समझ में ही नहीं आ रहा था कि साहब के पट्ठे ने क्या माँगा था और उसे क्या लेकर जाना था। इतनी बकवास दिमाग़ में आने लगी है कि काम ही नहीं हो पाता। झटके से ध्यान आया, मुट्ठी में तो अभी भी वही पुड़िया बन्द है...समझ में नहीं आता, कहाँ छिपा दे? यह लालसिंह हरामख़ोर यहीं खड़ा रहेगा...संतरी की तरह...एक बार और फ़ाइलें उलट-पुलट कीं...फिर बन्द मुट्ठी को चुपके से जेब में घुसा लिया। गुटका अड़ा था। वहीं बीच में खोलकर पन्नों में धीरे से पुड़िया सरका दी। उधर ही देख रहा है, ताड़ तो नहीं गया। कुछ खोजने की तरह जेब से हाथ निकालकर दराज़ यों ही खोलकर बन्द कर दी। जेब से गुटका निकालकर देखा, वहाँ फाँक थी। जल्दी से ऊपरवाली भीतरी जेब में रखकर पसीज़ी हथेली से छाती के पास उठी जगह को हमवार करते हुए केबिन की तरफ़ चलने लगा। इस बार कहीं-न-कहीं इस झमेले को फेंकना ही है...चलते हुए फिर एक बेनाम-सी बात, समझने से पहले ही कहीं फिसल गई, रंग-बिरंगे गुब्बारे में कुनकुने पानी जैसा कुछ बन्द है और वह उसमें डूबा हुआ है, हर चीज़ बड़ी धुँधली और हिलती दीख रही है, हाथ-पाँव भी बड़ी कोशिश से हरक़त करते हैं...

गुप्ता मुस्कराया, साहब की डाँट से रामायण बचाएगी इन्हें...वह मन-ही-मन केसरी का हिसाब जोड़ने लगा...

नया फ़्लैट...

श्वेता को नशा चढ़ गया था : या उसे लगा जैसे नशा चढ़ गया है। वह एक बोतल बीयर पी चुकी थी। उसे ऐसा कुछ भी नहीं करना है जिससे लगे कि वह नशे में है। वह हवा में तैर रही थी, हलकी और खिली-खिली...ये सब न होते तो वह दोनों हाथ फैलाकर बच्चों की तरह नाचने लगती। पता नहीं, ये सब क्या बकवास किए जा रहे हैं। पुरुष इतनी बहसें क्यों करते हैं?

मुकेश के फ़्लैट का ड्राइंगरूम था और चारों धुआँधार बहस में लगे थे...निर्मल, सुधीर, मुकेश और अशोक...वह अकेली पड़ गई थी। ये चारों दसियों साल पुराने दोस्त, सहकर्मी और प्रतिस्पर्धी थे। कभी मुकेश और निर्मल एक ही अख़बार में थे, सुधीर और अशोक दूसरे में। आई.एन.एस. बिल्डिंग में दोनों अख़बारों के दफ़्तर एक ही फ़्लोर पर थे। जल्दी छूट जाते तो शाम को प्रेस-क्लब या अपनी कैंटीन में बैठते। ख़बर की दुनिया के सारे काम दोपहर बाद शुरू होते और रात के दस-ग्यारह बज जाते। श्वेता कभी बाहर जाने को कहती तो अशोक या तो भड़क उठता या उसे समझाने लगता कि मैं चाहूँ भी तो दस-ग्यारह बजे से पहले नहीं आ सकता—उस वक़्त तुम्हें कहाँ ले जाऊँ? दरअसल वह डरता था : सुन्दर स्त्री को देखकर साले लार टपकाने लगेंगे। जब कभी घरेलू पार्टियों में मिले तो अशोक हमेशा उसे निगाहों के घेरे में लिये रहता। कभी झिड़क भी देता, उधर लेडीज़ के साथ रहो...इस तरह की दो-एक पार्टियों में ही श्वेता समझ गई थी कि मुकेश बार-बार उसके आसपास क्यों मँडराता रहता है? तब वह सिर्फ़ कोल्ड ड्रिंक पीती थी। "भाभीजी, यह खाकर देखिए, बहुत टेस्टी है..." वह कभी मैकरोनी ले आता, कभी पकौड़े...श्वेता को वह बिलकुल पसन्द नहीं था—एकदम काला लंगूर...उसे चिढ़ होती और वह बचती रहती...फिर वे चारों बिखर गए..अशोक लखनऊ चला गया, निर्मल भोपाल और सुधीर बिलासपुर। मुकेश दिल्ली ही बना रहा। श्वेता को बच्चों के कारण दिल्ली ही रहना पड़ा। वह कहीं और जाना भी नहीं चाहती थी। चारों एक-दूसरे के सम्पर्क में रहते और जब भी दिल्ली में एक साथ होने का संयोग होता तो किसी न किसी के घर ज़रूर मिलते। चारों दिल्ली आना चाहते। यह मुकेश का नया फ़्लैट था—छह महीने पहले ही उसे पत्रकार कोटे से मिला था। वे उसे ही सैलिब्रेट कर रहे थे। बाक़ी सबकी पत्नियाँ बाहर थीं। मुकेश

अकेला था। इसलिए उसका फ़्लैट सबसे सुविधाजनक था।

श्वेता उठी तो मुकेश ने उधर देखा। समझकर बोला, "चलिए, मैं आपको टॉयलेट दिखा देता हूँ", "नहीं, नहीं, मैं चली जाऊँगी" "नई जगह आपको दिक़्क़त होगी न, अन्दर बेड-रूम के साथ लगा है" श्वेता कमरे में आई तो मुकेश ने आगे बढ़कर कमरे की बत्ती जला दी। फिर पहले जाकर बाथरूम का दरवाज़ा खोला और स्विच ऑन कर दिया। एक बार बाहर ड्राइंगरूम की बहसों की ओर देखा और फ़ुर्ती से उसे बाँहों में भरकर चूम लिया। "क्या कर रहे हैं आप?" श्वेता ने बाहर की तरफ़ इशारा किया और बाथरूम का दरवाज़ा बन्द कर लिया।

अरे यह क्या? श्वेता ने ग़ौर से देखा और आँखें मलीं। नल के नीचे वह नंगी बैठी थी और मुकेश उसके शरीर पर साबुन लगा रहा था। हाथ का दबाव कहीं अधिक होता या उँगलियाँ बेलगाम होतीं तो वह प्यार से "मैं खुद कर लूँगी," कहकर उसका हाथ हटाने का नाटक करती। नल खुला था और वह विभोर होकर पानी की धार को सिर पर किए स्वर्गीय सुख सोख रही थी...श्वेता ने फिर हाथ से आँखें मलीं। यह कहाँ आ गई वह?

देर बाद बाहर निकली तो लगा कि वे सब उसके चेहरे पर इस दृश्य को पढ़ लेंगे। वैसे भी उसका मन नहीं था। वह धीरे से जाकर बिस्तर पर लेट गई। पलकें मूँदी तो बाथरूम का दृश्य फिर सामने था। कितनी बार वह इस बिस्तर पर अधिकार से लेटी है? अब तो कमरा-बाथरूम ही क्या सारा फ़्लैट ही उसे अपना लगता है।

उस दिन दफ़्तर फ़ोन आया : "मैं मुकेश हूँ। क्या हो रहा है? मुझे नया फ़्लैट मिल गया है। सोचा, आपको बता दूँ।" "बधाई बहुत-बहुत और बताने के लिए धन्यवाद।" "आइए किसी दिन..." "हाँ-हाँ अशोक आएँगे तो ज़रूर आऊँगी..." "आज शाम को क्या कर रही हैं?" फिर कुछ देर रुककर "साथ कॉफ़ी पीजिए न...आपके दफ़्तर के तो बहुत पास है। मैं ले आऊँगा। कब निकलती हैं?" "रहने दीजिए, फिर कभी रखेंगे। वैसे मुझे निकलते-निकलते छह बज जाते हैं।" "तो मैं ठीक छह बजे गाड़ी लेकर वहीं रहूँगा। यू नो, यू विल बी द फ़र्स्ट गेस्ट इन माई फ़्लैट..." फ़ोन रख दिया गया। अजीब आदमी है! दूसरे की सुनता ही नहीं है। मुकेश श्वेता को कभी पसन्द नहीं आया। उसकी निगाहें जब श्वेता के शरीर पर होती तो उसे चींटियाँ रेंगने का अहसास होता। वैसे भी उसके मन में काले रंग को लेकर गाँठ थी। अब कैसे इस स्थिति से बचे?

लेकिन वह बच कहाँ पाई? शाम को वह मुकेश के फ़्लैट में थी। "अरे, आपने तो इसे ऐसा फर्निश लिया है? आपकी दोस्त ने मदद की है न?" घूम-घूमकर फ़्लैट देखने के बाद वह वापस ड्राइंग रूम में आ बैठी।" तीन बेडरूम, एक डाइनिंग-ड्राइंग रूम। पूछा, "आप अकेले हैं फिर इतनी जगह का क्या करेंगे?" "आप चाहती हैं, मैं हमेशा ही अकेला

रहूँ...?" "नहीं-नहीं, मैंने वैसे ही पूछा", "आपका दफ़्तर पास है, कभी भी आकर आराम कर सकती हैं" श्वेता ने चौंककर उसके चेहरे को देखा। "देखिए श्वेताजी, हर आदमी की तरह मेरी ज़िन्दगी के कई पहलू हैं। हर पहलू पर किसी न किसी की मेहरबानी है। मैं बहुत लकी हूँ। अच्छा, मैं कॉफ़ी बनाकर लाता हूँ। एक बात आपको बताऊँ मैं बहुत अच्छी कॉफ़ी बनाता हूँ...", "नहीं, नहीं छोड़िएं—मुझे बताइए, मैं बना लाती हूँ..." वह उठने लगी।

"आप आराम से बैठिए, मैं अभी लेकर आया।" मुकेश ने निस्संकोच दोनों कंधे दबाकर उसे वापस बैठा दिया और किचन में ग़ायब हो गया। "ये क्या?" लगभग भड़ककर श्वेता ने दोनों कंधे हाथ से झाड़े...और बाहर के दरवाज़े की तरफ़ देखा। भागकर कितनी देर में दरवाज़ा खोला जा सकता है? कॉफ़ी सामने थी और वह सहज थी। एक प्लेट में कुछ काजू। "लीजिए..." "बेकार तकलीफ़ की..." मुकेश ने हलका-हलका म्यूज़िक लगा दिया था...

श्वेता को आज भी विश्वास नहीं हो रहा कि चीज़ें ऐसे झटके से भी घटित हो सकती हैं। मुकेश ने कमरे की ट्यूब लाइट बुझा दी थी और वहाँ सिर्फ़ टेबिल लैंप की हलकी जादुई रोशनी थी "अभी आया..." कहकर अन्दर कमरे में चला गया। वह बैठी-बैठी दीवारों के कैलेंडर और पेंटिंग्स देखने की कोशिश करती रही। उनके पास जा-जाकर। कहाँ चला गया? मुझे जाना भी तो है। "कहाँ चले गये?" "इधर ही आ जाइए..." जैसे ही कमरे के दरवाज़े पर आई कि धक्क रह गई। मुकेश एकदम नंगा पलंग पर लेटा था—लेटा हुआ काला शरीर और खड़ा हुआ लिंग..."ये क्या?" "कुछ नहीं..." वह वैसे ही लेटा रहा। उसके बाद श्वेता को याद नहीं है कि किस जादू से बँधी वह उस पलंग पर जा बैठी और हाथ उसके लिंग पर रख दिया..

घंटे भर बाद जब वह वापस कपड़े पहन रही थी तो उसे लगा ही नहीं कि कहीं कुछ ग़लत हुआ है? क्या वह अवचेतन में इसकी प्रतीक्षा कर रही थी? एक अजीब तृप्ति... ऐसा तो अशोक ने कभी नहीं किया...मुकेश के काले रंग पर उसे अब प्यार आ रहा था। आख़िर कृष्ण और राम भी तो काले ही थे। उसे अपने अंग-अंग पर मुकेश के होठों का रोमांच महसूस हो रहा था। अरे घंटे भर में ही उसका यह कौन-सा नया जन्म हो गया? "दस साल से मैं इस क्षण की राह देख रहा था..." फुसफुसाकर मुकेश ने कहा था..."मैं तो जनम-जनम से इस क्षण की प्यासी थी..." कोई उसके भीतर निश्शब्द बोला था क्या?

फिर पता नहीं किन बादलों पर पाँव रखती वह लौटी थी...मुकेश ने ही छोड़ा था। रास्ते में कोई कुछ नहीं बोला। शायद दोनों ही अपनी-अपनी तरह से उस सुख को जी रहे थे। घर से कुछ पहले ही वह उतरी..."आपको बहुत अफ़सोस है?" वह पूछ रही थी। इधर-उधर देखकर श्वेता ने फुर्ती से मुकेश के होंठ चूम लिये..."बहुत..." और वह मुड़ गई शायद उसने थैंक यू वेरी मच भी नहीं सुना, काले चेहरे पर चमकते हुए सफ़ेद दाँत

कितने सुन्दर लगते हैं...

क्या इस तरह एकक्षण में ही जनम-भर का रंग-बोध (कलर प्रेज्यूडिस) जादू से गायब हो सकता है? फ़िल्मों में नीग्रो पुरुष को लाड़ और बलिहारी भाव से चूमती श्वेत औरतों के देखकर उसे हमेशा आश्चर्य होता रहा है–कैसे जीत लेती हैं वे अपनी रंग-कुंठा को? उसे तो सोचकर ही झुरझुरी आती है...

"अरे सो गईं क्या?" कहते हुए मुकेश के पास आने की आवाज़ सुनी...नहीं, वह पलकों पर दोनों हाथ रखे लेटी थी। अचानक उसके होठों पर चुम्बन का अहसास हुआ। अनजाने ही उसने हाथ बढ़ाकर ऊपर झुके मुकेश की गर्दन में बाँह डाल दी और फिर झटके से उठ बैठी। डरते हुए बाहर देखा, "ये सब क्या है?" "बाहर हम लोग सोच रहे थे, कि क्या हो गया आपको? तबीयत तो ठीक है।"

दोनों ने साथ ही कमरे में प्रवेश किया तो श्वेता ने मुकेश के साथ खड़ी अपनी तस्वीर को बाहरवालों की निगाहों से देखा : चौखट पर वह और मुकेश एक साथ...न जाने कब की पढ़ी पंक्ति अनजाने ही मन के किसी कोने में गूँजी : खिला हो ज्यों बिजली का फूल...मेघ वन बीच गुलाबी रंग...सभी पूछ रहे थे : "श्वेताजी, आपकी तबीयत तो ठीक है...?" "एकदम...ज़रा लेटी तो पलक झपक गई थी..." "अब मत लेना..." पास बैठी तो अशोक ने झिड़ककर सख़्ती से कहा, इसे क्या कुछ अन्दाज़ हो गया है?...उसने आँखें बन्द कर लीं। वे फिर अपनी बहसों में लग गए। दिल्ली से कोई नया अख़बार शुरू होने जा रहा था और तीनों उसमें गुंजाइश टटोल रहे थे। मुकेश जिस अख़बार से जुड़ा था उसी के प्रयासों से यह फ़्लैट मिला था, इसलिए उसकी ख़ास दिलचस्पी नौकरी बदलने में नहीं थी। सभी तो दिल्ली आना चाहते थे।

एक बीयर में तो पहले कभी ऐसा नशा नहीं चढ़ा...

घर पहुँची थी तो बेटी ने देखकर पूछा था : "क्या बात है ममा, बहुत खुश हो..." वह एकदम सहम गई, बेटी ने कुछ पढ़ लिया क्या? सकपकाकर कहा : "नहीं, ऐसी तो कोई बात नहीं। जानती हो नीता, आज क्या हुआ? ऑफ़िस से निकली तो सामने बस खड़ी थी। खाली सीट भी मिल गई। बीस मिनट में पहुँचा दिया : खुशी की बात नहीं है? अच्छा, एक बढ़िया कॉफी पिला दो अब।" कॉफ़ी मुकेश ने सचमुच बहुत अच्छी बनाई थी अपने परकुलेटर से। रोज़ नीता से चाय या पानी माँगती है, आज कॉफ़ी क्यों माँग रही है? बहुत हिम्मतवाला है मुकेश...मैं उसे नंगा देखकर झटके से लौट आती तो? दौड़कर चटखनी खोलती और धड़ाधड़ सीढ़ियाँ उतरती हुई श्वेता ने अपने आपको किसी फ़िल्मी दृश्य की तरह देखा..."लो ममा..." उसने नीता को अपने से चिपकाकर बैठा लिया, "आज क्या किया सारे दिन क्या किया? क्या सचमुच वह अपने अनकांशस में यही चाहती थी कि ऐसा हो? क्या सभी स्त्रियों को पुरुषों की ऐसी बोल्डनेस पर प्यार आता है? सचमुच वह इसकी प्रतीक्षा कर रही थी? बाद में थके हुए से दोनों निर्वस्त्र साथ लेटे थे। "मैं तो

कभी सपने में भी नहीं सोचता था कि एक दिन आप इस तरह मेरे साथ लेटी होंगी...'' ''मैं भी कहाँ सोचती थी?'' और वह करवट बदलकर एक पाँव उसके ऊपर रखकर चिपक गई...यह काला रंग उसके मन में विरक्ति क्यों नहीं जगा रहा? क्या शुरू से वह भी मुकेश को इतना ही प्यार करती थी? रंग के बहाने अपने आपको झुठला रही थी...''सचमुच आप बहुत सुन्दर हैं...'' ''ख़ाक सुन्दर हैं...चालीस साल बाद कोई औरत कितनी सुन्दर रह सकती है...'' ''बकवास मत कीजिए...आपकी सुन्दरता को मैंने जाना है...'' ''मुकेश, आप में वाक़ई बहुत दम है...''

ये सारी बातें सचमुच हुई थी या वह मन में कल्पना कर रही है? वह झटके से उठ खड़ी हुई : अपने को सँभालो श्वेता...बेटी सब समझ रही है...कहीं भाँप न ले...''अच्छा बताओ बेटा, आज क्या खाना बनेगा?''

''कुछ नहीं। आज हम बाहर खाएँगे...''

''क्यों? आज क्या बात है?'' ''तुम इतने खुश हो न...'' फिर सँभलकर बोली : ''ममा, मैं आज शर्त जीती हूँ...क्लास में कोई पेपरवाला आया था। उसने एक क्विज़ रखा...और हम जीत गए...''

''चलिए, अब खाना खाया जाए...'' बैठक में सब एक साथ उठ खड़े हुए थे : ''आपके लिए यहीं ले आता हूँ'' मुकेश बहुत अपनेपन से कह रहा था—सब दूसरे कमरे की बड़ी मेज़ की तरफ़ बढ़ रहे थे। अशोक ने पास आकर कहा, ''तबीयत ठीक नहीं है तो मत खाओ...इनके साथ कभी ऐसा होता नहीं है...एक बीयर होती क्या है...'' मुकेश मुझे हाथ पकड़कर उठा लो न...नहीं, कोई नहीं देखेगा...

वह हाथ से अपनी बाँह छूकर देख रही थी, ''देख बेटे ये क्या हो रहा है...'' सचमुच वहाँ बाँह पर छोटे-छोटे रोंगटे खड़े थे...वह घबरा गई, क्या है सब? पता नहीं... मम्मी ऐसा क्यों हो रहा है?'' नीता चकित थी...उसने हाथ से बाँह के उस हिस्से को सहलाया और सामने रखे चिकिन की टाँग को उठा लिया : ''मम्मी क्या हो रहा है यह, आप इतनी देर से सिर्फ़ चिकिन को चाट रही हैं, खाती क्यों नहीं है...लोग देख रहे हैं...'' अरे हाँ, वह तो चिकिन को सिर्फ़ चाट रही है...''मसाला बहुत अच्छा है...'' अपराधी की तरह उसने मीट में दाँत गड़ाए और ठिठक गई, ''इतनी ज़ोर से दाँत क्यों लगा रही हैं?''...यह उसके कानों में कैसी आवाज़ आ रही है?

रेस्त्राँ में सामने बड़ा-सा पोस्टर था। कोई ब्लैक संगीतज्ञ हाथ में गिटार लिये खड़ा था...आत्मविश्वास से भरा...कितने लाड़ से तारों को छेड़ रहा है जैसे कंधे से टिका प्रेमिका

का सिर हो..." बेटे, तुम्हें ये ब्लैक-सिंगर कैसे लगते हैं?" "हमारी समझ में नहीं आते। हमें ब्लैक अच्छे नहीं लगते..." "बड़े हो जाओगे तो जानोगे कि ये लोग कितने बड़े कलाकार हैं...हर रंग की अपनी सुन्दरता होती है।" शायद कहना वह यह चाहती थी कि काला रंग कितना उत्तेजक, कितना रोमांचक होता है, तुम्हें अभी कहाँ पता नीता...जहाँ वे होंठ छूते हैं वहीं गुलाबी फूल खिल उठते हैं...

क्या हो गया है उसे? क्या एक वाक्य भी वह सीधा नहीं बोल सकती? हर क्षण अपनी त्वचा पर किसी के चूमने का थ्रिल महसूस होता है...

विदाई हो रही थी। रात के बारह से अधिक बज चुके थे? "श्वेताजी, कैसा लगा आपको हमारा नया फ़्लैट...?" मुकेश पूछ रहा था : "बहुत सुन्दर..." उसके मुँह से निकला।

जिस जगह के चप्पे-चप्पे से आप परिचित हों, उसे लेकर ऐसे दिखाना कि पहली बार ही देख रहे हों...कैसा लगता है श्वेता...? दुनिया में कोई तो है जिसे वह इतनी पुरानी होते हुए भी एकदम नई लगती है...बीस साल पहले की...उस रात साथ लेटा पुरुष अशोक ही था क्या?

(2-10-05)

लक्ष्मण-रेखा

''सीता, मैं तुमसे पेट की नहीं, रूप की भिक्षा माँगने आया हूँ''

''क्या कह रहे हो साधु? कुछ तो अपने वेश का ध्यान करो''

''जब आँखों में रूप समाया हो तो आदमी कोई भी वेश धारण कर लेता है। शायद तुम्हें नहीं मालूम, रूप का आकर्षण कैसे आदमी को विवश कर डालता है।''

''मगर साधु, तुम कैसी बातें कर रहे हो? संसार में एक से एक अपरूप सुन्दरियाँ भरी पड़ी हैं। मैं उनके पासंग भी नहीं हूँ। रूप ही माँगना है तो इन्द्रलोक जाओ, वहाँ अप्सराओं की भीड़ है...''

''सीता, अपने आपको मेरी आँखों से देखो। मुझे न कोई अप्सरा सुन्दर लगती है न मानवी। मेरे मन में तो सिर्फ तुम समायी हो...''

''मगर साधु...साधु होकर ये सब बातें...''

''तुम्हीं बताओ, साधु वेश नहीं बनाता तो तुम तक कैसे आता? मिथिलेश्वरी, पहले मेरी बात सुन लो। मैं सुदूर दक्षिणवासी हूँ, मगर यहाँ आकर मैं अपने मन के आगे ऐसा विवश हो गया कि आज दस दिनों से यहाँ जंगल में धुनी रमाए बैठा हूँ। देखता रहता था कि कब राम और लक्ष्मण दोनों भाई बाहर जाएँ और कब मैं तुमसे बात करूँ...मगर कभी एक जाता था तो कभी दूसरा...आज यह दुर्लभ अवसर मिला है कि दोनों नहीं हैं...

''मगर यह तो पाप है साधु...''

''प्यार में कहीं कुछ पाप होता है क्या? तुम जैसी अद्वितीय सुन्दरी को देखकर पाप-पुण्य शब्द बहुत छोटे और व्यर्थ हो जाते हैं। मैंने भी हज़ारों सुंदरियाँ देखी हैं। मगर तुम उन सबसे अलग हो...तुम नहीं जानती, मुझे कितना दुख है कि तुम जैसी कोमल, कमनीय स्त्री इस तरह जंगल-जंगल भटक रही है। तुम्हें तो महलों में होना चाहिए और सीता मैं तुम्हें वहीं ले जाने आया हूँ जहाँ की तुम अधिकारिणी हो।''

''हाय, यह सब क्या सुन रही हूँ? साधु तुम्हें मालूम है कि तुम क्या कह रहे हो?''

''ठीक कह रहा हूँ। राम तुम जैसी अद्वितीय सुन्दरी के लायक नहीं है। मैं तुम्हें पलकों पर रखूँगा। संसार का हर सुख तुम्हारे चरणों में होगा। सुबह शाम आरती उतारूँगा...''

''बस बस साधु, इतनी कविता मत करो कि सुनकर मेरी बुद्धि चकरा जाए...सचमुच

मेरी समझ में नही आ रहा कि मैं क्या करूँ?"

"करना कुछ नहीं है तुम्हें सिर्फ़ इस कुटिया की दीवार फाँदकर बाहर आना है। जाते हुए उन लोगों ने पता नहीं कैसे कील-काँटे, तंत्र-मंत्र कर दिए हैं। यह किसी बाहर वाले से तुम्हें बचाने के लिए नहीं, तुम्हें निकलने न देने के लिए किया गया है। इस तरह की लक्ष्मण-रेखा में तुम्हें बाँधकर जो तुम पर इतना अविश्वास कर रहा है, तुम उसी के लिए परेशान हो... "

"साधु, मेरे ऊपर दया करो, देखो अभी राम आते होंगे..."

"वही तो मैं कह रहा हूँ सीता, हमारे पास समय नहीं है। यह सारा माया-मोह त्यागकर इस कारागार से बाहर निकल आओ... सीता, मैं स्त्रियों का सम्मान करता हूँ इसलिए कभी जबर्दस्ती नहीं करता। इसलिए बाहर तो तुम्हें अपने आप ही आना होगा..."

"यह गलत तो नहीं होगा... "

"गलत तुम्हारा यहाँ रहना है सीता..."

"राम के साथ विश्वासघात...?"

"विश्वास होता तो तुम्हें यहाँ दीवारों में कीलकर जाता वह? जहाँ विश्वास ही न हो, वहाँ घात कैसा? ये सब तुम्हारे मन के वहम हैं सीता।"

"मैं बाहर आ रही हूँ साधु, मगर मेरा मन बहुत घबरा रहा है... अगर तुमने धोखा दे दिया तो मैं कहीं की नहीं रहूँगी..."

"मैं वचन देता हूँ कि तुम्हें पटरानी बनाकर रखूँगा..."

"अच्छा लो, मैं इन बँधनों से बाहर निकल आई हूँ। मैं बुरी तरह काँप रही हूँ–मेरा हाथ पकड़ो साधु... "

"हाथ नहीं सीता, मेरे गले लगो...आह कितना सुख है... "

"कोई विश्वास करेगा कि मेरे पास संसार की सबसे सुन्दर स्त्री है। लगता है जैसे काली कसौटी पर खरे सोने की लकीर खींच दी गई हो। सीता, अभी भी तुम्हारे मन में कोई द्वंद्व है..."

"नहीं, अब कोई द्वंद्व नहीं है साधु, ये वन, विहग, लता-बेल, पशु-पक्षी साक्षी हैं कि मैं अपनी इच्छा से तुम्हारे साथ जा रही हूँ–मेरा पुराना सबकुछ यही छूट रहा है–कपड़े लत्ते, जेवर, गहने, मूल्य मान्यताएँ, परम्पराएँ और धर्म..."

"हाँ सीता, भगवान के पास मनुष्य इसी तरह सबकुछ छोड़कर जाता है..."

"हाय, कितना सुख है इस मुक्ति में...साधु मैं तुम्हें कभी क्षमा नहीं करूँगी–तुमने मुझे मुक्ति के इस सुख से अब तक वंचित क्यों रखा...? "

"अवसर की प्रतीक्षा। सीता, मैं साधु वेश में हूँ और साधु कभी मर्यादा भंग नहीं करते, सिर्फ प्रतीक्षा करते हैं"

चालीस साल बाद

इससे ज़्यादा बेवकूफ़ी और हिमाक़त क्या होगी कि एक अनजान लड़की के बुलावे पर आप हज़ार किलोमीटर का सफ़र करके सुबह पाँच बजे इस सुनसान स्टेशन पर अकेले खड़े भन्ना रहे हैं कि कमबख़्त कोई लेने ही नहीं आया। अब? अब क्या करना है महामहिम? अपने आपसे सवाल पूछ रहा था शेखर...

जब आपको शुरू से लग रहा था कि यह नाटक है और इसमें सच कितना है, इसका कोई अन्दाज़ा नहीं है तो उल्लू की तरह इस तिलिस्म में कूद पड़ने की ज़रूरत क्या थी? अगर बाहर निकलने का रास्ता न मिल पाया तो? मगर कोई एक आदिम पुकार थी कि शेखर अपने को रोक नहीं पाया था और अब यहाँ खड़ा है इस अनजान स्टेशन पर कि शायद रमा उसे लेने आनेवाली है। खुद नहीं आई तो ज़रूर किसी को भेजेगी। वह तस्वीर में देखे चेहरे को याद करने की कोशिश करने लगा, फिर खुद ही मुस्कराया। पुरानी अभिनेत्रियों जैसी तस्वीर थी—वही चेहरे पर और विशेषकर आँखों में अतिरिक्त भावुकता भरकर कैमरे की तरफ़ देखना—बहुत हलकी फ़रमाइशी मुस्कराहट के साथ। हो सकता है शादी के लिए यही तसवीर भेजी गई हो...छब्बीस-सत्ताईस साल की लड़की इतनी मासूम नहीं हो सकती। फिर उसने तो रेडियो-नाटकों में काम किया है, नौकरी करती रही है। क्या पहली बार उसी तरह पेश आएगी जैसे विवाह के लिए अपने को परोसते समय आई होगी...? जिसे उसने अपने जीवन की अन्तरंग बातें बताई हैं, क्या सामना होने पर विवाहोत्सुक लड़की की तरह नर्वस होने का अभिनय भी करेगी? क्या खुद उसे भी 'देखने' आनेवाले लड़के की तरह व्यवहार करना होगा? क्यों जान-बूझकर इस बेवकूफ़ी में फँसा वह? मन हुआ, अगर उसे कोई लेने नहीं आया तो वह वापस लौट जाएगा। अभी अगली गाड़ी का पता कर लेता है। क्यों किसी को या खुद को इस धर्म-संकटी परीक्षा में डाला जाए? मगर कोई आया क्यों नहीं ! अब तक तार तो मिल ही जाना चाहिए था।

और वेटिंग-रूम में वॉश-बेसिन के सामने ब्रश करते हुए शीशे में अपनी शक्ल पर वह फिर मुस्कराया। बेटा, बीवी के यार को इतनी उपेक्षा तो बर्दाश्त करनी ही होती है। सुबह पाँच बजे किसी को लेने स्टेशन पर जाना है भी तो बहुत ज़्यादती। तीन बजे उठो। लौटते हुए मेहमान को लाना है, इसलिए अभी घर को ठीक-ठाक कर लो। खुद नहा-धोकर

तैयार हो जाओ। शीशे के सामने खुद को उस अजनबी की निगाहों के अनेक कोणों से जाँचो-परखो, 'ए अब उठ जाओ प्लीज, देखो उनकी गाड़ी पाँच बजे आ जाती है। क्या सोचेंगे कि बुला लिया और कोई लेने तक नहीं आया...'' ''अब सोने दो यार, आ जाएगा अपने आप। बच्चा नहीं है। जो हज़ार किलोमीटर यहाँ तक आ सकता है, वह स्टेशन से घर नहीं आ सकता?'' ''हमारी भी तो कोई ड्यूटी बनती है। अपने आप थोड़े ही आ रहे हैं। बुलाया तो हमने ही है...'' ''तुम्हारे दोस्त हैं तुम जानो। हमें सोने दो...'' प्लेटफॉर्म पर रमा की प्रतीक्षा में खड़े-खड़े स्टॉल पर चाय पीते हुए शेखर के मन में सुबह का यह घरेलू दृश्य अपने आप आकार ले रहा था। दो-एक लोग ही इधर-उधर थे और गाड़ी जाने के बाद का सन्नाटा था। जब दो बार चाय और तीन-चार सिगरेटें पी लेने के बाद तय हो गया कि कोई नहीं आएगा तो वह वेटिंग रूम में चला आया। यार, पाँच बजे सुबह का टाइम होता भी तो बेढंगा है। जिसको जो समझना हो समझता रहे, ऐसी स्थिति में मैं होता तो बिलकुल भी नहीं जाता। फिर रमा की स्थिति की वह कल्पना कर सकता है। बेचैनी को वह दिखा भी तो नहीं सकती। पता नहीं घर में कौन-कौन हों। वैसे उसने लिख दिया था कि सागर की माँ और बहन भी साथ ही रहते हैं। पता नहीं, ननद-भाभी का सम्बन्ध कैसा है? हो सकता है बहुत दोस्ती और छेड़छाड़ का हो...लिखा तो यही था कि घर में सब मुझे बहुत प्यार करते हैं। मेरी ही बात चलती है...मगर लिखने से क्या होता है? रोज़ रात में लात-घूँसे खानेवाली पत्नी भी तो अपनों के बीच यही कहती है कि ये तो मुझे इतना प्यार करते हैं, इतना प्यार करते हैं कि...

सारा प्यार वही कर लेते हैं तो फिर मुझे क्यों बुलाया है डार्लिंग? नई बुश्शर्ट के बटन लगाते हुए शेखर ने शीशे में अपना जायजा लिया...'उसके' मुकाबले उन्नीस तो नहीं पड़ेगा? घड़ी देखी। छह बजे हैं। एक बार और प्लेटफॉर्म के चक्कर लगा लेते हैं। अभी भी कोई नहीं आया तो? खुद ही पहुँचना होगा...याद आया इसी तरह सुबह-सुबह जब जालंधर जा पहुँचा था। दोस्त को 'सरप्राइज' देने...मुहल्ले की गली-गली रिक्शा में भटकते हुए अख़बारवाले की मदद से घंटा भर में उसका घर ढूँढ़ा था...

घंटे भर बाद अब टैक्सी जिस गेट के सामने खड़ी हुई वह लम्बी क़तार में बने पीले क्वार्टरों में से सिरेवाला मकान था—एक मंज़िला। छोटे से लोहे के गेट के एक तरफ़ लिखा था 'रमा-सागर'। घंटी बजाते ही अचानक कमरे से एक दुबले-पतले साहब निकले और टैक्सी की तरफ़ ''अरे, आइए, आइए'' कहते हुए लपके। लगा जैसे घर के अन्दर भी स्विच ऑन करने की तरह अनेक लोग जाग गए हों...''आप सागर ही हैं न, नमस्कार।''

''नमस्कार, नमस्कार सर...बहुत भटकना पड़ा क्या?'' दरवाज़ा खोलकर वह टैक्सी से निकला तो उसके दोनों हाथ पकड़े सागर विनम्र कृतज्ञता से उसका स्वागत कर रहे थे। साथ में सिर्फ़ कंधे पर लटकानेवाला बैग था। बाक़ी सामान वह स्टेशन के क्लॉक रूम में छोड़ आया था। इतना सामान लेकर किसी के यहाँ जाने का अर्थ था जैसे वह

न जाने कब तक टिकने के लिए आया हो...वैसे भी उसे जाना तो आगे ही था। "अरे, बस इतना ही?" सज्जन पूछ रहे थे। "मैं हलका ही चलता हूँ।" उसने टैक्सी को पैसे दिए और दोनों अन्दर आए। 'रमा कहाँ है?' सोचा।

यह छोटा लम्बा-सा कमरा था। सामने ही मेज़ पर रेडियो, हाथ की बुनाई का जालीदार कवर और उस पर क़रीने से लगे ग्रीटिंग-कार्ड—दीवाली और नए वर्ष के। बेंत का बुना सोफ़ा, दो कुर्सियों के बीच आयताकार मेज़। वह सोफ़े पर बैठ गया। सामने खिड़की की बग़ल में गोदरेज़ की अलमारी। वह लगभग बेतकल्लुफी से बोला, "मेरा तार मिला था?" "जी नहीं, यहाँ यही होता है। कभी कोई चीज़ टाइम पर नहीं होती। आप देखिए, तार आज आएगा। आपको बहुत तकलीफ़ हुई न स्टेशन पर।" "तकलीफ़ की क्या बात...हाँ, गाड़ी पाँच बजे आ गई थी। सोचा, बहुत जल्दी है, रुककर ही चलेंगे..." फिर इधर-उधर देखकर कहा, "क्वार्टर तो अच्छा है..." "हाँ, किसी और के नाम है, हमें किराए पर दे दिया है..." अन्दर जानेवाले दरवाज़े पर पर्दा पड़ा है, वहाँ दो-एक कमरे होंगे—बरांडे के दोनों तरफ़..."तार मिल जाता तो हम खुद ही स्टेशन पर आपको लेने आ जाते...रमा की तबीयत ठीक नहीं है न," "अरे-अरे, क्या हुआ?" वह एकदम चिन्ता से बोला, "तब तो मुझे नहीं आना चाहिए था। उन्होंने लिखा भी नहीं..." "नहीं आते तो वह घर सिर पर उठा लेती। सुबह से उत्साह के मारे पागलों की तरह भाग-दौड़ कर रही है, वार-वार कहती है, पता नहीं किस ट्रेन से आएँगे?...अब पता नहीं, कहाँ है?...अरे भई रमा, कहाँ हो?" शायद सारे घर को पता लग गया है। मन में बड़ी अजीब-सी बात आई। पहले जब लम्बे अन्तराल के बाद स्वामी घर लौटता था तो पत्नी कहीं एकान्त छत या कोठरी में जा-छिपती थी—ताकि औरों से मिलना-जुलना ख़त्म करके वह उसे खोजता हुआ आए और वह अकेली हो, और आनेवाला औचक बाँहों में भर ले...क्या मैं भी रमा को कहीं भीतर जाकर डाँटूँ—यह सब क्या है? "बहन की शादी के सिलसिले में माताजी बहन सब आए हुए हैं न...देखता हूँ भीतर बुख़ार में ही न पड़ी हो..." सागर अन्दर की ओर लपके...

कैसी होगी रमा? क्वार्टर साधारण है। वैसे भी किसी महल जैसे घर की उसने कल्पना नहीं की थी।...तभी कोई एक कप चाय रख गया। कप उठाया ही था कि परदा हटाकर एक बीमार-सी लड़की सामने थी। वह झटके से खड़ा हो गया। नमस्कार में हाथ जोड़े, "अरे बीमार हो तो बाहर क्यों आ गई, मैं ही आ जाता।" खुला हुआ रंग, नई बदली साड़ी। अभी-अभी शीशे के सामने अपने को सँवारा होगा। बाल खुले ही हैं और पीछे कर लिए गए हैं। क्या इस समय भी वह 'लड़की दिखाने' की प्रक्रिया अपने भीतर महसूस कर रही होगी? रमा थकी-सी आकर कुर्सी पर बैठ गई। चेहरे और शरीर पर लाचारी, "क्या करें, हमें भी आज ही बीमार पड़ना था। कल एक म्यूज़िक कान्फ्रेंस में चले गए थे। खुले में थी। एक्सपोज़र हो गया। रात को तो 103 था। आपको भी तो बहुत परेशानी

हुई...रेखा कहती है, अब दवा आ गई है, भाभी, तुम ठीक हो जाओगी...रेखा हमारी ननद है, आपको लेकर छेड़ती है...स्टेशन पर बहुत परेशानी हुई न...'' शेखर ने नोट किया कि कमरे में आते हुए जो थकान और हँफनी थी, वह लगभग ग़ायब हो गई थी। ''अजी, आपको लेकर तो यहाँ बड़ी शर्तें-वर्तें बदी गई—मेरे छोटे भाई सतीश के साथ। आएँगे भी या नहीं। बड़े आदमी हैं, कहाँ इस फटीचर जगह में हम लोगों से मिलने आएँगे?'' यह सागर थे। इस बार शेखर ने ज़रा ध्यान से देखा, गेहुँआ रंग, दुबला-पतला इकहरा शरीर—नहीं, वह भाव तो नहीं है चेहरे पर। परिवार भी लगभग प्रसन्न सम्बन्धों वाला लगता है, फिर गाँठ कहाँ है? रमा ने अन्तरंगता से लिखा था, 'अपने में कोई खराबी नहीं निकली तो मैं इन्हें बहुत बहला-फुसलाकर बड़ी मुश्किल से ले गई, चैकअप कराया। जिसका डर था वही हुआ। मैं कभी भी इनके बच्चे की माँ नहीं बन पाऊँगी। एक बहुत मुश्किल ऑपरेशन से ठीक हो सकता है, मगर उसमें ख़तरा बहुत है। जान पर भी बन सकती है। हिम्मत नहीं पड़ी। शेखर, तुम सोच नहीं सकते, हम लोग एक-दूसरे को कितना प्यार करते हैं। बच्चे का क्या है, गोद ले लेंगे। ये मुझ पर इतने निर्भर करते हैं कि मेरे बिना एक मिनट नहीं रह सकते...मगर फिर भी एक गाँठ है...हम लोग सिर्फ़ एक बिस्तर पर सोने के गुनहगार हैं। वैसी कोई इच्छा भी नहीं होती। भीतर ही भीतर बहुत घुटती हूँ शेखर...' मगर ऐसा तो दोनों के ही चेहरों से कुछ नहीं लगता। बातचीत में सहज विनम्रता है, बनावट जैसा भी कुछ नहीं है...सामने मेज़ पर और किताबों के साथ उसकी भी एक किताब लगी है...शेखर भीतर-बाहर दो स्तरों पर आ-जा रहा है।

वे लोग नाश्ता कर रहे हैं। पूरियाँ और सब्जी। अब रमा धीरे-धीरे खुलने लगी है, ''आप वैज हैं या नॉन...? ऐसा कैसे होगा, और लीजिए न...तबीयत ठीक होती तो मैं ज़रूर आपके साथ नाश्ता करती...एऽ, ज़रा डॉक्टर से पूछ आइए, हम क्या-क्या खा सकते हैं...'' सागर बोल रहे थे, ''शेखर जी, इसके बाद आप नहा-धोकर फ्रेश हो जाइए...मैं अभी डेढ़-दो घंटे में आता हूँ, ज़रूरी मीटिंग है। आपका तार मिल गया होता तो मीटिंग इधर-उधर करा लेता...रमा तो है ही, सतीश भी हैं—आपको कोई तकलीफ़ नहीं होगी...'' वे स्कूटर की चाबी लेकर उठ खड़े होते हैं, ''अभी गया और अभी आया।''

''तुमने हमारी गाड़ी नहीं देखी शेखर,'' रमा कह रही है, ''हमने दो महीने पहले ही चेतक स्कूटर लिया है, किस्तों पर। अब बहुत आराम हो गया है। आओ, एक बार देख तो लो'' शेखर उसके पीछे बाहर तक आता है, सागर स्कूटर घुमाकर सीधा कर रहे हैं। जब वह आया था तो शायद यह यहाँ नहीं था। हो सकता है, पीछे आँगन में या कहीं और खड़ा हो। बिस्किटिया रंग का चमकदार स्कूटर...सागर ने सीट पर बैठकर काले गॉगल लगाए और एक ही हलके किक में स्टार्ट कर दिया, ''कुछ लाना तो नहीं है लौटते हुए...'' ''फल-वल जो भी ठीक समझें। हाँ, डॉक्टर से ज़रूर पूछते आइए प्लीज...'' वह टा-टा में हाथ हिलाती है...

अब वे फिर वापस अन्दर आ गए हैं। शेखर सोचता है, टिपीकल मध्यवर्गीय दृश्य है। रमा एक बार पर्दा हटाकर भीतर जाती है। शेखर ने एक सिगरेट निकाल ली है। भीतर महिलाओं की छेड़छाड़ की आवाज़ें आ रही हैं—शायद उसी को लेकर ननद-भाभी में कुछ चुहल चल रही है। लौटती है तो शेखर पूछता है, "कोई ख़ास बात?" "नहीं, इनकी बहन कह रही है, भाभी तुम्हारी बीमारी कहाँ उड़ गई" रमा सामने कुर्सी पर बैठ गई है। "तुम्हारे उच्चारण बहुत साफ़ हैं रमा। इधर सुनाई नहीं देते..." "मैंने रेडियो नाटकों में बहुत हिस्सा लिया है। तब मेरा नाम मंजू था..." शेखर इस परिवार की बनावट सूँघने की कोशिश कर रहा है। रमा 'पराए मर्द' के साथ बैठी है, इस पर अंदर कोई तनाव जैसा तो नहीं लगता। बल्कि उल्लास जैसा ही है कुछ...रमा हलके से उठी और एक बार बाहर देखकर उसी के सोफ़े पर बैठ गई है, "मेरे लिए तुमने कितनी तकलीफ़ उठाई है शेखर...समझ में नहीं आता कैसे तुम्हारा स्वागत करूँ?" शायद हलकी-सी कोई खुशबू भी लगा रखी है..."क्या बेकार की बात करती हो। कोई ज़बरदस्ती थोड़े ही आया हूँ। मेरा भी तो मन था कि जो मुझ पर इतना विश्वास करती है उसे देख तो लूँ....मगर देखो, बहुत स्ट्रेंज लेने की ज़रूरत नहीं है। वरना फिर बीमार पड़ जाओगी और गालियाँ दोगी..." रमा का हाथ उसके हाथ पर आ गया, "क्या बात करते हो शेखर? मुझे तो इस समय लग ही नहीं रहा, कि रात में एक सौ तीन बुखार था। सच, मैं कितनी खुश हूँ तुम सोच नहीं सकते..."

तो अब वह सब शुरू हो गया है जो यहाँ आने की बात तय होने पर ही कहीं वातावरण में मँडरा रहा था। रमा खिसककर लगभग शेखर से सट गई हैं, शेखर का हाथ उसके कंधे पर है और कनपटी के बालों को धीरे-धीरे सहला रहा है। कान में हलका-सा फूल है, और उँगलियाँ उससे खेल रही हैं। कहाँ पढ़ा था, कान की लवें स्त्री के संवेदनशील हिस्सों में से एक होती हैं। रमा का सिर उसकी छाती पर है। वह सावधानी से पर्दे की ओर देखता है तो आवाज़ आती है, "इधर कोई नहीं आएगा" यानी मैं 'छूट' ले सकता हूँ। वह धीरे से उसके पपड़ाए होंठ चूमता है। "बीमार शरीर में क्या रखा है?" वह लगभग खिसियाने भाव से कहती है। झटके से उठ खड़ी होती है और एक बार बाहर झाँककर इधर-उधर देखती है, फिर पर्दे को इस तरह फैला देती है कि बाहर से कुछ भी दिखाई न दे। अन्दर जाने वाले दरवाज़े का पर्दा ठीक है। फिर आकर बैठ जाती है। "इन्हें शायद देर लगे। पता नहीं, खाने के वक़्त तक आ-पाएँ या नहीं। मीटिंग के बाद बैंक भी जाना है। शेखर, हमने यह क्वार्टर और स्कूटर सब क़िश्तों पर लिए हुए हैं, उनका स्टॉलमेंट देना है। फिर भी वह गए हैं, जल्दी आएँगे। तुम्हें भूख तो नहीं लगी?" "इतना सब तो खा लिया और अभी भी खा ही रहा हूँ।" "ठीक होती तो अपने हाथ से खिलाती...तुम सोच नहीं सकते, मुझे कैसा लग रहा है? लगता है बिस्तर पर हूँ और आसमान में उड़ते हुए सपना देख रही हूँ।" शायद अपनी पाक-विद्या पर बहुत गर्व है।

शेखर को लगा, यह भावुक दृश्य अब कुछ भारी हो रहा है। उसने हलकी जमुहाई

रोकते हुए पूछा, "अच्छा रमा, सागर के साथ दिक़्क़त क्या है?" हालाँकि रमा पत्रों में लिख चुकी है, मगर वह उसी के मुँह से दुबारा सुनना चाहता है, इससे उसका संकोच दूर होगा। "मैंने तुम्हें लिखा था न, इनके स्टिकल्स (टैस्टिवल्स) वहाँ नहीं हैं, जहाँ औरों के होते हैं। सारे टैस्ट करा लिए। डॉक्टर कहते हैं कि सीमन नहीं बनता, इसलिए बच्चा नहीं हो सकता। कई ऑपरेशन करने होंगे। ख़तरा भी बहुत है। शेखर, तुम सोच नहीं सकते ये मुझे कितना प्यार करते हैं। कहते हैं तुम्हारे लिए मैं कोई भी ख़तरा उठाने को तैयार हूँ। मैंने ही इन्हें रोक दिया है, नहीं बच्चा है तो न सही। हम वैसे ही ज़िन्दगी निकाल देंगे। कहीं बाहर से गोद ले लेंगे..." वह धीरे-धीरे बोल रही थी, मगर शेखर अपने भीतर था। कहीं इसीलिए तो उसे नहीं बुलाया गया? वरना इस तरह सागर का मीटिंग में चले जाना, सतीश का अपने काम के बहाने हट जाना। अन्दर सास-ननद सब हैं, मगर कहीं कोई आवाज़ नहीं है। यह सब क्या है लेखक महोदय...दिन-दोपहर एक कुलवधू आपके कंधे पर सिर रखकर अपनी व्यथा-कथा सुना रही है और आप...

"तुम्हें शायद अन्दाज़ा नहीं है, कितने संघर्षों से सागर यहाँ तक आए हैं, एम.ए. के इम्तहानों में पिता का देहान्त हो गया। इन्हें ही सब देखना होता था, दो-दो बहनें, छोटा भाई। बीस-बीस किलोमीटर साइकिल पर पढ़ाने जाते थे। सुबह से रात तक चक्करघिन्नी की तरह घूमना...फिर मैं मिल गई। वैसे इनमें कोई कमी नहीं है। सेक्स कर सकते हैं, मगर मेरा ही मन मर गया है। मैं इनसे कहती हूँ, तुम दूसरी शादी कर लो, तो रोने लगते हैं। शेखर, हमने साथ-साथ इतने बुरे दिन देखे हैं कि अब एक-दूसरे के बिना रहने की बात सोचना भी असम्भव लगता है। माँ इनकी बीमारी जानती थी। अब भी कभी-कभी कहती हैं, रमा मैंने तुम्हारी ज़िन्दगी ख़राब कर दी...ये सब लोग मुझे सचमुच बहुत प्यार करते हैं। शायद डरते भी हैं कि मैं कहीं कुछ दूसरा सहारा न ढूँढ़ लूँ...

शेखर परिवार में एक बच्चे की कल्पना कर रहा है, जिसे सब लोग खिला रहे हैं, कोई दूध लेकर उसके पीछे भाग रहा है तो कोई ठंड से बचाने के लिए फुँदनेवाली टोपी पहनाना चाहता है, बच्चा सिर झटकता है, नहीं पहनूँगा...गद्‌गद्‌ होकर सागर और रमा उस पर निहाल हो रहे हैं—मगर शायद हरेक के भीतर एक 'कसक' है, बच्चा उनका नहीं है। अच्छा, क्या औरत भी बच्चे को लेकर ऐसा ही सोचती है जैसे पुरुष सोचता है कि बूँद किसी और की है? इस तस्वीर के साथ ही शेखर के भीतर की कोई सिक्स्थ सेंस बार-बार कह रही है कि मामला सिर्फ़ एक लेखक और पाठिका का नहीं है। बाक़ायदा कहीं कोई योजना है। फिर क्या वह झटके से उठे, बैग उठाए और कहे, "अच्छा रमा मैं चलता हूँ...मुझे काम है। हम फिर मिलेंगे!" मगर वह जानता है, ऐसा कुछ नहीं करेगा और अपने कंधे पर टिकी रमा की कनपटी प्यार से थपथपाता रहेगा...अब तो जो शुरू हुआ है उसे अन्त तक ले जाने के सिवा कोई रास्ता भी तो नहीं है...वह ज़ोर से उसे अपने से चिपकाकर होंठों पर गाढ़ा चुम्बन लेता है, वह भी हलका-सा प्रतिदान करती

है...''इतना प्यार मत करो शेखर, मैं अपने घर में बहुत सुखी हूँ। तुम चले जाओगे तो मैं कैसे रहूँगी...''

और शेखर को लगा जैसे वह एक सुखी गृहस्थी में सेंध लगानेवाला घुसपैठिया है। सब लोग अपने-अपने काम पर हैं और वह है कि घर की बहू को लिपटाए चूमा-चाटी कर रहा है...''तुम्हें तो बीसियों मिल जाएँगी...रमा की आँखों में आँसू भर आए हैं, शेखर उन्हें हथेली से पोंछ रहा है। चालीस साल बाद आज भी वह कमरा, फर्नीचर की व्यवस्था, बाहर-भीतर के दरवाज़ों पर पड़े पर्दों के फूल, उससे चिपकी रमा और उसे आश्वासन देता शेखर...सब कुछ एक-एक डिटेल के साथ उसके सामने है—जैसे आज वह अपने पढ़ने के कमरे से उठकर उस कमरे में आ गया हो...

''अच्छा, अब तुम थोड़ा और आराम कर लो। मैं भी देखती हूँ, तुम्हारे खाने-वाने का क्या इन्तज़ाम है। रात भर का सफ़र करके आए हो। थकान तो होगी ही...'' शेखर चाहता है कि अब वह चली जाए तो शान्ति से बैठकर इस स्थिति का विश्लेषण करे। लगता है बहुत कन्फ़्यूज़ हो गया है। मुँह से निकलता है ''चली जाना, अभी तो काफ़ी टाइम है।'' वह उमँगती हुई-सी भीतर चली जाती है, पर्दे को वापस ठीक करती हुई। शेखर चारों तरफ़ की हर चीज़ को आँखों में क़ैद कर रहा है, हर बात को ग़ौर से नोट कर लो। आगे कहानी में इसका उपयोग करना है। सामने पड़े अख़बार में वह जगह खोजता है जहाँ रेलवे टाइम टेबिल होता है—अगली गाड़ी कब है? रातवाली का तो उसे पता है, मगर क्या पहले भी है? रमा फिर आहिस्ता से पर्दे को हटाती और वापस ठीक करती हुई एक हाथ में कुछ ठंडाई जैसा लिए सामने खड़ी है, ''लो, थोड़ी थकान दूर होगी'' ''थकान किस बात की?'' वह पूछता है, ''अगली थकान की बात कर रही हो?'' जल्दी से गिलास मेज़ पर रखकर वह प्यार से कंधे पर हाथ मारती है, ''बदमाश—'' अरे, यहाँ तो सब कुछ पहले से ही तय हैं।

''अपना गिलास भी तो लाओ?'' ''पता नहीं, मुझे पीनी चाहिए या नहीं। इसी में से लूँ तो बुरा लगेगा तुम्हें...'' वह गिलास उठाकर बढ़ा देता है, ''उहुँक, ऐसे नहीं। अपने हाथ से दो...'' और फिर वह वापस सोफ़े पर आ-बैठती है। अचानक शेखर को एक सम्भोग का दृश्य याद आता है। रतिक्रिया के बीच में ही वह पास रखे ग्लास से शराब का बड़ा-सा घूँट भरता और उसे स्त्री के मुँह में उँड़ेल देता...वह अनजाने ही मुस्करा दिया। अब वह बारी-बारी से ठंडाई के घूँट भर रहे हैं। प्रसन्न होकर रमा अपने दोनों हाथ गोदी में रखकर पूछती है, ''तुमने पहले सोचा था कि हम लोग पहली बार ही ऐसे खुल जाएँगे कि पता नहीं, कब से एक-दूसरे को जानते हैं?'' सोचते हुए जवाब देता है, ''ठीक यही बात मैं भी सोच रहा था। करोड़ों लोगों से भरी इतनी लम्बी-चौड़ी दुनिया है, वहाँ कैसे दो व्यक्ति उठते हैं और सारा इतिहास-भूगोल पार करके एक-दूसरे से जुड़ जाते हैं। अब देश के एक सिरे पर तुम और दूसरे पर मैं। हमारा मिलना क्या सिर्फ़ संयोग है या पीछे

कोई योजना है?'' ''योजना ही होगी,'' वह लापरवाही से कह देती है। ''किसकी?'' ''भगवान की और किसकी? हम उसकी इच्छा से ही तो मिल रहे हैं'' नहीं, शेखर इसमें भगवान को नहीं लाना चाहता, मगर जो दूसरा शब्द वहाँ आता है वह है नियति, डैस्टिनी। डैस्टिनी भी क्या चालाकी से भगवान का ही दूसरा नाम नहीं है? दोनों हमारी पकड़ से बाहर हैं, मगर सबकुछ का नियंत्रण करते हैं।

''अच्छा, तुम्हारे उस डॉक्टर का क्या हुआ?'' पत्रों में अपने प्रेमी एक डॉक्टर का ज़िक्र किया था रमा ने। पहले दोनों पड़ोसी थे। घनिष्ठता इतनी हो गई थी कि रात में काँटों के तार फलाँगकर रमा उसके क्वार्टर में पहुँच जाती थी। दोनों जीने-मरने की कसमें खाते थे। एक बार चुपचाप जाते हुए पकड़ ली गई। हंगामा हुआ। मारना, पीटना, भूखे रखना, कमरे में बन्द करना और बाहर जाने पर रोक। फिर बाक़ायदा गुंडई करके डॉक्टर को ही भगाना पड़ा। शायद उसकी भी पिटाई-विटाई हुई। रमा बता रही थी, ''वह बेचारा तीन-चार साल बिना शादी-ब्याह के बैठा रहा। मेरी शादी बहुत हबड़-तबड़ में हुई न। उसने तो कई बार सन्देश भेजे कि अभी भी कुछ नहीं बिगड़ा है, भाग आओ। हम धर्म-जाति सब बदल लेंगे। मेरी ही हिम्मत नहीं हुई शेखर...फिर मुझे यह भी लगा कि इनका क्या होगा? ये तो स्यूसाइड कर लेंगे। बेचारे मेरे पाँव पकड़कर रोते थे, मुझे मत छोड़ना रमा, मैं मर जाऊँगा। मेरा कोई नहीं है। तुम्हीं बताओ, मैं क्या करती? थक गई थी।'' ''क्या बात करती हो? तुम तो दीवारें, काँटों की बाड़ फाँदकर मिलनेवाली लड़की थी। तुम डर गई थीं?'' वह लाचारी से बोली, ''अब तुम जो भी समझो...आदमी कब, कितना कायर हो जाए, कोई नहीं जानता। उस अपराध की सज़ा तुम दे दो...'' और उसने शेखर के दोनों हाथ उठाकर अपनी गर्दन पर रख दिए। ''लो, घोंट दो इस गर्दन को...'' शेखर को झटके से लगा कि अगर उसने हाथ न हटाए तो कहीं सचमुच रमा का गला न घोंट दे, धोखेबाज़, साली...फिर आया! धोखेबाज़ न होती तो आप यहाँ बैठे होते शेखर साहब...?''

और तभी बाहर स्कूटर आकर रुका। रमा झटके से उठ खड़ी हुई। जल्दी से अपने कपड़ों का मुआयना किया और पर्दा हटाकर दरवाज़े पर ही खड़ी रही। सामने सागर स्कूटर से कुछ थैले, काग़ज़ उठाकर अन्दर आ रहे थे। रमा ने हाथ से सामान ले लिया और अन्दर जाते हुए बोली, ''सँभालिए अपने मेहमान को, कह रहे हैं शाम को ही वापस जाएँगे...'' रूमाल से कसकर चेहरा पोंछते हुए सागर मुस्कराए, ''तुमने अपनी सुना-सुनाकर बोर कर दिया होगा...'' ''बात सही है, पति की तारीफ़ कितनी देर सुन सकता है कोई...'' शेखर के जवाब में भावुक होकर सागर ने कहा, ''बहुत भोली है बेचारी...आप सचमुच बोर हुए...'' ''क्या बात करते हैं सागर साहब...अच्छा बताइए कैसा रहा।'' ''अरे रहा कैसा, वही इन्विजिलेशन, वही टीचरों की झाँय-झाँय...मैंने बहुत कहा कि घर पर मेहमान बैठे हैं, मगर कोई माना ही नहीं। माफ़ कीजिए, तीन बजे की मीटिंग के लिए

फिर जाना होगा...'' ''आप बिलकुल नहीं जाएँगे...अरे हाँ, कोई बात हुई...आप आराम से बैठिए, खाना-वाना खा लें, फिर देखी जाएगी। न हो तो पड़ोस से फ़ोन कर दीजिए कि नहीं आ रहे...'' ''मेरे हाथ में है क्या?'' लाचारी से सागर कह रहे थे, ''तुम्हारी तबीयत कैसी है?'' ''देख नहीं रहे, एकदम फ्रेश हूँ। हाँ, शेखर जी का दिमाग़ चाट लिया...'' ''अच्छी दवा है। शेखर जी पेटेंट करा लीजिए''...सागर हँसे, ''अरे हाँ रमा, वह बैंक का काम नहीं हुआ। कहते हैं आप पहले ही ओवर ले चुके हैं। कोशिश करें, गारंटी-वारंटी का इन्तज़ाम हो तो मिल जाएँगे, मगर हफ़्ता-दस दिन लग जाएँगे। तब तक इन्स्टॉलमेंट की तारीख़ निकल जाएगी। दो बार पहले ही तारीख़ बढ़वा चुके हैं...'' ''अब?'' रमा परेशान होकर बोली, ''अब क्या किसी से पर्सनली ही लेंगे। इंटरैस्ट ही तो ज़्यादा है, मगर यह मुसीबत तो टल जाएगी। अब छोड़ो यार, इनके सामने क्या यह सब लेकर बैठी हो...होगा सो देखा जाएगा...'' पानी पीकर सागर ने सारा बोझ झाड़ने की तरह दोनों घुटनों पर हाथ मारे ''और बताइए शेखर साहब, कैसा लग रहा है आपको हमारा शहर...'' ''शहर कहाँ देखा है, वही स्टेशन से आते हुए झलक मिली थी। नई-नई टाउनशिप है। बसावट का अहसास नहीं होता। थोड़ा टाइम लगेगा...'' ''अरे हाँ, आपको शाम में हमारे इन्स्टीट्यूट में चलना होगा'' रमा की त्योरियाँ चढ़ गई ''क्यों?'' ''अरे वही झक्की मिश्राजी। मैंने स्टॉफ़ रूम में ज़िक्र कर दिया कि शेखर हमारे यहाँ आए हैं। अब लग गए पीछे कि वे तो बहुत बड़े साहित्यकार हैं, शाम को गोष्ठी रख देते हैं...'' रमा ने अन्तिम निर्णय दिया, ''सुनिए जी, कोई गोष्ठी-वोष्ठी नहीं। कोई बात हुई। आदमी अपनों से मिलने आया है और आप कहते हैं गोष्ठी रख लें...ऐसा ही है तो बुलाएँ अलग से...'' ''अरे तो मैं कौन-सा वायदा कर आया हूँ। कह आया कि पूछकर बताऊँगा। मिश्रा जी तो साथ ही लगे आ रहे थे। मैंने ही रोक दिया कि रात भर का सफ़र करके आ रहे हैं, आराम भी करना चाहेंगे। शाम को देखा जाएगा'' ''कोई शाम-वाम नहीं। ये तो शाम को जाने के चक्कर में हैं।'' ''अरे ऐसे कैसे होगा! आप कल-वल जाएँगे'' ''नहीं, मुझे ज़रूरी काम है...'' ''ट्रेन छूट जाती है तो काम वेट करता है या नहीं...'' यह रमा थी। ''अरे कुछ खाना-वाना भी होगा कि यही सब चलता रहेगा?'' ''दस-पन्द्रह मिनट रुकना पड़ेगा। आप अभी तो फ़िश लाए हैं। बनने में थोड़ा-सा टाइम तो लगेगा...''

घुसपैठिया-घुसपैठिया। भीतर कोई रेकार्ड बजने लगा है। यह एक गृहस्थ दृश्य है और आप इसमें मूसलचन्द की तरह बैठे हैं शेखर साहब...पति-पत्नी और 'वह' तीनों का एक परिवार है। तीनों जानते हैं कि मामला कहाँ, क्या है, मगर एक-दूसरे से अनजान बने पुराने दोस्तों की तरह बातें कर रहे हैं। कैसा अच्छा अभिनय है...लगता है स्क्रिप्ट पहले लिख दी गई थी, पात्रों को तो सिर्फ़ अपने-अपने संवाद बोलने थे...शेखर, तुम्हें इस सुखी जोड़े की आश्वस्ति में सेंध लगाने का कोई हक़ नहीं है। मगर मैं खुद आया हूँ क्या? इतने मनुहार से न बुलाया गया होता तो आज यूँ बैठा होता...ठीक है बुलाया गया है, मगर

उठकर जाने से किसने रोका है? स्क्रिप्ट को ठोकर मारो और सीन से बाहर निकल पड़ो...क्योंकि सबकुछ पुराना है और दोहराया जा रहा है।

''कहाँ चले गए?'' आवाज़ से शेखर लौट आया। सामने सागर का चेहरा था—दुबला चेहरा, बारीक लाइन जैसी मूँछें—बेहद निरीह और कृतज्ञ...इतना दयनीय कि विरक्ति हो...शेखर इस दया की भीख माँगते चेहरे को पढ़ो, मेरा सुख मत छीनना, शेखर बाबू...मन होता है जोर से ठोकर मारे...मर्द होकर रिरिया रहे हो—तुम्हारा हक़ है, लड़ो और उसे बचाओ...उस क्षण सचमुच शेखर को लगा मानो कोई हिंस्र पशु उसके भीतर आकार लेने लगा, देख तेरे सामने ही तेरी पत्नी को भोगूँगा...तू इसी लायक है...

''नहीं-नहीं, ऐसे ही कुछ सोचने लगा। दिल्ली की कोई बात याद आ गई थी...'' शेखर ने क्षमा माँगने के स्वर में कहा। विचारों को पढ़ने की कोई एक्स-रे मशीन होती तो उसके भीतर को देखकर शायद दोनों डर के मारे चीखने लगते...''आप लेखक लोगों को यही बड़ा सुख है, जब मन हो, अपने भीतर की दुनिया में उतर गए...'' सागर मज़ाक़ कर रहे थे। पानी में से सिर निकालकर भटकते हुए की तरह शेखर क्षमा माँग रहा था, ''सुख नहीं सागर साहब, अभिशाप कहिए...हम अखंडित रूप से कहीं नहीं होते। जब बाहर होते हैं तो कोई धक्का देकर भीतर फेंक देता है, भीतर होते हैं तो हाथ पकड़कर बाहर खींच लाता है...ख़ैर छोड़िए, यह सब...बाइ द वे, शाम को कब तक लौट आएँगे...?''

''इन्हें लेक पर घुमाने ले जाइए न...घर में बैठे-बैठे बोर हो जाएँगे। क्या करें शेखर, यहाँ कोई ऐसी और जगह भी तो नहीं है जहाँ तुम्हें ले जाएँ...हम ठीक होते तो सब लोग लेक पर चलकर ही खाना खाते...'' ''अरे छोड़िए लेक-वेक। देखा जाएगा...सागर, शाम की गाड़ी का पता ज़रूर लगाते आइए...सच, मुझे जाना है।'' ''कोई जाना-वाना नहीं है। बहुत जल्दी है तो कल सुबह चले जाइए...क्या नाम है उस ट्रेन का जो नई चली है?'' रमा अधिकार से बोल रही है। ''तुम मेरा सारा दिन ख़राब कराओगी...'' ''कोई बात नहीं, एक दिन हमारे नाम ही सही...'' भीतर किसी ने मज़ाक़ किया, मैं तो सारी ज़िन्दगी ही तुम्हारे नाम करने आया हूँ डार्लिंग...

''चलिए अब खाना खाया जाए...'' एकदम सागर बोले। वे सुनहरे फ्रेम का चश्मा लगाकर अख़बार पलट रहे थे, ''रमा, क्या देर है खाने में? फिर मुझे निकलना भी है। इस इन्स्टॉलमेंट ने तो परेशान कर दिया...ख़ैर, आजकल क्या पढ़-लिख रहे हैं शेखर बाबू?'' ''कोई ख़ास नहीं, कुछ न कुछ चलता ही रहता है...'' इस बीच रमा भीतर चली गई है। ये लोग परिवार के दूसरे सदस्यों से परिचय क्यों नहीं करा रहे? भीतर दो-तीन महिलाएँ हैं—बहन, माँ और शायद नौकरानी। बर्तनों की खटखटाहट और मसाला पीसने-भूनने की गन्ध, सब्ज़ियों की छौंक, क्या-क्या बनाया जा रहा है...आज चालीस साल बाद दूर खड़े होकर फिर वही सीन आँखों के सामने है—जैसे मंच सजा हो और उस पर

तीनों अभिनेता अपने-अपने पार्ट अदा कर रहे हों—एक्ज़िट-एण्ट्री चलती रहती है और नेपथ्य से आती आवाज़ें दृश्य को विभिन्न प्रभाव दे रही हैं...''छोटा-सा क्वार्टर है, खाना हम लोगों को यहीं खाना होगा...'' सागर इधर-उधर की चीज़ें हटाकर बीच की मेज़ को ठीक कर रहे हैं। दो छोटे-से स्टूल भी सरका कर पास कर दिए गए हैं। रमा प्लेटें लेकर भीतर आती है, ''अरे तुम बैठो न, मैं लाता हूँ। लता से बोल दो, वह दे जाएगी। कब तक शर्माएगी शेखर जी से...'' रमा नहीं मानती तो सागर उसके हाथ से प्लेटें लेकर मेज़ पर लगाते हुए आदेश-सा देते हैं। ''तुम बीमार हो रमा, क्यों इतना स्ट्रेन ले रही हो। बैठो इधर शेखर जी के पास, सब हो जाएगा'' वे रमा का हाथ पकड़कर शेखर के पास सोफ़े पर बैठा देते हैं, ''बैठो, साथ रहोगी तो ठीक से खिला दोगी। वरना पता नहीं, संकोच में भूखे ही रह जाएँ...'' ''मैं तो अब कोई बीमार-वीमार नहीं हूँ, आप क्यों मुझे बार-बार याद दिला रहे हैं?'' वह लाचारी से बैठकर शेखर के सामने की प्लेटें ठीक कर रही है। सागर खुद उठकर पानी का जग और तीन ग्लास ले आते हैं। फिर एक दुबली-सी लड़की, सिकुड़ती-सकुचाती सब्ज़ियों के डोंगे उठाए आती है। ''ये मेरी बहन है लता, यहाँ के प्राइमरी स्कूल में पढ़ाती है।'' जल्दी से डोंगे रखकर लड़की माथे तक हाथ जोड़ती है। सारी वेश-भूषा में देहातीपन साफ़ झलक रहा है। सचमुच इसकी शादी में अड़चनें तो आ रही होंगी। शेखर जवाब में हाथ जोड़कर उठने की कोशिश करता है। ''अरे अरे...आप बैठिए, बहुत छोटी है।'' ''आप लोगों को बहुत परेशानी हो गई न...'' ''कैसी बात करते हैं...'' यह रमा थी। ''अरे भाई, यह सब क्या किए जा रही हो?'' रमा इस बीच बड़े चमचे भर-भरकर दो सब्ज़ियाँ परोस चुकी हैं...''रमा, मैं इतना नहीं खाता। फिर ले लूँगा। आप लोग खुद भी तो लीजिए...'' फिर दाल और रायते की कटोरियों की ट्रे आती है और तब बड़ी गेंद की तरह फूली-फूली पूरियाँ आने लगती हैं...अरे ये तो आपने लिया ही नहीं। अभी से कैसे रुक गए। अभी तो आपने कुछ खाया ही नहीं...''खाना बहुत स्वादिष्ट बना है।'' ''रमा जी की देख-रेख में सबकुछ इन्हीं लोगों ने बनाया है। आपको पता है, रमाजी कुकिंग में हमेशा फ़र्स्ट आती रही हैं...'' ''वह तो सुबह से देख ही रहा हूँ...''

खाने का वही दृश्य है जो नए मेहमान के आने पर हर घर में दुहराया जाता है। आग्रह, मनुहार, इनकार और प्रशंसाएँ...इस पुराने और प्रसन्न दृश्य को क्यों छिन्न-भिन्न कर डालना चाहते हो शेखर? तुम्हारे भीतर वह कौन-सा शैतान बैठा है जो बिखरे सम्बन्धों को सहज मानवीय लगाव के साथ सुधारना और सँवारना चाहता है मगर जहाँ जो कुछ व्यवस्थित, सुन्दर और स्वाभाविक या आत्मीय है उसे तोड़कर खंड-खंड में बिखेर देने का सैडिस्ट सुख पाता है...क्या साथ खाना खाते इस सीधे सरल पति को हलका-सा भी आभास है कि यह जो मेहमान है वह बीवी का यार है और अब एक सिद्ध ऐय्यार की तरह विनम्र शालीनता का अभिनय कर रहा है। खाने के उस दृश्य को चालीस साल बाद याद करते हुए उसे अमिताभ बच्चन के गाए गीत की पंक्तियाँ याद आती हैं, ''खायै बीबी

का यार, बलम तरसै...'' शेखर ने अपने भीतर के शैतान को धिक्कार कर पीछे ठेला : ये बेचारे तो ख़ातिरदारी में इस तरह बिछे जा रहे हैं और आप हैं कि दुनियाभर की खुराफ़ातें घोंट रहे हैं...

खाना ख़त्म हो गया है, बर्तन उठ गए हैं, मेज़ पोंछ दी गई है और सामने सोंफ़ और मिश्री-गिरी के टुकड़ों की प्लेट है। ''माफ़ कीजिए मैं ज़रा आराम से बैठ जाऊँ'' कहकर सागर ने पैर सोफ़े पर चढ़ा लिए हैं और सींक से दाँत कुरेद रहे हैं, ''बहुत खा लिया...'' ''सब तो मुझे खिला दिया...आप लोगों के लिए क्या बचा होगा...'' क्या मुझे खाना खिलाते हुए सागर के मन में एक बार भी नहीं आया होगा, काश इसमें पोटाशियम साइनाइड मिला दिया जाता...दृश्य और आगे खिंचता है, चादर ओढ़े उसकी लाश बीच में पड़ी है और रमा दुहरे अपराधबोध से बेहोश हो गई है, यह सब यहीं आकर होना था। कल अख़बारों में मोटे-मोटे अक्षरों में छपेगा, ''प्रसिद्ध साहित्यकार शेखर की अपने नगर से दूर एक प्रशंसक परिवार में फूड-पॉयज़निंग से मृत्यु...'' साले, अपनी मौत को भी समाचार-विस्फोट बनाकर पब्लिसिटी का आनन्द ले रहे हो...समाचार यह भी तो हो सकता है कि पत्नी को छेड़ने के आरोप में पति ने प्रेमी की हत्या कर दी...

शेखर को मुस्कराता देखकर सागर ने पूछा, ''कोई मज़ाकिया कहानी लिखने की बात सोच रहे हैं? माफ़ कीजिए, हम साधारण लोग हैं। कोई ग़लती हो गई हो या कुछ ग़लत हो गया हो तो माइंड मत कीजिए...'' मैं हँस रहा हूँ कि तू साला इतना पिलपिला क्यों हैं? ''अरे नहीं, यूँ ही दिल्ली का एक मज़ाक़ याद हो आया, अब रमा भी आ गई। ''सुनो रमा, हुआ यूँ की एक हरियानवी बस-कंडक्टर की शादी हुई। सुहागरात को जब पति महोदय कमरे में गए तो दुल्हन सिकुड़ी-सिकुड़ाई चारपाई पर बैठी थी, पैर नीचे लटका रखे थे। पति ने सहज ही आदेश दिया, सरक उधर, एक सवारी और बैठेगी...'' जोक पर पति-पत्नी दोनों पेट पकड़-पकड़कर हँस रहे थे—इस सुखी गृहस्थी में आग मत लगाओ शेखर...अभी भी समय है, थैला उठाओ और स्टेशन से अगली गाड़ी पकड़ो। मगर शेखर जानता है वह कहीं नहीं जाएगा और कहानी को अन्त तक एक दुष्ट दिलचस्पी से देखेगा—यानी स्वयं अभिनेता और दर्शक दोनों होगा।

थोड़ी देर बाद ही शेखर इस बैठकी से लगे एक छोटे-से कमरे में सो रहा है। सारे पर्दे खींचकर अँधेरा कर दिया गया है। ''रमा इनके सोने का इन्तजाम करा दो। रात भर के थके हैं, थोड़ा रिलैक्स कर लेंगे। जब तक आप फ्रैश होंगे मैं लौट आऊँगा'' शेखर के चेहरे पर उनींदी थकान देखकर सागर ने कहा था। कमरे में जाकर शेखर ने बुश्शर्ट उतार दी थी। उसे अपने शरीर, विशेषकर बाँहों पर बहुत गर्व है, वे बाक़ायदा एक कसरती व्यक्ति की बाँहें और छाती हैं। इन्हें देखकर कभी कलकत्ता में किसी ने पूछा था, ''आपको लिखने के अलावा कुश्ती-वुश्ती का शौक़ भी है क्या?'' ''नहीं, मैं सिर्फ़ लिखता हूँ।'' ''हमारे यहाँ लेखक लोग ऐसे स्वस्थ नहीं होते...'' वह नीम अँधेरे में मुस्कराया। बाहर शायद स्कूटर

स्टार्ट करने की आवाज़ सुनाई दी, बेचारा, कोल्हू का बैल...शेखर को पता ही नहीं चला, कब रमा बहुत आहिस्ता से आकर उसी के पलंग पर बैठ गई थी, "बहुत मेहनत करते हैं बेचारे...अब अपनी किस्त को लेकर परेशान हैं...मैं तो कहती हूँ सब हो जाएगा...भगवान सब कर ही देते हैं। वरना बताओ, हमारे पास क्या था—बिलकुल तिनके से ज़िन्दगी शुरू की है हमने...मगर मुझे इन पर दया बहुत आती है। अच्छा तुम अब आराम कर लो...मेरी बकर-बकर तो चलती ही रहती है।" वह उस पर झुक आई है और दोनों बाँहों पर लाड़ से हाथ फेरते हुए कहती है, "बड़ी खूबसूरत सेहत पाई है तुमने..." शेखर पीछे हाथ करके उसे जोर से छाती से भींच लेता है, "हाय राम, तुम तो पसलियाँ तोड़ दोगे...पूरे पहलवान हो..." हलके प्रतिरोध से छूटकर वह डूबते व्यक्ति की तरह साँस छोड़ती है, "दम घुट गया...अच्छा, अभी चलती हूँ। तुम एक नींद ले लो..." और वह सचमुच एक परछाईं के हलके पाँवों से कमरे से बाहर निकल जाती है, जाते हुए फिर पर्दे को ठीक कर देती है...उसके चुम्बन का गीलापन अभी भी शेखर के होंठों और पलकों पर लगा है और उन्हें हथेली से पोंछते हुए वह बुदबुदाता है, "उल्लू की पट्ठी..."

शाम को बहुत आग्रहपूर्वक सागर अपने स्कूटर पर बैठाकर शेखर को शहर के बाहर झील पर ले जाता है। मौसम ठंडा हो गया है और झील के जिस हिस्से पर ये लोग गए हैं वहाँ पेड़ों के झुरमुट है उनकी इस किनारे तक उल्टी लटकी छाया झील के पानी को गाढ़ा और धुँधला कर रही है—दूर बत्तखों की एक कतार तरह-तरह के पैटर्न बनाकर तैर रही है। एक तरफ़ मोटर बोटों और नावों की लाइनें हैं और एका-दो लोग वहाँ दिखाई देने लगे हैं। झील आगे मोड़ लेकर दूसरी तरफ़ चली गई है, वहाँ से मोटरबोट के इंजन चलने की आवाज़ वातावरण में गूँज रही है। कहीं दूर पनचक्की जैसी पुक-पुक की ध्वनि भी है, "यही हमारा मैरिन ड्राइव या जुहू है। शहर से दस-बारह किलोमीटर दूर है इसलिए बहुत लोग नहीं आते। कुछ पिकनिक वाले ही आ जाते हैं। यहाँ की शान्ति मुझे इतनी अच्छी लगती है कि मैं अक्सर यहाँ आकर घंटों बैठता हूँ।" शायद तभी शाम को लौटकर सागर ने घूमने का प्रस्ताव रखा था। रमा भी बोली, "चले जाइए शेखर बाबू, जाकर अच्छा ही लगेगा। दिन भर यहाँ बोर ही तो हुए हैं। क्या बताएँ हमारी तबीयत ठीक होती तो हम भी चलते। चलिए, फिर कभी...मैं भी बाद में घर ठीक-ठाक कर लूँगी..." हँसकर सागर ने कहा, "मिश्राजी भी आने की ज़िद कर रहे थे। उनसे भी जान बचेगी..." शेखर ने ध्यान दिया दोनों ही उसे किसी क़ीमती चीज़ की तरह औरों की निगाहों से बचाकर रखना चाहते हैं। शायद किसी को न बताना चाहते हैं, न मिलने देना। आगे जाकर खुद शेखर के लिए भी यह एक रहस्य-यात्रा की तरह गोपन-घटना बनकर रहनेवाली थी। उसने उसका कभी कोई ज़िक्र नहीं किया। शायद अपनी बेवकूफ़ी और ज़िद के कारण। खुद उन लोगों से भी न कभी कोई पत्र-व्यवहार रहा, न सम्पर्क...

एक पुराने घाट के पत्थर पर बैठकर सागर अपने बारे में बता रहे थे, वही सब जो

टुकड़ों-टुकड़ों में वह रमा से सुन चुका था। अपने अभाव, अपने संघर्ष, छोटी-छोटी सफलताओं के गर्व...उनमें सबसे प्रमुख थी रमा की संगति "मैं बहुत अकेला था, शेखर बाबू, रमा न होती तो कब का स्यूसाइड कर चुका होता, बच्चा नहीं है, न सही। किसी को गोद ले लेंगे। लाखों लोग हैं जिनके बच्चे नहीं होते, तो क्या वे सब मर जाते हैं?" शेखर हाँ-हूँ करता हुआ सुनने लगा। उस क्षण सागर उसे बेहद निरीह और अनाथ जैसा लगा—जिसे बाँहों में भरकर प्यार करने को मन करता है। बेचारे को क्या बिलकुल पता नहीं है कि कितने बड़े छलावे में रह रहा है। जिस रमा के त्याग, उत्सर्ग और निष्ठा की प्रशंसा करते हुए अभी सागर के गालों पर आँसुओं की धाराएँ बह रही थीं, वही कुछ देर बाद उसी व्यक्ति की बाँहों में चिपकी होगी, जिसके सामने सारा दुखड़ा रो रहा है।

काफ़ी देर बाद अँधेरा होने पर वे लोग लौटे तो स्कूटर की पिछली सीट पर बैठा मच्छर भगाता शेखर सोच रहा था, नहीं सागर, तुम्हें ज़िन्दा रहने का कोई हक़ नहीं है। तुम्हें तुम्हारी इस लाचारी, मासूमियत और सहज-विश्वासी प्रकृति के लिए गोली मार दी जानी चाहिए...और रमा को माध्यम बनाकर मैं वही कर रहा हूँ...साथ ही अपनी इस सोच पर वह चकित भी होता...यह कौन हिंस्र पशु उसके भीतर बैठा है जो खूँखार बिल्ली की तरह चूहे को घेरकर उसके साथ खिलवाड़ कर रहा है—बीच-बीच में दाँत मारती है तो चूहा चिचिया उठता है...एक उदार, हमदर्द और आत्मीय व्यक्ति के साथ जुड़ा बैठा है भयानक सैडिस्ट जो शक्तिहीन, निर्बल अपने जाल में फँसे शिकार को कोंच-कोंच कर मारता है...मगर क्यों, शेखर बाबू, आप क्यों किसी को भी सज़ा देने का अधिकार लिए बैठे हैं? किसने कहा था कि आप यहाँ हज़ार किलोमीटर दूर आइए और एक व्यवस्थित चलती गृहस्थी को तहस-नहस कीजिए...या सागर को रमा की आँखों में हमेशा के लिए गिराकर चलते बनिए...

वापस घर पहुँचे तो प्रसन्न रमा ने स्वागत किया। पूरा कमरा करीने से सजा दिया गया था और हवा में अगरबत्ती की गन्ध आ रही थी। हलका-हलका म्यूज़िक भी बज रहा था। लगता है सबकुछ बड़ा रोमानी है, "मच्छरो ने तो तंग नहीं किया?" रमा पूछ रही थी। शेखर ने मज़ाक किया, "सुना मच्छर तो यहाँ आनेवाले थे!" "ए जी सुनिए, मिश्राजी आए थे। मैंने कह दिया अपने किसी मिलनेवाले के यहाँ गए हैं। पता नहीं, कब लौटें...आप बैठिए, बोले, नहीं, अभी चलूँगा। बेटी को इम्तहान की तैयारी करानी है। समय मिला तो फिर आऊँगा। अरे, कल ही जा रहे हैं क्या? कहिए, अगली बार दो-चार दिन हाथ में लेकर आएँ...मैंने कहा, बता दूँगी...चलिए पाप कटा..." तभी अन्दर से एक युवक तश्तरी में कटे हुए फल लेकर बाहर निकला, "यह सतीश है, मेरा छोटा भाई। बिजली दफ़्तर में काम करता है। उन्हीं लोगों की कॉलोनी में इसे भी एक छोटा-सा क्वार्टर मिला है। माँ-बहन कभी वहाँ रहती है, कभी यहाँ। सतीश, खाना खाकर जाना..." बाइस-तेईस साल के सतीश का चेहरा-मोहरा सागर से मिलता है। बच्चा किसी का भी हो, घर की

स्त्रियाँ किसी न किसी दादा-बाबा से मिलान तलाश कर ही लेती हैं, बिलकुल बाप पर पड़ा है...सचमुच ऐसी समानताएँ होती हैं या हमारे अनुमानों का कमाल होता है...यही शायद आगे भी होने जा रहा है...

और फिर वही आग्रह-मनुहार...अरे और लीजिए, आपने लिया ही क्या है, के संवाद...यह मछली बहुत अच्छी बनी है, बस अब और कितना खाऊँगा...कभी किसी उड़िया लेखिका के बारे में एक मित्र ने सावधान किया था, ख़बरदार, उसके यहाँ कभी खाने मत जाइए, इतना खिलाएगी और इतनी तरह का खिलाएगी कि आप बेहोश हो जाएँगे...पता नहीं, कब-कब की बातें दिमाग़ में आती रहती हैं...शायद यह लेखकों के साथ ही होता है कि बैठे यहाँ हैं और दुनिया-जहान की बातें सोच रहे हैं, डायलॉग सुन रहे हैं। क्या इन लोगों के साथ भी यही हो रहा होगा?...अच्छा, मैं जो यहाँ आया हूँ और इन नए लोगों के बीच नई स्थितियों से गुज़र रहा हूँ, हर क्षण रमा की मुग्ध निगाहों को अपने चेहरे और शरीर को सहलाते अनुभव कर रहा हूँ—क्या सचमुच मेरी अपनी लम्पटता है? क्या यह आदमी की आदम-वृत्ति नहीं है? वह नए-नए जंगलों, पहाड़ों, समुद्रों में जाता है और अनजानी दुनियाओं को पहली बार देखने के रोमांच से अपने आपको नया, ताज़ा और स्फूर्त महसूस करता है। एक बार का यह कायाकल्प उसे बार-बार उन्हीं दुनियाओं में धकेलता है, यही तो ज़िन्दगी का एडवेंचर है। हातिम जब भी कुछ समय शान्ति से बैठता था कि उसे कोई निदा की पुकार सुनाई देने लगती थी और वह जादू में बँधे व्यक्ति की तरह पहाड़ों की तरफ़ दौड़ जाता था—जहाँ नए ख़तरे, नए अनुभव और नई चुनौतियाँ उसका स्वागत कर रही होती थीं। क्या यह 'निदा' यानी दैवी-पुकार सिर्फ़ हातिम ही सुन सकता है, हम सबके भीतर भी तो यही आवाज़ सुनाई देती है और क्या यह आवाज़ सिर्फ़ पेड़ों, जंगलों, पहाड़ों की तरफ़ ही दौड़ाती है—नए-नए लोगों की तरफ़ नहीं धकेलती? हर व्यक्ति को जानना एक सम्पूर्ण नई दुनिया से परिचित होना है। इनमें सबसे दुर्निवार चुनौतियाँ आती हैं स्त्री की ओर से, स्त्री स्वयं एक आदिम पुकार है—अरे शेखर बाबू, क्यों दुनियाभर में भटक रहे हो, वापस अपनी दुनिया में लौट आओ और हाँ, अपनी इस लम्पटता को जस्टिफ़ाई करने की कोशिश बन्द करो...जो होनेवाला है, वह सामने दिखाई दे रहा है तो दुनिया भर की फ़िलॉसफ़ी फूट रही है...यह सब उसी के स्वागत की ही तो तैयारियाँ हैं...

शेखर याद करता है कि वह एक अजीब तरह का ट्रान्स सम्मोहन था, पता नहीं कितना वहाँ सचमुच घटित हो रहा था और कितना उसकी कल्पना ने रंगीन बना दिया था। हाँ, रमा की वह मुग्ध और कृतज्ञ निगाहें आज भी उसे बार-बार अपने भीतर कौंधती दिखाई देती है। सवाल भी उठ रहा है कि क्या वह सिर्फ़ इस ख़ातिरदारी के लिए ही आया है? जिन रचनाओं को लेकर रमा ने इतने लम्बे-लम्बे पत्र लिखे हैं, इनकी बात ही कोई नहीं कर रहा...शायद बाक़ी सबने न उसका लिखा पढ़ा है, न उसमें उनकी दिलचस्पी

है...''अब तक कितनी किताबें हो गईं? आप शुरू से ही लिखते रहे हैं? हमारी तो एक चिट्ठी लिखने में जान निकलती है, आप इतना कुछ कैसे लिख लेते हैं? कहानी आपके दिमाग़ में कैसे आती है?'' इंटरव्यू करने वालों के वही घिटे-पिटे सवाल...लिखने से काम चल जाता है...नहीं, नहीं, 'उदय' मासिक में सहायक भी तो हूँ, सब मिलाकर चल ही रहा है...यहाँ जब से आया है तभी से कितने नए-नए व्यक्ति उछल-उछलकर बाहर आ रहे हैं और हर व्यक्ति को देखकर वह चकित हो उठता है, अरे यह भी मेरे भीतर छिपा बैठा है?—यह लम्पट, यह शिकारी, यह सबके कल्याण की कामना करनेवाला और कमज़ोर के लिए निर्दय सैडिस्ट एक सुखी गृहस्थी का प्रसन्न होता मेहमान, उसे ध्वस्त कर डालने की दमित आकांक्षा को वापस भीतर धकेलता दुष्ट दुरात्मा..., स्थिति को वर्जनाहीन भाव से जीने की कोशिश में बार-बार बँट जानेवाला द्रष्टा...तब क्या वह सचमुच असामान्य और एबनॉर्मल है जिससे हर सुन्दर और व्यवस्थित चीज को बचाकर रखना है...यह लेखकीय 'आँख' है या अभिशाप...आत्मा को खुरचता खाता जिद्दी कानखजूरा...सचमुच भीतर का जंगल कितना भयानक है : दुनिया भर के शाकाहारी और मांसाहारी जीव-जन्तुओं से भरा...अच्छा, ये शाकाहारी जानवर ऐसे लद्दड़ और बेजान क्यों होते हैं—मांसाहारियों की तरह चुस्त, आक्रामक, सन्नद्ध और चालाक क्यों नहीं होते?

''शेखर बाबू, यहाँ बरसात में कभी-कभी बड़े-बड़े कानखजूरे निकल आते हैं। एक बार तो एक साँप आ गया था—वहाँ कोने में पतली रस्सी की तरह सरक रहा था। बड़ी मुश्किल से भगाया...'' ''अरे, क्यों उन्हें डरा रहे हो, सारी रात चारपाई पर उकड़ूँ ही बैठे रहेंगे...नहीं, नहीं, शेखर बाबू, ये सब बकवास है। और आजकल कोई बरसात है क्या? तो फिर उस सबको बताने की क्या ज़रूरत है। आप तो बिलकुल निश्चित रहिए, ऐसा कुछ भी नहीं है। मच्छर हैं तो आपके कमरे में मच्छरदानी लगी है...चलिए, बहुत देर हो गई और मुझे सुबह जल्दी निकलना भी है। आज भी आप लोगों को इतनी जल्दी जागना पड़ा...सागर उसे रास्ता दिखाते से बगल के कमरे में लाते हैं, तभी अन्दर के दरवाज़े से रमा पानी का जग और गिलास लाकर सिरहाने रख देती है। अच्छा, आप बाथरूम वग़ैरह हो आइए, फिर मैं बाहर से मसहरी ठीक कर दूँगी...''गुडनाइट शेखर बाबू...'' सागर दोनों हाथों की खुली उँगलियों को एक-दूसरी से छुआते और अलग करते, 'शुभरात्रि' कह रहे हैं, और किसी चीज़ की ज़रूरत हो तो बता दीजिए। वह मेज़ पर सिगरेट की नई डिब्बी और माचिस रखी है। पढ़ने का मन हो तो लैम्प है...अच्छा है, रात में पढ़ने के लिए रमा ने अपने लिखे हुए की कापियाँ नहीं दी हैं, वरना सुबह उठकर तारीफ़ करनी पड़ती...वह बुश्शर्ट उतारता है तो उसे सागर सामने खूँटी पर लटका देते हैं, वह बनियान-पाजामा पहने अन्दर लेट गया है और सागर मसहरी को इस तरह बिस्तर के सिरों के नीचे दबा रहे हैं जैसे उसे इस जाल में क़ैद कर देना चाहते हैं...अभी जब बुश्शर्ट उतारी थी तो क्या सागर ने जलन से उसके पहलवानी शरीर का मुआइना किया था?

नींद की खुमारी थी या सचमुच नींद, उसे चेतना हुई कि पास ही आकर कोई लेट गया है। उसने करवट बदली तो बाँह उस शरीर पर रखकर अपनी ओर खींच लिया। यह तो होना ही था, सुबह से सारे वातावरण में जो मँडरा रहा था, वह यही तो था। अब सँभालो शेखर...इसके बाद शेखर को सिर्फ़ कुछ आवाज़ें याद हैं और आज भी जब उस दृश्य की कल्पना करता है तो वे आवाज़ें ही कहीं अवचेतन में गूँजती सुनाई देती हैं–यह मत करो शेखर, कपड़े मत उतारो, मैं अभी थोड़ी देर में चली जाऊँगी...मान जाओ शेखर...ये हुक तुमसे नहीं खुलेगा, मैं खोले देती हूँ...मगर यह सब क्यों कर रहे थे...? नहीं, नहीं टेबिल लैम्प मत जलाओ, हमें शर्म आती है...बीमारी ने सारा शरीर ढीला कर दिया है, इस तरह मत देखो। तुम खुद यह सब क्यों पहने हो, लाओ मैं उतार देती हूँ...उई, इतनी ज़ोर से मत दबाओ...सिर्फ़ जीभ से सहलाओ, दूसरे को कसके पकड़ लो...हाय, कितना अच्छा लग रहा है...अब यह सब भी करोगे...इतने ज़ोर से नहीं, धीरे-धीरे जाने दो...हाय, तुमने तो मार डाला...हाय, मैं मर जाऊँगी शेखर...मार डालो....हाय, यह मुझे क्या हो रहा है...शेखर मुझे जिन्दा मत छोड़ना प्लीज...अब तक कहाँ थे मेरे प्राण, मैं युग-युग से प्यासी भटक रही थी...मैं तुम्हें नहीं छोड़ूँगी...अरे मैं मरी...रुकना मत शेखर हाय, ये मेरे साथ क्या हो रहा है? यह किस दुनिया में डाल दिया मुझे? रुकना मत शेखर, आज मेरी हड्डी-पसली एक कर दो...जितने भी क्रुएल हो सकते हो...आज कसर मत छोड़ना...मैं हवा में उड़ रही हूँ...रात भर यही होने दो मेरी जान...''

और ऐसी ही कुछ अनर्गल बातें...कुछ देर बाद रमा शेखर की बग़ल में लेटी थी– अस्त-व्यस्त और लस्त-पस्त...बन्द आँखोंवाले चेहरे पर ऐसा स्वर्गीय सन्तोष...ऐसी निरपेक्ष शान्ति कि उसे थोड़ी देर देखते हुए शेखर के मन में आया इसी क्षण गला घोंटकर इसे मार डाले...शेखर को अच्छा नहीं लगा, ऐसा नहीं है। वह उसके यादगार सम्भोगों में एक था...मगर रमा उसे छोड़कर एक ऐसी दुनिया में चली गई है जिसे न वह जानता...न जहाँ उसकी पहुँच है...अगर इस क्षण हत्या कर दी जाए तो उसे वापस इस नीरस दुनियादारी में नहीं लौटना होगा...क्या इस क्षण सागर को मालूम है कि उसकी प्राण-प्यारी, शेखर नाम के एक लम्पट की बाँहों में लेटी जनम-जनम का साथ निभाने की क़समें खा रही है...? क्या परिवार के दूसरे लोग भी जानते हैं? उसे इसीलिए तो यहाँ नहीं बुलाया गया...?

सुबह छह बजे शेखर और सागर दोनों स्टेशन पर थे और प्लेटफॉर्म पर खड़े ट्रेन की राह देख रहे थे। सिर्फ़ चाय ली थी, ''मुझे सचमुच ज़रूरत नहीं है'' शेखर के विरोध के बावजूद...''कहिए, कैसी नींद आई? मच्छर-वच्छर तो नहीं घुस गया?'' ''नहीं, एक बार सोने के बाद मुझे होश नहीं रहता...'' साले, तेरी बीवी ने सोने ही कहाँ दिया? शेखर ने पाया कि वह सीधे सागर का चेहरा देखने से अपने को बचा रहा है–क्या होगा, व्यंग्य? पिटे हुए बच्चे की मासूम लाचारी? ऐसे लिजलिजे व्यक्ति को क्यों जीना चाहिए? तुम इसीलिए बने हो सागर कि तुम्हारी बीवी को दूसरा भोगे...''रात को इन्हें फिर टैम्परेचर

हो गया था...'' सागर बता रहे थे। हाँ, वह बुख़ार मेरे ऊपर भी उतरा था...''कहिए रमा जी तबीयत कैसी है? बहुत परेशानी हुई न मेरी वजह से...'' ''अरे नहीं शेखर बाबू, यह तो हमारा सौभाग्य है जो आप जैसे व्यक्ति की चरण-धूलि पड़ी...''

बाहर स्कूटर खड़ा था। तय हुआ शेखर इसी पर पीछे बैठकर स्टेशन जाएगा—रमा और दूसरे लोग यहीं से विदा देंगे...अचानक ही जब एक पैकेट रमा अधिकारपूर्वक उसके बैग में रखने लगी तो वह जैसे चौंक उठा। ''यह सब क्या है?'' ''कुछ नहीं थोड़ा-सा खाना है...लम्बा सफ़र है...बाहर का खाना न जाने कैसा हो?'' यह उन दिनों की बात है जब प्लेटफ़ॉर्म पर पूरी-आलू ही खाने पड़ते थे—ट्रेन में खाना नहीं दिया जाता था...रमा के व्यवहार में ऐसा कुछ अधिकार था जो कल शाम तक नहीं था। आग्रह इतना 'अपना' था कि शेखर मना नहीं कर पाया। क्या इनमें से कोई भी नहीं जानता कि इनकी कुलवधू मेरे साथ नंगी लेटी थी? हाँ, बालों में अभी भी सिन्दूर की रेखा है...विदा होते हुए उसे लगा ही नहीं कि वह इस जगह को, इस औरत को इतनी अन्तरंगता से जानता है... अचानक ही वह जगह, वे लोग उसके लिए जैसे एकदम अनरीयल (अवास्तविक) हो उठे...वह तो बाद के बरसों में वह घर, रमा या सागर टुकड़े-टुकड़ों में उसकी चेतना में कौंधते रहे...ख़ासकर रमा का दिव्य-सुख में डूबा बन्द आँखोंवाला चेहरा...

दोनों ने क्लोक-रूम में जाकर सामान निकलवाया था और अब एक बड़ी अटैची प्लेटफ़ॉर्म पर खड़ी थी, पास ही कुली उकड़ूँ बैठा था। ''आपने सचमुच हमारे कहने पर इतनी परेशानी उठाई...इसके लिए किन शब्दों में क्षमा माँगूँ...'' ये सारे वाक्य शेखर की ऊपरी चेतना पर फिसल रहे थे...अचानक झटके की तरह शेखर ने कहा, ''सागर, मेरी एक बात मानोगे?'' सागर अचानक चौंका, ''बताइए, बताइए...'' लगा घबरा गया। ''देखो, ये कुछ रुपए हैं, इन्हें रख लो....जब हो जाएँ तो लौटा देना...'' ''अरे-अरे, ये क्या ग़ज़ब कर रहे हैं शेखर बाबू, रमा तो सचमुच मुझे मार डालेगी...'' ''नहीं, उसे बताने की कोई ज़रूरत नहीं है। मैं कल से आपको क़िस्त देने के रुपयों के लिए परेशान देख रहा हूँ...जिस घर से मुझे इतना आदर, सम्मान और अपनापन मिला है, उसकी चिन्ताओं में हाथ बँटाने का मेरा भी कुछ कर्तव्य बनता है...ज़्यादा नहीं, सिर्फ़ छह हज़ार हैं।'' ''नहीं, नहीं, मैं बिलकुल नहीं लूँगा शेखर बाबू, आप विश्वास करें मेरा इन्तजाम हो गया है...'' ''फिर भी आप रख लीजिए, मैं बड़े भाई की तरह कह रहा हूँ...'' ''आपको भी तो कमी पड़ सकती है।'' ''उसकी फ़िक्र आप मत कीजिए...मेरे पास इन्तज़ाम है...'' इन्तज़ाम ख़ाक है, कितनी मुश्किल से रायल्टी के हिसाब में प्रकाशक से दस हज़ार लिए थे...देर तक सागर रुपयों का पैकेट लिए खड़े रहे, रखें या न रखें...फिर धीरे-से जेब में सरका लिया...सामने आते हुए इंजन ने जैसे दोनों को इस विचित्र स्थिति से निकाल लिया। प्लेटफ़ॉर्म अचानक ही आवाज़ों और भाग-दौड़ से झनझना उठा। उसका डिब्बा पीछे था, जैसे ही कुली ने अटैची रखी और भीतर दरवाज़े पर खड़े होकर शेखर ने उसे पैसे दिए,

ट्रेन चल पड़ी। शेखर सागर के लिए हाथ हिलाता रहा और फिर अन्दर आकर बैठ गया...स्टेशन पर कृतज्ञता, विनम्रता और शायद आत्म-तुच्छता की एक मूर्ति अभी भी खड़ी थी...

इस समय शेखर अपनी ही निगाहों में बहुत ऊँचा उठ आया था। संकट में पड़े परिवार को उसने शायद उबार लिया था। मनुष्यता का तकाज़ा थां। अपनी इन भावनाओं को अपने भीतर पाकर जैसे वह अपने को आश्वस्त करना चाहता कि सारी टुच्चई और लफंगई के बावजूद उसने अपनी मानवता को अभी तक बचाकर रखा हुआ है...सीट पर बैठकर आराम की साँस छोड़ते हुए उसने चारों ओर ऊँचाई से देखा, उल्लू के पट्ठो, तुम्हें क्या मालूम तुम्हारे साथ बैठा व्यक्ति कितना महान है और किस दिव्य अनुभव से अभी-अभी गुज़रकर आया है...

बाद में शेखर गालियाँ ही देता रहा, उदात्त, दिव्य, महान...सब क्या बकवास थी शेखर? हरामज़ादे, तुमने किसी संकट में परिवार की मदद नहीं की, सिर्फ़ उसकी बीवी के साथ किए सम्भोग की क़ीमत दी थी...बीच के एक दलाल को...फिर वह अपने इन नीच विचारों के लिए अपने को धिक्कारता है—तुममें यही ख़राबी है, शेखर, या तो इतनी ऊँची-ऊँची बातें सोचोगे कि वहाँ तक हाथ ही न पहुँचे, या एकदम उठाकर ऐसे नरक में डाल दोगे कि आदमी को पानी तक न मिले...

आज चालीस साल बाद भी वह समझ पाने में असमर्थ है कि उसके साथ जो हुआ वह अनायास ही घटती चली गई सहज घटनाओं का सिलसिला था—या कहीं कोई योजना थी जिसमें वह अनजाने ही शामिल हो गया था? योजना थी तो किसकी थी? नहीं, नहीं, न वह भाग्य को मानता है, न भगवान को...प्रारब्ध और नियति जैसे शब्दों से भी उसे ख़ासी चिढ़ है इसलिए मन बिलकुल नहीं मानता कि कहीं कोई योजना थी, मगर घटनाक्रम पर निगाह डालते हुए लगता तो है कहीं कोई पैटर्न तो था...

अचानक एक दिन सोते हुए, शायद सपने में उसने कहीं से आती हुई एक आवाज़ सुनी—पता नहीं, सुनी या सुनने का भ्रम हुआ। "मेरा नाम सौरभ है, मेरी माँ रमा आपको जानती थीं, उन्होंने कहा था, नए शहर में कभी कोई दिक़्क़त हो तो मैं आपसे मिल लूँ..." इतनी साफ़ आवाज़...

नहीं, वह न योजना थी, न कहीं कोई सौदा था—वह ऐसा सहज विश्वास था—जो एक मन्त्र-शक्ति की तरह उसके साथ बना रहा है...

आज चालीस साल तक...

दो दिवंगत

भाइयो, आज मैं परलोक में आराम कर रहा हूँ—यह नरक है या स्वर्ग, इस झंझट को छोड़िए। उस लोक के नरक से इस लोक के नरक की मेरी यात्रा के टिकट डॉक्टरों ने जुटाए थे।

हुआ यों कि मेरा एक बेहद जटिल ऑपरेशन होना था। जो सरकारी डाक्टर इस कार्य को करने वाला था, मालूम हुआ कि वह आरक्षित कोटे से आया है, इसलिए योग्य और कुशल होने का सवाल ही नहीं था। मैं एक भव्य और विख्यात नर्सिंग होम के युवा, सुन्दर, चुस्त डॉक्टर की शरण में गया। वहाँ की फ़ीस और दूसरे ख़र्चों ने मेरे छक्के छुड़ा दिए। जान बचेगी तो फिर सबकुछ आ जाएगा, यह सोचकर मेरे परिवार वालों ने यह जुआ भी खेल डाला। मेरी क़िस्मत ही खोटी रही होगी कि मैंने ऑपरेशन टेबल पर ही दम तोड़ दिया...

यहाँ आकर पता चला कि कोर्स के एडमिशन से लेकर इस युवा डाक्टर ने पचासों लाख रुपए घूस में दिए थे, मंत्रियों-अफ़सरों के चरण पकड़े थे और जब डिग्री मिली तो करोड़ों दहेज में लेकर रातोंरात नर्सिंग होम खड़ा कर डाला। भगवान जाने उसके साथ जुड़े बीसियों डाक्टर किस रास्ते से आए थे। उसने तो यही सोचकर उन्हें शामिल किया था कि वे शायद खुद उस जैसे न हों। डाक्टर की युवा पत्नी ने आत्महत्या कर ली थी क्योंकि वह अपने माँ-बाप से उतना नहीं ला पा रही थी जितने की डाक्टर को ज़रूरत थी। जिस दिन उसने मेरा ऑपरेशन किया था उसी दिन एक बहुत ऊँची और सम्पन्न जगह उसकी दुबारा शादी पक्की हुई थी। और हाँ, जो दवाइयाँ मेरी चिकित्सा में इस्तेमाल की गई थीं—वे सब भी नक़ली थीं, इन्हें बेचने वाली कैमिस्ट शॉप भी इसी नर्सिंग होम की बिल्डिंग में ही थी ताकि मरीजों को इधर-उधर दूर न भागना पड़े...तो देखा आपने, मुझे तो मरना ही था।

बहरहाल मैं यहाँ मज़े में हूँ और सोचता हूँ कि डाक्टर की पूर्वपत्नी की आत्मा को खोजकर उससे दोस्ती बढ़ाऊँ—वह बेचारी भी तो यहीं कहीं भटक रही होगी...

सुधा की डायरी

सुधा की इस डायरी को मैं तीस साल बाद पढ़ रहा हूँ। यानी उसमें लिखने की तारीख़ है 22-6-68...दो-तीन बार पढ़ने के बावजूद तय नहीं कर पा रहा कि यह प्रयोग उसने सचमुच किया था या इसे एक सपने के रूप में लिखा था। ज़ाहिर है अगर यह कहानी है तो ज़रूर यह सपना उसके मन में बहुत दिनों से पलता रहा होगा और अगर यह उसने सबकुछ योजनाबद्ध ढंग से घटित होने दिया तो उसे इससे क्या मिला? क्यों किया उसने यह प्रयोग? पात्रों को मैं नहीं जानता, मगर खुद अपने को एक तीसरे व्यक्ति की तरह रखकर क्या वह इस सबसे तटस्थ बनी रहना चाहती थी? इस ख़तरनाक नाटक की वह सूत्रधार थी या एक कुंठाग्रस्त मजबूर पात्र? बहरहाल पहले कहानी...

सुधा मुँह ढेढ़ा करके मुस्कराती है—एक गाल से। कहती है उसे यूँ ही मुस्कराने की आदत है। कभी वह खिल-खिलाकर हँस भी सकती है और कभी टप-टप रो भी सकती है। ड्राइव करते हुए सामने सड़क पर आँखें गड़ाए अचानक इस तरह ऊँचाई से, सबकुछ को आर-पार देखने के भाव से मुस्कराना राहुल और रेवा दोनों को परेशान कर देता है। जानते हैं कि सुधा क्यों मुस्करा रही है, मगर सोचते रहना चाहते हैं कि वह कुछ नहीं समझती—कुछ नहीं देखती। तीनों सटे-सटे-से सामनेवाली सीट पर बैठे होते हैं। गियर-स्टीयरिंग के लिए जगह छोड़ने के लिए राहुल और रेवा को आपस में अधिक सटना होता है। अच्छा ही लगता है, मगर उसका मुस्कराना देखकर एक-दूसरे के कंधे पर कसा हाथ, नीचे अँधेरे में गुँथी टाँगें अपने आप ढीली हो जाती हैं। वे हलके से इधर-उधर सरककर सिर्फ़ उतने ही निकट बने रहना चाहते हैं जितना सँकरी जगह की मजबूरी में सम्भव हो सकता है। राहुल सोचता है, देख रही है तो देख ले यार, क्या फ़र्क पड़ता है। समझ तो रही ही है। झूठे लिहाज़ में हम क्यों इन दुर्लभ क्षणों को छोड़ें? बाद में जब सुधा को सफ़ाई देने की कोशिश की तो उसने रुखाई से कहा था, "राहुल साहब, आप समझते हैं कि मैं आपको देख रही थी? उधर तो मेरा ध्यान भी नहीं था। मुझे तो अपनी ही कोई बात याद आ गई थी। इतना तो मैं भी समझती हूँ कि गाड़ी की सीट पर तीन आदमी बैठेंगे तो इसी

तरह बैठना होगा।'' गम्भीरता से शुरू किया गया वाक्य फिर होंठों की टेढ़ी मुस्कराहट में ढल जाता है।

ज़रूर सुधा सोचती होगी कि रेवा और राहुल उसकी मेहमान-नवाज़ी का नाजायज़ फ़ायदा उठा रहे हैं–उसकी गाड़ी, कमरा, फ्रिज का इस्तेमाल कर रहे हैं। देखती हूँ, ये कहाँ तक जाते हैं। मगर राहुल नहीं चाहता कि सुधा ऐसा कुछ समझे। वह तीनों की बराबर मीटिंग का रूप देना चाहता है–यानी तीनों ही एक-दूसरे के साथ होना पसन्द करते हैं; खाने, घूमने, मिलने के प्रोग्राम बनाते हैं। यह किन्हीं दो का तीसरे को इस्तेमाल करना नहीं है। तीनों ही तो अकेले हैं। लेकिन मन ही मन राहुल और रेवा दोनों समझते हैं कि सुधा सिर्फ़ एक सुविधा है, हिस्सेदार नहीं।

उस दिन जब ग्यारह बजे रेवा को उसके हॉस्टल छोड़ा था और उसकी कमर, बाल, बाहें थपथपाकर सी-ऑफ़ किया था तो रास्ते में राहुल ने कहा था, ''मैं जानता हूँ तुम क्यों हँसती हो...''

''फिर वही बात। मैंने कहा न कि कोई और बात याद आ गई थी, उसी पर हँस रही थी। एक बात याद रखिए, सुधा इन बातों से ऊपर है...'' वह गाड़ी को चोक देकर कुछ रुकी...

जब पहली बार रेस्त्राँ से निकलकर गाड़ी में बैठते हुए राहुल ने रेवा को उत्साह से भींच लिया था, बालों में लगे जूड़े के पास सूँघा था तो सफ़ाई दी थी, ''यार, यह मेरी पुरानी दोस्त है, ग़लत मत समझना...'' सुधा ने सख़्ती से कहा था, ''सफ़ाई मत दीजिए, मैं जानती हूँ...''

अब रेवा के उतरने से जगह खाली हो गई थी और वह एक तरफ़ सरक सकता था, मगर उसी तरह बैठा रहा–गाड़ी चलाने में सुधा की बाँहें उसकी बाँहों से रगड़ती रहें और वह समझे कि राहुल उसकी तरफ़ से भी इतना उदासीन नहीं है। हालाँकि यह उसे अपना कमीनापन और सुधा के लिए ज़्यादती लगी। इस तरह छूने-छुलाने के छोटे-छोटे चारे डालकर वह सुधा से इतनी सुविधाएँ चाहे, यह नीचता नहीं तो क्या है? आख़िर सुधा भी औरत है और उससे बहुत खुली है। मगर घनिष्ठता का यह प्रसंग उनके बीच कभी आया ही नहीं। सुधा ने बहुत पहले ही कभी कहा था, ''आप लोग समझते हैं कि आदमी-औरत की दोस्ती का सिर्फ़ एक ही मतलब है। हम लोगों में दो दोस्तों की तरह का खुलापन क्यों नहीं हो सकता? राहुल साहब, याद रखिए अगर कभी सुधा को औरत समझकर हाथ-पाँव चलाए, उसी दिन दोस्ती ख़तम...इसके अलावा भी हमारे बीच बहुत-सी बातें हो सकती हैं...'' और सचमुच इसके बाद वह उससे इसी तरह मिलता रहा जैसे किसी भी पुरुष मित्र से मिलता। इसमें बहुत कुछ हाथ सुधा के मर्दाने व्यवहार का भी रहा होगा...उसके बोलने, पीठ और कंधे पर धौल मारने, अश्लील मजाक़ करके खुलकर हँसने में कहीं कोई ज़नानी बात थी ही नहीं।

एक दिन जब राहुल ने पूछा, "मेरी एक दोस्त है, कहो तो कभी ले आऊँ?" तो उत्साह से सुधा ने कहा, "ओह श्योर...मगर सिर्फ़ दोस्त ही है न...वैसे प्रेमिका-व्रेमिका हो तो भी चलेगा...मैं उतनी दकियानूस नहीं हूँ..."

इस खुले स्वागत के बावजूद राहुल के मन में हमेशा कुछ कचोटता रहता है, "आपकी दोस्त, क्या नाम बताया रेवा, तो बड़ी सुन्दर है..." सुधा ने पहली ही मुलाक़ात में कहा था। राहुल ने जब उसके सामने ही रेवा को चूमा था तब भी मन में गणित था—सुधा के सामने यह सीमा पहली बार ही तोड़ लेनी चाहिए ताकि आगे उसे अटपटा न लगे, दूसरे यह टोहना भी ज़रूरी है कि सुधा कितनी दूर तक उन दोनों का बढ़ना बर्दाश्त कर सकती है। लाख कहे कि ये सब बातें उसे छूती नहीं है और वह इन सबसे ऊपर है, मगर है तो आख़िर औरत ही। अपनी उपेक्षा एक हद तक ही बर्दाश्त करेगी, फिर शुरू होगा प्रतिरोध...अगर कहीं उसने गुस्से में इधर-उधर उसके परिचित मित्रों के बीच स्कैंडल बनाकर कहना शुरू कर दिया तो? "मैं क्या करती, दोनों आ जाते और बेशर्मों की तरह नाटक करने लगते..." मगर जब खुद वह इस सबमें एक पार्टी रही है तो कहेगी किस मुँह से? तीनों ने साथ बैठकर शराब-बीयर ली है, उन्हें लिपटते-चूमते हुए देखकर भी अनदेखा किया है। इन सारे भीतरी सवाल-जवाब के बावजूद राहुल जानता है कि जैसे ही कभी उसने दो घंटे के लिए कमरा माँगा, उसी दिन उदार और बेफिक्र होने का नाटक या तो ख़त्म हो जाएगा या इतनी कटुता आ जाएगी कि वह खुद ही अपनी बात वापस ले ले...

रेवा सुधा से लगभग दस साल छोटी है—खूबसूरत और ताज़गी से भरी—चहकती हुई। सुधा गम्भीर है। आत्मीयता के घनिष्ठ क्षणों में उसने राहुल को कभी बताया था कि उसका बचपन सौतेली माँ और उनके भाइयों, यानी मामा लोगों के अत्याचारों के बीच कटा है। माँ प्रोत्साहित करती थी कि मामा जैसा चाहे उसके साथ व्यवहार करें। आठ-दस साल की कच्ची उम्र में उसने जो कुछ भुगता उसी का नतीजा है कि सेक्स को लेकर वह लगभग मर गई है। न उसे कभी इच्छा होती है, न ज़रूरत महसूस होती है। उसके सामने कोई कुछ भी करता रहे उसे कुछ नहीं होता। बल्कि सबकुछ बचकाना और बेवकूफ़ाना लगता है। कोई उसकी तरफ़ ऐसी कोई हरकत करता है तो जूते मारने की इच्छा होती है। यह बात कुछ ऐसे बलपूर्वक और इतनी बार सुधा ने राहुल को बताई है कि उसे सचमुच लगता है : सुधा सिर्फ़ शरीर से औरत है—भावनाओं और संवेदनाओं से नहीं। साथ ही विश्वास भी नहीं होता...

सुधा के कमरे में बैठकर बीयर पीते हुए राहुल यही सब सोच रहा था। कमरा कर्ज़न रोड हॉस्टल के चौथे फ़्लोर पर है, सुधा का फ्लैट...सुधा ने उसे और रेवा दोनों को खाने पर बुलाया था। मिलने की बात हुई थी, सात बजे राहुल और सुधा पहले दिन ही जाकर बीयर ले आए थे, ताकि चौबीस घंटे ठंडी रह सके। सबकुछ सुधा पर ही न पड़े इसलिए

बीयर और नमकीन राहुल ने ही खरीदे थे। तय हुआ कि रेवा राहुल के यहाँ आ जाएगी और वहीं से दोनों चलेंगे। चाहता तो कह सकता था कि सुधा की गाड़ी में ही रेवा को ले आएँ, मगर वह उसके साथ अकेले में भी कुछ समय चाहता था।

ठीक साढ़े छह पर रेवा आ गई—चूड़ीदार, क्रीमकलर पाजामा और बैंगनी ज़मीन पर सफ़ेद प्रिंट का खूब कसा बिना बाँहों का कुर्ता—जैसे गिलाफ़ चढ़ा दिया गया हो। उम्र बीस-इक्कीस, गोरा-गुलाबी रंग और ख़ूबसूरत नाक-नक्श। कभी-कभी सिगरेट पीती थी और खुलकर सेक्स पर बातें करती थी। राष्ट्रीय रंग-मंच में तीसरे साल की छात्रा। लिखने का शौक़। राहुल के लेखन से प्रभावित होकर आई थी और यह उनकी चौथी या पाँचवी मुलाक़ात थी। उम्र में अट्ठारह साल का अन्तर होते हुए भी राहुल ने इसीलिए अपने को मुक्त छोड़ दिया था कि ऐसी ख़ूबसूरत लड़की कब-कब हाथ लगेगी। दूसरे, वह सचमुच इस पीढ़ी की मानसिकता को समझना चाहता था। जिन वर्जनाओं, कुंठाओं और मनोवैज्ञानिक दमन में हमारी अपनी पीढ़ी पली है, उससे ये लोग कैसे भिन्न हैं। सही है कि सेक्स के बारे में ये लोग खुलकर बात कर लेते हैं—मगर क्या आगे भी इन्हें कोई संकोच नहीं है? संयोग से जब इस बार वह आई तो कमरे में कोई नहीं था, इसलिए साँस लेने के लिए एक मिनट देकर उसने झटके से रेवा को अपनी तरफ़ खींचकर चूम लिया था और इससे राहुल को धक्का लगा कि रेवा उसके गले में बाँहें डालकर होठों को इस तरह चूमने लगी जैसे बूँद-बूँद टपकते पानी को नल से खींच रही हो। सचमुच कहीं कोई संकोच नहीं था। राहुल तय नहीं कर पाया था कि यह रेवा की ओर से वर्जना-हीनता है या उसका अपना कौशल...वह जानता है कि बराबर की उम्र के लड़के-लड़की एक-दूसरे से खुलने में बहुत समय लेते हैं क्योंकि नई-नई स्थितियों और रोमांचों को खोजने में दोनों बराबर के अनाड़ी होते हैं। वे तेरहवीं मुलाक़ात में भले ही एक-दूसरे को चूमने की कोशिश करें—तीसरी में नहीं करते। बड़ी उम्र का आदमी या औरत चूँकि इन स्थितियों से गुज़र चुके होते हैं इसलिए धैर्य और आत्मविश्वासपूर्वक अपनी योजना में दूसरे को बढ़ते हुए देखता रह सकते हैं और ठीक समय पर शिकार को मुँह में रख लेते हैं। पैंतीस साल की औरत चाहे तो पहली मुलाक़ात में ही अठारह-बीस साल के लड़के के साथ सो ले...सो रेवा का इस तरह योजना में आते चले जाना, हो सकता है उसकी अपनी सफलता हो। कहीं भीतर अपराध-बोध भी है कि वह अबोध लड़की को इस तरह पटा रहा है। लेकिन जो लड़की सिगरेट-शराब में बराबर का साथ दे, लैस्बियनिज़्म के अनुभवों से गुज़रने की बात करे, कहे कि "आई कैन अगेन ऑफ़र माईसेल्फ़ फ़ॉर देट एक्सपियरेन्स...वह अबोध कहाँ है? चुम्बन के उन तरीक़ों ने उसे झनझना दिया—तो लड़की 'अनुभवी' है। नहीं, वह कुछ और नहीं सोचना चाहता। रेवा ने ही कहा था कि आप पुरुषों के साथ दिक़्क़त यह है कि जैसा वे चाहते हैं वही सब अगर लड़की करे तो आपकी निगाह में गिर जाती है। बात में सचाई थी। अपनी सफलता पर पहला धक्का-खुद आदमी को ही लगता है—अरे,

तो यह ऐसी थी...जिस के हित के लिए आप चोरी करें तो शायद पहला धक्का खुद उसे ही लगता है...अच्छा तो ये साहब चोर भी हैं।

सुधा के कमरे में कूलर के सामने पलंग पर वह बैठा था—आराम से। सुधा नौकरानी से खाना बनाने की बातें करती जाती थी और चाय-पानी भी सर्व कर रही थी। हर फ्लैट के सामने से गुज़रता गलियारा। पर्दा पड़ा हुआ ड्राइंगरूम—अन्दर कमरे, किचिन, बाथरूम। हॉस्टल में चारों तरफ़ सन्नाटा। हर फ्लैट अपने में बन्द। चारों तरफ़ रैक पर किताबें और स्टैंड में जलता लैम्प। नीम अँधेरा और उजाला। बार-बार इच्छा हो रही थी कि सुधा उधर किचिन-विचिन में ही रहे और वह रेवा के पास जाकर बैठ जाए। चाय पी गई और रेवा पास की पलंग पर आकर ही बैठ भी गई। नौकरानी के जाने के बाद बीयर की बोतल और तीन गिलास आए। चीज़ का पैकेट खुला। बीयर ठंडी होकर और भी अच्छी हो गई थी। राहुल ने छोटा मूढ़ा खिसका लिया और कुर्सी से उठकर रेवा की तरफ़ सरककर बैठ गया। रेवा संकोचहीन हो आई थी और कभी उसकी बाँह, तो कभी कंधा चूम लेती थी। जैसे ही सुधा बीयर निकालने गई, उसने चीज़ का आधा टुकड़ा दाँतों से काटकर आधा उसके मुँह में रख दिया और निगाहें दरवाज़े पर टिकाए चूमने भी दिया। शायद सुधा को भी लग रहा था कि वह फ़ालतू है और इन दोनों को सिर्फ़ इसलिए बुला लिया है कि सेवा करे...क्या सोचती होगी सुधा...राहुल समझने की कोशिश करता है...उसकी सुधा के साथ दोस्ती शुद्ध बौद्धिक हैं...दोनों साहित्य, समाज और इतिहास पर बातें करते हैं। सुधा की बातों में तेज़ी, तल्ख़ी और कड़वाहट भरी ज़िद है। अपनी स्थापनाओं को वह अन्तिम मानती है। विरोध नहीं सह सकती। उसकी इस असहिष्णुता को राहुल, उसके अनाकर्षक व्यक्तित्व, ग़ैर-लड़की होने की घोषणाओं और अविवाहित रह जाने की कुंठा से जोड़कर देखता है। शायद उसने अपने को भीतर से मार लिया है। ऐसी महिला इंटेलिजेंट न हो तो क्या करे? अपने को स्थापित करने का यही तो एक तरीक़ा उसके पास बचा है। ज़ेने और दिसाद पर खुलकर बहस करती है—विदेशों के खुले माहौल की हिमायती। सिगरेट-शराब के बावजूद भीतर से बेहद कंज़र्वेटिव...शायद हीनता-ग्रंथि से आया है यह सारा प्रतिरोध...सबसे ऊपर होने का दम्भ...“राहुल साहब, इतना मैं भी जानती हूँ कि जो भी मेरी तरफ़ बढ़ेगा, वह मेरे लिए नहीं बढ़ेगा। या तो बहुत भुक्खड़ होगा, या चालाक”...इस तरह की लड़कियों की तीसरी आँख बहुत तेज़ होती है—वे स्थितियों को ज़्यादा सही और जल्दी पकड़ती हैं। राहुल के मन में भी सुधा के लिए बौद्धिक आदर या सहानुभूति भले ही हो, मगर ‘वैसा’ कोई उत्साह नहीं है। आत्मीयता के लिहाज़ से थोड़ा-बहुत कंधे-बाँह पर हाथ भले रख दे—इससे आगे नहीं बढ़ता। कभी-कभी लगता है, यह स्थिति ज़्यादा चलेगी नहीं—किसी दिन सुधा ही खुलेगी-टूटेगी। नहीं जानता तब वह क्या करेगा? इसे वह एक-दूसरे के धैर्य को आज़माने का खेल कहता है। क्या रेवा के बहाने वह उसकी परीक्षा ले रहा है? इस समय भी वह सबकुछ पढ़ रही होगी, शायद मन

ही मन हँस भी रही हो–दोनों मुझे बेवकूफ़ समझ रहे हैं...

अजीब आँख-मिचौली है। ज़रा-सा भी अवसर मिलने पर यों लिपटना-चूमना–बाथरूम में हाथ धोते हुए प्रगाढ़ आलिंगन...रेवा ने बताया था कि "आज सारे दिन मैं अपने कश्मीरी दोस्त के साथ रही...बराबर की उम्र का है और मुझे अच्छा लगता है। राहुल आप तो मुझसे बहुत बड़े हैं–अंकल जैसे..." राहुल को अच्छा नहीं लगा, मगर सुधा ज़रूर खुश हुई होगी–देखिए, मैं कहती थी न कि आप और रेवा की उम्र में बहुत फ़र्क़ है... यह टीन एजर्स जैसी हरकतें बहुत बचकानी लगती हैं...शायद अपनी बात की तल्ख़ी दूर करने के लिए रेवा ने लिफ़्ट की तरफ़ चलते हुए कहा था, "आपके मसल्स बहुत अच्छे हैं...जानती हूँ बहुत लोगों ने आपसे ऐसा कहा होगा..." इस पर राहुल ने कहा, "परखे कहाँ हैं?" तो हँसकर बोली, "आइ'ल बी वैरी डिसअपॉइंटिंग दियर..." उसका मतलब सम्भोग से था–फिर जोड़ा, "आइ'म ए लेस्बियन..."

लिफ़्ट में तीनों चुप रहे–सिर उठाकर बदलते नम्बरों को देखते रहे। बाहर सुधा गाड़ी का कवर उतारने चली गई तो बोला, "बेवकूफ़ बनाने की कोशिश मत करो..." रेवा बोली, "बेवकूफ़ नहीं, उस अनुभव से गुज़रकर ही कह रही हूँ..." राहुल को फिर धक्का लगा–कहीं मुझसे भी निराश हुई तो...ईर्ष्या होती है। हम क्यों चाहते हैं कि लड़की सिर्फ़ हमारे ही लिए हो...हम ही वह पहले पुरुष हों जो उसे सम्भोग तक ले जाएँ...जूठी चीज़ पर लपकना...खिलवाड़ कर रही है क्या?

कार में तीनों सामने ही बैठे थे, गीयर इत्यादि के लिए जगह छोड़नी थी–सुधा और राहुल के बीच...दरवाज़े की तरफ़ बैठी रेवा लगभग उससे चिपकी थी–एक बाँह राहुल के कंधों पर फैलाए...पसलियों पर गुदगुदा दबाव बेकाबू किए दे रहा था। उसी ने सुझाया कि पहले इंडिया गेट चलें। सुधा ने कहा, "गाड़ी उधर से निकाल लूँगी, रुकेंगे नहीं। मुझे रात में कुछ काम करना है" एक अँधेरे से मोड़ पर गाड़ी खड़ी करके जैसे वह कुछ सोचने लगी। जूड़े और मूँगफली बेचनेवाली भी इधर कम ही आते थे। सुधा ने झटके से दरवाज़ा खोला, "मैं अभी आती हूँ..." कहकर लॉन की तरफ़ बढ़ गई। दोनों अकेले रह गए चिपके और आलिंगनबद्ध...फिर अपने को छुड़ाकर रेवा ने अपना सिर राहुल की गोद में धँसा दिया...खुद ज़िप खोली और हलका-सा दाँतों का स्पर्श और होठों की गर्म पकड़, जीभ की नोंक से बार-बार छूना, तनी नसों में उत्तेजक सनसनी महसूस करना, खिड़की से बाहर चौकन्नी निगाहों से देखते हुए राहुल जानता था कि अगर कोई अचानक टॉर्च मारेगा भी तो नीचे झुकी हुई रेवा दिखाई नहीं देगी। सहसा पास से ही सुधा की आवाज़ ने चौंका दिया, "जो चीज़ मैं देखने गई थी, वह है ही नहीं।" रेवा झटके से सीधी हो गई। जब तक सुधा दरवाज़ा खोलकर वापस बैठी तब तक राहुल ने अपने को वापस सँभाल लिया था। रेवा ने ही दुपट्टा उसकी गोद में डालकर ढँक दिया था। एक क्षण तो उसे क्रौंच-वध करते शिकारी पर गुस्सा आया। सहज होकर कहा, "अरे तुम कहाँ चली गई थीं? तुमने

तो कहा था कि यहाँ रुकोगी नहीं...'' बाहर की रोशनी से अँधेरे में उसे गाड़ी के भीतर का कुछ दिखाई थोड़े ही दिया होगा। भीतरी तनाव दबाए अब दोनों भले बच्चों की तरह बैठे थे। बिना उसकी बात का जवाब दिए सुधा ने जिस झटके से गाड़ी स्टार्ट की उससे लगा जैसे-तैसे इन्हें छोड़कर वह जान छुड़ाना चाहती है। कोई कुछ नहीं बोल रहा था—मगर एक घुटन थी। हाँ, राहुल का हाथ अब रेवा की जाँघों के बीच रखा था और उसने उसे हटाया नहीं...

रेवा को जब हॉस्टल छोड़ा तो राहुल भी बाहर निकल आया, ''फिर कब मिलेंगे?'' उसने पूछा। ''मैं आपको फ़ोन करूँगी...'' रेवा घूमकर सुधा की तरफ़ आई, ''सुधाजी, मैं आपसे अकेले में मिलूँगी। आज की इस वंडरफुल शाम के लिए बहुत-बहुत धन्यवाद। आपसे बहुत बातें करनी हैं...राहुल आपके बारे में बहुत कहते रहते हैं, मगर आप इतनी अच्छी हैं, इसका मुझे अन्दाज़ा नहीं था। मुझे आपसे गाइडेंस चाहिए...'' ''हाँ-हाँ, तय करके ज़रूर मिलेंगे...'' सुधा ने कहा और गाड़ी स्टार्ट कर दी। इस बीच इंजन उसने बन्द नहीं किया था। फिर बिना यह देखे कि रेवा हॉस्टल गेट की तरफ़ जा रही है या नहीं, वह मुख्य रास्ते पर आ गई, ''हाँ, तो अब आपको कहाँ छोड़ना है?'' राहुल बोला, ''जहाँ ठीक होगा, मैं खुद उतर जाऊँगा...रेवा कह रही थी कि एक दिन आपको अपने हॉस्टल में खाने पर बुलाएगी। खाना तो यूँ ही-सा होगा, मगर उसकी इच्छा है। तुम्हें कब सूट करेगा?...''

सुधा कुछ देर चुपचाप सुनती रही। शायद मुँह टेढ़ा करके मुस्कराते हुए...लगातार बोलते रहकर राहुल स्थिति को सहज कर रहा है। उसने सख़्त लहजे में कहा, ''हम लोग अब बिलकुल नहीं मिल रहे हैं...'' आगे कुछ कहते-कहते रुक गई। क्षमा के भाव से राहुल ने मुलायम स्वर में पूछा, ''तुम्हें बहुत बुरा लग गया सुधा'' उसने अपना हाथ सुधा के कंधे पर रख दिया। ''पहले अपना हाथ हटाइए और सुनिए...इन सब बातों का सुधा पर कोई असर नहीं पड़ता—इसलिए बुरा मानने की कोई बात ही नहीं है। इतना मैं भी जानती हूँ कि जब जवान और खूबसूरत लड़की बाँहों में होती है तो आदमी कैसे व्यवहार करता है। ये सब बातें मेरे लिए बिलकुल भी मैटर नहीं करतीं...''

''फिर तुम्हारा मूड अचानक ऐसा क्यों हो गया?'' राहुल चाहता था कि लगातार बातें करते रहकर वह सुधा के भीतर का गुस्सा और गुबार निकल जाने दे...''तुम ज़रूर सोच रही होगी कि हम लोगों ने तुम्हारी मेहमानदारी का बेजा इस्तेमाल किया है...सच मानो, अगर सिर्फ़ रेवा से मिलने की ही बात होती तो मैं किसी दोस्त का कमरा ले सकता था, होटल में जा सकता था। मगर विश्वास करो, मुझे तुम्हारा साथ पसन्द है...'' यह सब बोलते हुए भी राहुल के दिमाग़ में एक चित्र आता है, वे तीनों एक ही बिस्तर पर लेटे हुए हैं—निर्वस्त्र और प्रारम्भिक छेड़छाड़ के बाद वह रेवा के साथ बाक़ायदा सम्भोग कर रहा है...समझ नहीं पाता कि किसी को गवाह बनाकर उसकी उपस्थिति में सम्भोग का

यह सपना उसके मन में कब से और क्यों जड़ जमाए बैठा है...बहुत बार उसने इस कल्पना को जिया है...पुरुष सेक्स की यह आदिम आकांक्षा क्या है?

"मेरे मूड में आप दोनों कहीं नहीं है..." सुधा सख़्त लहजे में कह रही थी, "आप औरतों के बारे में बहुत कुछ जानने का दावा करते हैं...मगर सुधा आपकी सारी जानकारी को झुठला रही है...मैं इन बातों से बहुत ऊपर उठ गई हूँ। अपनी दोस्त से कह दीजिए कि मुझे फ़ोन करने की कोशिश न करे। कमरे में जब आप बाथरूम गए थे तो कह रही थी कि मेरे साथ लैस्बियन सम्बन्ध रखना चाहती है...उसने यह सब सोच कैसे लिया... मैं आपसे बहुत खुली हूँ...उससे तो पहली ही मुलाक़ात है..."

"बेवकूफ है..." सचमुच राहुल की समझ में नहीं आ रहा था कि वह क्या कहे, सुधा बोल रही थी, "मैं अब कुछ दिन आपसे भी नहीं मिलूँगी। कुछ ज़रूरी पेपर तैयार करने हैं। हाँ, फिर कह रही हूँ आप बिलकुल न समझें कि मेरे इस फ़ैसले के पीछे आज की कोई बात है।" "मुझे ऐसा ही लगता है कि तुम्हें हमने काफ़ी तकलीफ़ पहुँचाई है..." सुधा का जवाब था, "अब मैं कहूँगी कि आप बेवकूफ़ हैं।"

अचानक राहुल का मन हुआ कि गाड़ी रुकवाए और उतर जाए...अगर मैंने ज़्यादती की है तो क्या इसमें खुद सुधा का सहयोग नहीं था? अब उसे इतना सबकुछ कहना-सोचना...मगर अपने को जब्त करके इतना ही बोला, "मैं फिर माफ़ी चाहता हूँ...अच्छा, मुझे यहीं छोड़ दो—यहाँ से मेरा घर पास पड़ेगा।"

सुधा ने गाड़ी रोक दी। उतरने से पहले उसने फिर सुधा का कंधा छूकर कहा, "अभी तुम सहज नहीं हो...फिर मिलेंगे..." उतरते हुए उसने सुधा का स्वर सुना, "अब नहीं मिलेंगे..." फिर दरवाज़ा खटाक से बन्द हो गया।

"जा, भाड़ में जा स्साली..." वह अपने आपसे बोला और नए सिरे से जगह पहचानने की कोशिश करने लगा...वह खुद भी नहीं मिलेगा...

मगर तीसरे दिन फिर सुधा का फ़ोन था, "कैसे हैं राहुल साहब, आपकी मित्र के कुछ समाचार...आप तो हमें कहीं खाने पर ले चलनेवाले थे..."

इतने दिनों बाद डायरी में इस सारी घटनाओं को पढ़ते हुए आश्चर्य से सोचती है कि वह सब क्या था? क्या वह अपने को सज़ा दे रही थी या कहीं एवज़ी का सुख खुरच रही थी?

एक कटी हुई कहानी

उम्मीद नहीं थी कि कुलवन्त, नीता को छोड़ने बस-स्टैंड पर आएगी। जाने क्यों लगता था, वह नीता को इस हद तक सम्मान नहीं देना चाहती। यों नीता शायद उसे पसन्द ही थी, क्योंकि दोनों घंटों आपस में बातें करती थीं और टहलने जाती थीं। लेकिन नीता की जगह कोई और भी होता तो...।

ख़ैर, बस चलने से ठीक दस मिनट पहले कुलवन्त अड्डे पर आ गई। चढ़ाई के कारण हाँफ रही थी। तेज़ साँस; और नाक की बूँदें छलछला आई थीं। दोनों ने सहेलियों की तरह विदा के शब्द कहे। कुलवन्त ने उसे एक बाँह में भरकर कंधे से सटाया। फिर सबके ऊपर एक निरीह-सी निगाह डालकर नीता बस में अपनी सीट पर जा बैठी और जैसे सबके पार पहाड़ी चोटियों को देखने लगी—बहुत दूर उन बर्फ़-लदी श्रेणियों को टटोलती-सी। वीरेश्वर और उसके बीच मुश्किल से दो-तीन वाक्यों का आदान-प्रदान हुआ था। एक तरह से कुलवन्त ने उस अशोभन चुप्पी की ओर से दोनों का ध्यान बँटा दिया था। मगर अब बस की खिड़की से झाँकती उसकी खुली साफ़ गर्दन पर पीछे की ओर वाले छोटे-से मटर बराबर लहसुन को देखकर वीरेश्वर की आँखें भर आईं। और नीता के गले पर होंठ रखकर प्यार करने की दुर्निवार इच्छा को वह कुलवन्त की तीख़ी नाक और पतले फड़कते नथुनों को देख-देखकर बहलाता रहा। शायद...शायद आज नीता उसकी ज़िन्दगी से हमेशा के लिए जा रही है...

बाई...बाई! दूर जाकर मुड़ती बस को कुलवन्त अपने दुपट्टे से विदा देती रही, फिर उसी से कसकर अपनी नाक-मुँह पोंछती हुई मुड़ी।

"चल वीरेश्वर, अब क्या यहीं खड़ा रहेगा?" उसने वीरेश्वर के कंधे पर हाथ रखकर कहा, और फिर दोनों किसी पूर्व-निश्चय की तरह साथ-साथ बस-स्टैंड से होटल की तरफ़ लौटने लगे...उसी तरह चुप-चुप...जैसे, अभी-अभी वह और नीता आए थे। आते समय बस में सीट पाने की जल्दी थी, स्टैंड पर आना था। अब न जल्दी थी और न कहीं जाना था...इसी आत्मीयता और खुलेपन से वह शुभा को छोड़ने आई थी; लेकिन तब वीरेश्वर शुभा को नीचे रेलवे-स्टेशन तक छोड़ने गया था...

"बड़ी अच्छी लड़की है!" कुलवन्त का स्वर सुनकर झटके से वीरेश्वर को ख़याल

आया—कुलवन्त उसके मन को दुलरा रही है...वरना अपने सारे अभिजात तकल्लुफ़ और सीमाहीन खुलेपन के बावजूद ऐसी लड़की को वह कहीं-न-कहीं ज़रूर 'लूज़' समझती है, जो यों अकेली चली आई हो और उसी एक कमरे में वीरेश्वर के साथ रही हो...पूरे तीन दिन, जिसमें कुछ दिनों पहले शुभा आकर रही थी और वह शुभा से मिलने आया करती थी। लेकिन उसने नीता और वीरेश्वर को ज़रा भी महसूस नहीं होने दिया कि कहीं कुछ ग़लत...हाँ, खुद उसे आज सुबह तो स्थिति सचमुच बड़ी विकट लगी थी। फिर मन-ही-मन विस्मय भी कम नहीं हुआ कि कैसे नीता और कुलवन्त, दोनों ने सारी परिस्थिति को निस्संकोच ले लिया था।

कल अवतार के साथ एक शर्त हुई थी, और उसी सिलसिले में वह सुबह-सुबह आई थी।

...आज ही नीता को जाना भी था, इसलिए सुबह आँखें जल्दी ही खुल गई थीं, मगर बाँहों में एक-दूसरे को भरकर दोनों फिर सुबह की खुमारी में डूब गए थे। एकाध बार शायद नीता ने उठने की कोशिश भी की, लेकिन वीरेश्वर ने उठने नहीं दिया...कौन जाने आज के बाद वे इतनी आत्मीयता-निकटता से एक-दूसरे को पाएँगे भी या नहीं! काँच-जड़ी खिड़की के पर्दे खींच लिए थे, इसलिए पता नहीं लगता था, कितना दिन हो आया है।

"अरे, उठो बाश्शाओ!" खिड़की पर उँगली की खटखट के साथ कुलवन्त की आवाज़ सुनाई दी, तो चौंककर झटके से वे लोग जाग गए, फिर खिड़की की ओर आशंका से देखकर, अपराधियों की तरह एक-दूसरे से निगाहें चुरा गए। खिड़की के पार, काँच की आड़ के दूसरी ओर कोई खड़ा है, जिसे पता है कि लोग किस तरह लेटे हैं...और यों लेटना अनाधिकार अर्थात् अनैतिक है! कैसे सामना कर पाएँगे कुलवन्त का? साथ में कोई और भी हुआ तो? मान लो अवतार ही हुआ? यों जानने को सब जानते ही होंगे, लेकिन...! वीरेश्वर ने जबरन स्वर ठेलकर कहा, "अच्छाऽऽ!" नीता अपने कपड़े समेटकर बाथरूम में चली गई।

वीरेश्वर ने जब बाहर की चटखनी खोली तो कुलवन्त दुबारा काँच पर खट-खट करने जा रही थी। वीरेश्वर की पिंडलियाँ काँप रही थीं, लेकिन इतनी देर में उसने जैसे-तैसे अपने को सँभाल लिया था। कसकर शॉल लपेटे, बड़ी-सी जमुहाई के आगे हाथ लगाकर सायास अलसाए स्वर में हलके परिहास से कहने की कोशिश की, "बड़ी सुबह...।"

"यह सुबह होगी? घड़ी देख...।" कुलवन्त ने अपनेपन के अधिकार से कलाई-घड़ी सामने कर दी, और उसके निमंत्रण की चिन्ता किए बिना अन्दर आ गई। वीरेश्वर को एक ओर बच जाना पड़ा। जब वह मुड़ा तो प्लास्टिक की हलकी-सी डोलची मेज़ पर रखकर वह बैठनेवाले कमरे की खिड़कियों के पर्दे इधर-उधर सरका रही थी। पर्दे के छल्लों

की झनझनाहट में ही बोली, "लुक ऐट हिम, मैं तो नहा-धोकर पूजा-पाठ करने इतनी दूर चली आ रही हूँ और कहता है, बड़ी सुबह।"

पूजा-पाठ! कुलवन्त के मुँह से कितना असंगत और अस्वाभाविक लगता है यह शब्द! उसके स्वर में कितना परिहास या चेहरे पर कैसी मुस्कान है, वीरेश्वर नहीं देख पाया। वही काली सलवार और बड़े-बड़े फूलों वाले कुर्ते में कसा स्वस्थ शरीर...नीता इन कपड़ों में कैसी लगेगी? नीता बाथरूम में बड़ी देर लगा रही है। उसने उधर देखा। खुले दरवाज़े से अन्दर का बिस्तर दीख रहा था। यह कुलवन्त को भी दीखेगा, इस विचार से वीरेश्वर को संकोच हुआ। बिस्तर को इस हालत में देखना मानो उसे और नीता को साथ सोए देखना है। उसने बढ़कर सावधानी से उधर का पूरा पर्दा खींच दिया।

कमरा रोशनी, ठंडी हवा और धूप के टुकड़ों से भर गया था, और कुलवन्त का चेहरा बड़ा सौम्य लगने लगा था। लौटती हुई वह कुर्सी पर बैठकर कह रही थी, "जनाब, साढ़े आठ, पौने नौ बजे हैं। आठ बजे भी इधर से निकले थे असी। चारों तरफ़ से बन्द। एकाध आवाज़ भी दी, फिर सोचा—चलो, बाज़ार ही कर आएँ। चीज़, कॉफ़ी, हैम लेकर लौटे तो फिर बन्द। सोच लिया, अब तो खट-खटाना ही है। वीरेश्वर थोड़ा गुस्सा हो तो हो लेगा...।" खिड़की से लटका सुबह की धूप का एक तिकोन मेज़ पर समाप्त हो गया था और उसकी एक भुजा कुर्सी की बाँह पर रखी कुलवन्त की उँगलियों पर थी। कलाई में पड़ा पतला-सा लोहे का कड़ा ऊपर उठ आया था.।

"नहीं...नहीं। गुस्से की क्या बात है? बात यह हुई कि नीता को आज जाना था, सो रात को देर तक बातें करते ही बैठे रहे।" उसने सफ़ाई देने की कोशिश की और इस बारे में आगे सवाल-जवाब बचाने के लिए जल्दी से बोला, "अच्छा, मैं चाय को बोल आता हूँ।" और बाहर जाकर वीरेश्वर चाय को कह आया, होटलवाले से। मनाता रहा कि इस बीच नीता निकल आई हो।

लौटा तो कुलवन्त के सामने नीता बैठी थी। कुलवन्त कह रही थी, "मैं थोड़ा-सा नीबू का अचार दे दूँगी। चढ़ाई के समय तो सबकुछ नया होता है न, बस भी धीरे-धीरे चलती है। लेकिन उतरते समय अक्सर पहाड़ों पर चक्कर आते हैं।"

नीता ने काला शॉल लपेट लिया था, हालाँकि उसकी साड़ी की इस्तरी इतनी मुखर थी कि सोए हुए व्यक्ति की साड़ी नहीं लगती थी। वह जिस स्वाभाविकता और सन्तोष से बातें कर रही थी, उससे वीरेश्वर मन-ही-मन एक आश्चर्य और भय से सिहर आया था। अचानक आ पड़ी इस प्रकार की स्थिति को ऐसी स्वाभाविकता और साहस से ले पाना, उसके लिए क्यों इतना मुश्किल हो जाता है? नीता जवाब दे रही थी, "आपका नौकर दोपहर-वोपहर को इस तरफ़ आए तो भेज दीजिए, वैसे मुझे चक्कर आते नहीं हैं। आपका जब नीचे मैदानों में आने का प्रोग्राम बने, तो लिखिए।"

"ज़ूर-ज़ूर...अब तो कोई सवाल ही नहीं है।" कुलवन्त फिर चहक उठी थी। झटके

से उठकर वह कमरे की खाली जगह में इधर से उधर टहलने लगी। एक ही स्थिति में अधिक देर बैठे रहना उसके लिए मुश्किल हो जाता था। वीरेश्वर को देखते ही बोली, "वीरेश्वर, कैन यू बीट् इट, अवतार सुबह-सुबह आकर इधर का एक चक्कर लगा गया है?"

"यहाँऽ?" वीरेश्वर ने अतिरिक्त आश्चर्य से चौंककर पूछा। उसे शर्तवाली बात याद आ गई।

"अरे वो तो अपने 'मचाचे' के लिए आया था। वो लोग भी नहीं जागे थे या दिखाई नहीं दिए होंगे, सो ऊपर क्लब के पास का एक चक्कर लगाकर लौट गया। लम्बा मुँह लटकाए चला आ रहा था, मैं तभी समझ गई कि वाहे गुरु के दर्शन नहीं हुए...।"

"अच्छा?" वह और नीता दोनों सहानुभूति और परिहास से हँसे। नीता ने कहा, "बड़ी लगन है। और उस कलवाली शर्त का क्या हुआ?"

"जीत गया।" कुलवन्त सधे गले से हँस पड़ी, "वैसे तो दस बजे तक नींद नहीं टूटती है, लेकिन आज सुबह ही तन्दुरुस्ती बनाने निकल पड़े। शर्त की बात बताने तो अभी यहाँ भी आएगा।"

"छोड़ो। हमारे बहाने आएँगे वे अपने ही 'मचाचे' के दर्शनों को। लेकिन ताज्जुब ही है! मचाचा तो अभी चलने-फिरने लायक भी नहीं हुआ है। अभी मैं चाय को कहने गया था तो बाहर धूप में बैठा उधर मुँह किए कुछ पढ़ रहा था।" वीरेश्वर ने कहा और सहसा उसे लगा, जैसे वे तीनों उसी स्वाभाविकता से बातें करने लगे हैं, जैसे कल टहलने जाते समय कर रहे थे या हमेशा करते हैं। किसी अशोभन की आशंका उसका अपना ही अपराध-भाव था। शायद कुलवन्त का ध्यान भी उधर नहीं है।"

"बात कल दस रुपए की हार-जीत की हुई थी, लेकिन उसी बहने उसने आज कई लोगों का खाना कर डाला।" कुलवन्त टहलते हुए पहले झटके से नीता की ओर मुड़ी, "नीता, तुम लोग भी दोपहर को उधर ही खाओगे। अवतार तो बोलता था कि मिस नीता के फ़ेयरवेल में यह पार्टी है। हमने भी सोचा कि बाद में यह वीरेश्वर शिकायत करेगा कि जाते वक़्त मेरे दोस्त की ख़ातिर ही नहीं की।"

चेहरे या लहजे में कहीं व्यंग्य है क्या? लेकिन बात आधी ही सुनकर ज़रूरत से ज़्यादा उत्साह का प्रदर्शन करता हुआ वीरेश्वर आवेश से बोला, "यानी अवतार साहब ने दोस्ती ही कर ली? कैसे-कैसे?...कमाल है!"

"होऽ!" कुलवन्त हाथ पीठ के पीछे किए, दोनों हाथों की उँगलियों को आपस में हुक की तरह उलझाए इस तरह मचक-मचककर चहलक़दमी कर रही थी कि लगता था, कोई शैतानी करेगी। "कल हम लोग तो चले गए ऊपर। वह दूसरी तरफ़ से घूमकर सीधा वहीं जा पहुँचा।" कुलवन्त पूरे हाव-भाव के साथ टहलते-टहलते बताने लगी, बोला, 'माफ़ कीजिए, आप मिरांडा में तो नहीं पढ़तीं?" उसने चौंककर पूछा–'आपको कैसे पता?'

बोला–'मेरी एक सिस्टर पढ़ती थी, पिछले साल। मैंने उसके साथ आपको देखा था शायद।' पूछा तो पता नहीं किस सिस्टर-सुस्टर का नाम बता दिया...कैन यू बीट इट? और ये सारी बातें कर रहा है, उन दोनों बूढ़ियों के सामने...कहने लगा, कल हम लोग यही बात कर रहे थे...।''

''बड़ी हिम्मत है।'' नीता ने तारीफ़ की, ''कभी कोई सिस्टर थी क्या?''

''एल्ले, सिस्टर कहाँ से आई? सिस्टर तो एक ही है, सो वो वीरेश्वर नीता के साथ ऊपर माल पर घूम रही थी।'' कुलवन्त ने नीचे का होंठ मरोड़कर बाहर झटक दिया। भाई के 'पराक्रम' पर कहीं वह फूल भी रही थी।

''भई, यह तो सचमुच कमाल है। इस पर तो दस रुपए शर्त और दस रुपए इनाम के देने चाहिए।'' वीरेश्वर ने प्रशंसा से कहा और नीता की तरफ़ देखा, 'सुना, ऐसे होते हैं लोग। जान न पहचान, सीधे जा पहुँचे।'

कुलवन्त, अवतार, वीरेश्वर और अब इन तीन दिनों से नीता का सांझ का निश्चित कार्यक्रम था–अपर-माल पर घूमने निकल जाना या उधर जाने से पहले-बाद होटल के सामने पुलिया पर बैठकर 'मचाचे' देखना। सामने ही सिनेमा था और उसके पास ही छोटा-सा बाज़ार, सो अक्सर लोग उसी सड़क से आते-जाते थे। जिस कॉलेज के दिनों में वीरेश्वर ने 'पटाखा' कहना सीखा था, उसे कुलवन्त कहती–'मचाचा'। समझाती, 'मचाचा' अंग्रेज़ी और किसी इटैलियन या डच शब्द के मेल से बना है। शुद्ध उच्चारण है–मि-चाचा। 'मि' माने 'माई' और 'चाचा' का अर्थ हुआ–'स्वीट-हार्ट'। नृत्य-संगीत के चाचा रेकॉर्ड और बुश्शर्ट वीरेश्वर ने भी इस नाम के देखे थे; लेकिन यह अर्थ नहीं जानता था। और पहाड़ पर घूमने आए इन 'मचाचों' को देखना, उन पर हँसा-हँसाकर लोट-पोटकर देनेवाली टिप्पणियाँ तथा फिकरे कसना कुलवन्त का शौक नहीं, पागलपन की हद तक नशा था। फर्लांग-भर दौड़कर मचाचा देखने जाती और हाँफती हुई लौटकर अपनी टिप्पणी देती। कभी बुरा-सा मुँह बनाकर लौटती और आते ही ज़मीन पर ज़ोर से थूक देती, ''थ्थू! मचाच्चा था? माई, फुट्ट...।'' और कभी मुँह में जीभ घुमाती और आँखें उल्लास से नचाती आती, ''बस, पूछ मत वीरेश्वर, तू होता तो लोट-पोट हो जाता...।'' उसकी यह पुरुषों जैसी शब्दावली ही वीरेश्वर को हमेशा एक पुलकित कौतूहल और विस्मित आनन्द से भरे रखती...जब परिचय नया-नया था तो उसके इस पागलपन को देख डरते-डरते वीरेश्वर ने कहा था, ''कुलवन्त जी, आपका यह मचाचो-मैनिया अनाधिकार चेष्टा है। जनाब यह मर्दानी बीमारी है।'' झट बोली, ''सभी की आँखें हैं। सभी देखो। अपना-अपना शौक़ है। हम इसी से अपना मन बहलाते हैं। और तुझसे तो मना नहीं करते। तू भी देख। हम तो तुम्हारी मदद ही करते हैं। अकेले देखेंगे तो शर्म लगेगी तुम लोगों को।'' फिर अपने इस खुलेपन पर कहा, ''और देख वीरेश्वर, यह जी-वी लगाकर अपने से बातें नहीं होतीं। आप-साप का भी झँझट मुझसे नहीं चलेगा। बुरा मानने की बात तो बात नहीं है...हाँ,

सच्ची गल्लाँ है...वाहे ग्रू।'' फिर देर तक उसके कहने पर हँसती रही। 'मचाचो-मैनिया!' अवतार को आने दे। सारे दिल्ली-चंडीगढ़ में चला देगा इस शब्द को। यहाँ तो पता नहीं चलता; नीचे ड्राइव करते-करते देखने लगती थी तो सरदार जी तो नाराज़ हो जाते थे—तू यहाँ एक्सीडेंट कर देगी। हट मुझे चलाने दे!''

जीवन जैसे कुलवन्त में छल-छल करके छलका पड़ता है, वीरेश्वर मन-ही-मन अक्सर कहता। शुभा के सामने तो हिम्मत नहीं पड़ी; लेकिन एक बार नीता के सामने ही उसे छेड़ने के लिए पूछ लिया, ''कुलवन्त, तुम्हें भी तो देखनें वाले छोटा-मोटा मचाचा समझते होंगे।''

''हट्ट वीरेश्वर, अपने को ऐसा कोई मुग़ालता नहीं है...हाँ, तीन साल बाद देखना, अपनी लड़की होगी मचाच्चा...तू देखता रह जाए!''

अपनी ही लड़की के बारे में ऐसी भाषा का प्रयोग करनेवाली कुलवन्त की बातों पर वीरेश्वर हँसते-हँसते दुहरा हो जाता, ''हद्द है कुलवन्त!''

''हद्द क्या है, सच्ची बात है वाहे ग्रू...'' और कुलवन्त अपनी हँसी रोकती, चेहरे पर भोलापन ओढ़े रहती...। फिर उसके कंधे पर हाथ मारकर बोलती, ''जब हमारी जान-पहचान नहीं हुई थी, तब तू यहाँ बैठा-बैठा मचाचा समझकर ही तो मुझे नहीं देखता रहता था?''

मुझे क्या पता था कि तुम्हारी तेरह साल की लड़की है? देखने में मुश्किल से बाईस-चौबीस की लगती होगी तुम।'' वीरेश्वर उन दिनों को याद करने की कोशिश करता बोला। उसे ध्यान ही नहीं आया कि परिचय से पहले कुलवन्त को देखकर वह क्या सोचा करता था।

इस बात पर कुलवन्त—सच या झूठ—उदास हो गई, ''तू ही नहीं, बहुत लोग ऐसा समझते हैं...एक बार तो क्लब में एक साहब दो-तीन घंटे साथ बीयर पीते रहे, डांस करते रहे। फिर सरदार जी से ही बोले—'आपकी बहन मिस कुलवन्त...' तो बीच में उनकी बात काटकर मुझे बताना पड़ा कि ये मेरे भाई नहीं, हस्बैंड हैं और मेरी तेरह साल की लड़की पास के पब्लिक स्कूल में पढ़ती है। वीरेश्वर, इतना-सा मुँह निकल आया कि मुझे बड़ी दया आई। अफ़सोस हुआ...।''

और इस समय जैसे उल्लास-उत्साह से वह अपने भाई की सफलता की कहानी सुना रही थी। उससे अवतार के प्रति कहीं मन में भले ही ज़रा-सी प्रतिस्पर्द्धा की भावना आई हो; कुलवन्त की सरल हृदय आत्मीयता उसे विभोर ही कर रही थी। चकित भी था कि खुद

उसके मन के 'पाप' को कैसी कुशलता से कुलवन्त ने अपने खुले व्यवहार से छू-मन्तर कर दिया है। वह इस समय बता रही थी, "सो उस नकली सिस्टर का नाम ले-लेकर घंटा-भर उन बूढ़ियों से बातें करता रहा। खुद उस लड़की की सारी जनम-पत्री ले आया। बी.ए. का इम्तहान दिया है। उसने तो उन्हें आज के लिए अपने यहाँ खाने पर भी बुला लिया था, लेकिन मचाचा चल-फिर नहीं सकता था--कह आया है कि ठीक होते ही हमारी कॉटेज पर आए। घर आते ही बोला, 'ला दस रुपए।' वह टहलते-टहलते रुक गई, "सो दस रुपए का तो यही सामान लिए जा रही हूँ।" उसने मेज़ पर रखी डोलची की ओर संकेत किया।

"काम तो सा'ब उसने इनाम का ही किया है। आने दो, मैं तो बधाई दूँगा। भई नीता, शर्त में हिस्सेदार तो हम भी थे। अब इन रुपयों को ठिकाने लगाने तो जाना ही होगा।" वीरेश्वर ने नीता से कहा। वह उँगली से अपनी आँखें मसल रही थी। उसका यों दिलचस्पी न लेना उसे अख़र रहा था। जाने क्यों उसे लगता था कभी-कभी, जैसे इन लोगों के बीच वीरेश्वर का रहना, घुलना-मिलना उसे अशोभन लगता है।

कुलवन्त का छोटा भाई है मोना अवतार। किसी क़ानूनी चक्कर में ज़रूरी काग़ज़ लेकर कुलवन्त के पास आया है। नीचे ही उसके पति के साथ, जमींदारी के बाद बहुत बड़ा फॉर्म सँभालता है और अक़सर छुट्टियाँ मनाने दिल्ली, कलकत्ता, बंबई घूमने चला जाता। स्मार्ट व्यक्तित्व और कॉन्वेंटी-अंग्रेज़ी।

कल चारों साथ जा रहे थे कि अचानक बोला, "अरे वीरेश्वर साहब, आपके होटल में तो बड़ा ज़ोरदार मचाचा आकर ठहरा है। आपने बताया नहीं।" वह बात करता था तो पतली-पतली मूँछों के नीचे कुछ चूसता-सा लगता था। अवतार की बात से वीरेश्वर का ध्यान अपने होटल की तरफ़ चला गया...सलवार-कुर्ते पर मैरूनी कार्डीगन पहने गोरी-सी लड़की चीड़ के पेड़ के नीचे गेन्दे की क्यारियों के पास कुर्सी पर अकेली बैठी थी...बड़ी उदास और खोई-खोई नज़रों से ऊपर लगातार इस तरह देख रही थी, जैसे वहाँ बैठी किसी चिड़िया को देख रही हो...

"अरे, तो वो ये हैं।" वीरेश्वर ने देखा। उसे याद आ गया, तीन-चार दिन पहले होटल के मालिक ने बड़े खुश-खुश आकर बताया था—'आज तो दिल्ली से एक फ़ैमिली आ गई है। डेढ़-दो महीने रहेंगे। अलगवाला सबसे क़ीमती कमरा लिया है।' होटल में ज़रा-सा अलग हटकर एक स्वतन्त्र सूट था। उसी में आकर टिके थे ये लोग। बैरे ने सूचना दी, साथ में कोई लड़की है बीमार...माँ-मौसीनुमा दो बूढ़ी औरतें हैं। साथ जो प्रौढ़ आए थे, वे उसी दिन चले गए। अपना नौकर है। खाना एकदम अलग बनाते हैं। होटल के लोगों के लिए यही आश्चर्य की बात थी कि दोनों बूढ़ी महिलाएँ नल के मुँह को मिट्टी से माँजकर पानी भरती हैं, और कोयले धुलवाकर जलाती हैं। वीरेश्वर ने अनुमान लगाया कि ये लोग उत्तर प्रदेश या दिल्ली के पुराने हिस्से के खत्री या बनिए हैं। सोचा, लड़की को

टी. बी. जैसी कोई बीमारी होगी। यहाँ अक्सर टी. बी. के लोग आते रहते हैं। पिछले एकाध दिन से वह दोनों प्रौढ़ाओं और नौकर को इधर-उधर जाते, कपड़े समेटते-सुखाते देखा था, लेकिन लड़की कहीं नज़र नहीं आई थी। एकाध बार कुछ सूती-ऊनी ज़नाने कपड़े सूखते देखे तो ख़याल आया, ये उसी बीमार लड़की के होंगे, क्योंकि दोनों बूढ़ियाँ तो सीधे पल्ले की सफेद धोतियाँ ही पहनती थीं। वह शायद अन्दर लेटी रहती होगी।

अवतार ने ध्यान दिलाया तो आज पहली बार उसने उस लड़की को देखा। स्वयं उसे भी हलकी उत्सुकता तो थी ही। अवतार मज़ाक़ में डाँट रहा था, "कमाल है वीरेश्वर साहब, कैसे पड़ोसी हैं आप? अपने साथ के कमरेवाले लोगों का ख़याल नहीं है? कम-से-कम यही जाकर पूछ लिया होता कि किसी चीज़ की ज़रूरत तो नहीं है! ईसाई होते तो इसी बात पर दंड देना होता..."

"यह तो शायद पहली बार निकलकर बैठी हैं।" वीरेश्वर ने उसे देखते हुए कहा। मन में समझाया कि शायद वह और नीता ही आपस में इतने व्यस्त रहे हैं कि बाहरी दुनिया की ओर ध्यान ही नहीं गया।

"अजी, छोड़िए! मचाचा दो दिन से अपने पड़ोस में है और आपको पता ही नहीं! यहाँ एक दिन को आते हैं कभी छठे-छमाहे, और पूरे पहाड़ का पता लगा लेते हैं। यह तो निगाहों की बात है वीरेश्वर साहब!" फिर कुलवन्त से बोला, "अच्छा कुलवन्त, तू बता, मैं कॉटेज पर ही कह रहा था न कि आज तो अच्छा मचाचा देखने को मिलेगा? यह तो साहब, इलहाम होता है इलहाम! और यह तो आप भी जानते हैं कि इलहाम सिर्फ़ पहुँची हुई आत्माओं को ही होता है।" उसकी 'पहुँची' और 'शुद्ध आत्माओं' वाली बात पर ऐसा क़हक़हा पड़ा कि सड़क पर ही चारों हँसने लगे। लड़की ने चौंककर बड़े अनमने भाव से इधर देखा। शायद उसे लग गया कि उसे लेकर ही हँस रहे हैं।

"बीमार है। चेहरा कितना पीला पड़ गया है!" वीरेश्वर ने अपने 'प्रमाद' को मज़ाक़ का रूप देते हुए कहा, "बीमार मचाचों में अपनी कोई दिलचस्पी नहीं है।"

"अरे, यह भी तो देख, जब बीमार है तो यह हाल है! चार दिन बाद जब चंगा हो जाएगा, तो क्या क़हर बरसाएगा?" इस बार कुलवन्त ने चलते-चलते अपने क़दमों पर निगाह गड़ाए धीरे से कहा।

"यब्बात..." अवतार ने समर्थन किया, "इसे कहते हैं निगाह! और जनाब, यहाँ तो मील-भर दूर से देखकर बता देते हैं कि कौन मचाचा मेड-इन दिल्ली है, कौन चंडीगढ़...!" फिर चढ़ाई पर रुककर बोला, "वो तो ख़ैर आपने बता दिया। आप न भी बताते तो भी मैं कह देता कि यह छाप ही दिल्ली की है। अच्छा, अब आप चाहें तो वैरीफ़ाई कर लीजिए, यह चीज़ मिरांडा-कॉलेज की है। जगह-जगह की झलक छिपती थोड़े ही है...।"

"हट्ट, अब शेखी ही मारने लगा..."

कुलवन्त की बात काटकर दया दिखाता अवतार बोला, "क्या बात करती है कुलवन्त? न हो मिरांडा का तो दस-दस रुपए की शर्त...बोल, बदती है शर्त?"

वीरेश्वर ने छेड़ा, "आप वैरीफ़ाई कैसे करेंगे? दो-दो विचेज़ तो साथ में हैं...?"

अवतार ने हाथ झटक दिए, "अरे, मारिए गोली विचेज़ को...ऐसी जाने कितनी विचेज़ इसी तरह खिला दीं...ये तो उनके सामने कुछ भी नहीं हैं। भई, साफ़ बात है, हम तो स्पोर्ट्समैन आदमी हैं, एंड इट्ज़ ऑल पार्ट ऑफ़ दि मचाचा गेम...हाँ, तो कुलवन्त, होती है शर्त?'

"अच्छा, रही।"

लेकिन कुलवन्त और वीरेश्वर को साथ-साथ शायद लगा कि अवतार खुद उससे परिचय करना चाहता है और कुलवन्त को शर्त के लिए उकसाकर बहाना खोज रहा है। लगा, कहीं वह गम्भीर होने लगी। वह लम्बे-लम्बे घने पहाड़ी पेड़ों के ऊपर के सँझियाते आसमान को देखती हुई बिना अधिक दिलचस्पी के बोली, "झूठ होने पर रुपए ले लूँगी..."

"इट्ज ए बैट, कुलवन्त!" उत्साह से अचानक अवतार रुककर खड़ा हो गया। वीरेश्वर से बोला, "अच्छा जनाब, अब मैं चलता हूँ। होटल में कुछ लोगों को टाइम दे रखा है। कल मिलेंगे। और हाँ, कुलवन्त से रुपए दिला दीजिए। यह शर्त के रुपए नहीं देती है...यों अभी जाकर बीस रुपए का कोकाकोला पी जाएगी...अच्छा, मिस नीता..."

नीता चौंककर कहीं गहराई से ऊपर आ गई, "अच्छा जी...।"

उछलता हुआ-सा अवतार चला गया। उसकी बात ठीक थी। कुलवन्त चार-पाँच रुपए रोज़ कोकाकोला पी जाती थी। बारह आने की एक बोतल और एक बैठक में कम-से-कम पाँच बोतलें, फिर बैरे को टिप। वीरेश्वर को आश्चर्य होता था, कैसे ये लोग ज़रा-ज़रा-सी बातों को ऐसी गम्भीरता से लेते हैं...उन्हें चिन्ता और शर्त का विषय बनाते हैं!

ये लोग ऊपर घूमने चले गए। कुलवन्त पहले जितनी चहक रही थी, अब प्रायः उतनी ही चुप थी। वीरेश्वर ने अपने को समझाया; जबानी तो ठीक है लेकिन अपने भाई की इस हद तक हरक़तों पर हो सकता है चिन्तित हो उठी हो; लेकिन उसके सारे व्यक्तित्व के साथ ऐसी चिन्ता निहायत ग़ैर-मौजूँ लगती थी। शायद कोई और बात है। पूरा चक्कर लगाकर वे दोनों कुलवन्त को उसकी कॉटेज पर छोड़ने आए, तब तक अवतार नहीं पहुँचा था।

रास्ते-भर नीता-कुलवन्त साथ और वीरेश्वर अलग-अलग चलते रहे थे। उन लोगों में आपस में एकाध बात हुई तो हुई हो, वरना नीता और कुलवन्त ही बातें करती रहीं। कॉलेज के बाहर ही उसने कहा, "सुबह मिलेंगे। तभी पता लगेगा कि सरदार अवतारसिंह कहाँ तक पहुँचे!" असल में वीरेश्वर जल्दी-से-जल्दी लौटना चाहता था, कमरे पर। कल

नीता को जाना है। अधिक-से-अधिक अकेले साथ होने के लिए उसके मन में कुलबुलाहट हो रही थी।

"तुम तो कल जा रही हो न?" कुलवन्त ने कहा, "कल सुबह जाऊँगी उधर। मुझे बाज़ार से कुछ लाना भी है।"

रास्ते में वीरेश्वर ने केवल इतना पूछा, "बड़ी बातें हो रही थीं?"

नीता ने ठंडे ढंग से जवाब दिया, "यों ही, अपना सब बता रही थी कि कब से रहती है, कहाँ की रहनेवाली है!" और दोनों अपने-अपने में डूबे साथ-साथ चले आए थे।

पासवाले 'सूट' के दरवाज़े बन्द हो गए थे, और रौशन काँचों के पीछे कपड़े के पर्दे थे। उधर देखकर नीता ने कहा, "बड़ा तेज़ है अवतार!"

"भई, बात यह है कि हम लोग कभी-कभी पहाड़ों पर आते हैं और इन लोगों को हर वक़्त बोर होना पड़ता है। नए-नए लोगों को देखने, उनसे मिलने, दोस्ती करने को ये लोग तरस जाते हैं। रियासती ज़मानों के बड़े-बड़े जागीरदार-ज़मींदार हैं, सो पैसों की चिन्ता है ही नहीं...कुलवन्त के यों अचानक हम लोगों से घनिष्ठ हो जाने के पीछे मैं तो यही मनोविज्ञान समझता हूँ।" उसे याद आ गया जब शुभा की सहेली ने कुलवन्त से होटल में उन लोगों का परिचय कराया था–'मिसेज़ कुलवन्त कौर यहीं रहती हैं। अपना बहुत बड़ा और निहायत खूबसूरत कॉटेज है, नीचे बहुत लम्बा-चौड़ा फ़ार्म है।' कमरे के अन्दर आकर बत्ती जलाते हुए उसे कुलवन्त के साथ की पहली भेंट का चित्र याद हो आया। वह चटखनी लगाकर थके-से ढंग से कुर्सी पर बैठते हुए बोला, "तुमसे शायद इतनी घनिष्ठ नहीं हो पाई है। शुभा से तो बुहत घुल-मिल गई थी। पहले शुभा ने भी रंग-ढंग पर नाक सिकोड़ी थी...!"

शुभा–यानी वीरेश्वर की पत्नी। पिछले दिनों शुभा दस दिन आकर रही थी। नीता से तो नहीं, शुभा से वीरेश्वर को ज़रूर शुरू में डर ही लगता था। कुलवन्त दो मुलाक़ातों में ही खुल गई, जैसे वर्षों का परिचय हो–ख़ासतौर से अपने इस 'मचाचो-मैनिया' के कारण। उसकी हर बात और हर फ़िकरे पर दोनों कुतूहल से हँस-हँसकर दुहरे हो जाते। निस्संकोच उसकी बाँह या कंधे पर हाथ रखकर धीरे से कहती, "वीरेश्वर, उधर देख, इधर अपने पीछे–मचाचा।" तो वीरेश्वर अचानक अव्यवस्थित-सा हो उठता, पता नहीं शुभा उसके इस उन्मुक्त व्यवहार का क्या अर्थ लगाए! लेकिन नहीं, उसने न जाने क्या जादू कर दिया था कि जब शुभा गई तो वीरेश्वर से अधिक भक्त हो गई थी। उसकी...एक तरह से वह उसे ही सौंप गई थी, "रोज़ शाम को ज़रा इनकी ख़बर लेती रहिए।" दो-तीन बार वे लोग कुलवन्त की कॉटेज पर खाने भी गए। वीरेश्वर चकित था कि शुभा, जो उसके और नीता के सम्बन्धों के कारण सबके सामने हर समय उस पर आरोप लगाती थी–'इन्हें तो मिट्टी की भी औरत दीख जाए, बस, फिर इन्हें दीन-दुनिया की सुध नहीं रहती,' कैसे उसका यह सारा पुरुषोचित और किसी हद तक 'फूहड़' व्यवहार सह लेती है? जो शुभा घर पर

युवा और सुन्दर स्त्रियोंवाले परिवारों का आना-जाना पसन्द या प्रोत्साहित नहीं करती—वही कुलवन्त के इन 'उच्छृंखल' व्यवहारों को कैसे इस आसानी से ग्रहण कर सकी, यह आज भी वह अपने को किसी तरह नहीं समझा पाया। अवतार तब नहीं आया था, लेकिन मचाचा-दर्शन का कार्यक्रम शुभा के साथ भी उसी उत्साह से चलता था, इसी नियमबद्धता से वह कोकाकोला पीती थी। साँझ को घूमने जाती थी। लेकिन शुभा को मचाचों में कोई दिलचस्पी नहीं थी; बल्कि कुलवन्त की आदतें किसी और में होतीं तो वह उन्हें 'छिछोरापन' ही कहती। उस-जैसी सामाजिक स्थिति और अभिजात संस्कारोंवाली महिला में, नशे या पागलपन की हद तक की ये आदतें शुभा को चकित, आकृष्ट और एम्यूज़ अधिक करती थीं। उसके परिचय में एक बात और भी थी, जो आज नीता को बताने से पहले शायद ही कभी उसे याद आया हो, 'एच.एच. की कज़िन।' शुभा की छुट्टियाँ समाप्त हो गईं, इसलिए उसे जाना था। आग्रहपूर्वक कुलवन्त ने उसका पता लिया था, और वचन दिया था कि नीचे आई तो अपनी इस 'प्यारी चीज़' से मिलने ज़रूर आएगी, अंग्रेज़ी में बोली थी, ''चिन्ता मत करना, मैं वीरेश्वर को कड़ी निगरानी में रखूँगी...''

अक़सर कुलवन्त को याद तो आता ही रहता होगा। इन्हीं सड़कों पर कुछ दिनों पहले वह शुभा के साथ घूमने जाती थी, जैसे आज नीता के साथ जाती है! इन्हीं कुर्सियों पर उसने शुभा के साथ चाय-कॉफ़ी पी है, उसे भी खाने-सिनेमा के लिए बुलाया है। वही सब अपनापन नीता को देते हुए, क्या कहीं भी उसके मन में कोई सवाल नहीं उठता? वीरेश्वर को नीता के साथ के इन सारे दिनों में लगातार एक बेचैनी होती रही, एक कील कसकती रही—कुलवन्त नीता को लेकर उससे कोई सवाल क्यों नहीं पूछ रही? कोई संकेत, कोई परिहास कुछ भी नहीं कि वह आख़िर उसके और नीता के सम्बन्धों को लेकर क्या सोचती है? उसके मन में कोई जिज्ञासा भी नहीं उठती? वीरेश्वर के बारे में क्या उसकी राय अभी भी वही है जो नीता के आने से पहले थी या अब कुछ बदल गई है? परिचय में उसने प्रायः कुछ भी नहीं छिपाया था—'मिस नीता तायल...मेरे दोस्त की बहन।' उसके बाद कुलवन्त ने कुछ भी नहीं पूछा और उसी आत्मीयता से बातें करती रही जैसे नीता को वह वर्षों से जानती हो...अलग से नीता से कुछ पूछा हो तो पूछा हो। बड़ी बेचैनी थी वीरेश्वर को कि आख़िर कहीं तो वह जानने का अवसर देती कि नीता के बारे में क्या सोचती है, खुद वीरेश्वर उसकी नज़रों में कितना उठ या गिर गया है? क्योंकि इस सारे हलकेपन के बावजूद वीरेश्वर के मन में कहीं कुलवन्त के लिए गहरी इज़्ज़त थी। पहली बार जब वह उसकी कॉटेज पर खाने गया और कुलवन्त की प्लेट में सामिष कुछ परोसने लगा तो उसने जल्दी से हाथ बीच में फैलाकर कहा था—''नहीं वीरेश्वर, मैं यह सब नहीं खाती। छोड़ दिया—बस, बना देती हूँ, खिला देती हूँ।' उसके बाद से आज तक वीरेश्वर को लगता रहा कि इस सारे हलकेपन, बीयर-डांस, सिगरेट, अश्लीलता की हदों तक आ जानेवाले पुरुषोचित परिहासों के पीछे एक और ज़िन्दगी है जहाँ सुबह पूजा-पाठ और

निरामिष भोजन और आधुनिक सज्जाओंवाली कॉटेज के पीछे की ओर एक निहायत सादा-सा कमरा है...लेकिन हो सकता है, यह सब उसका अपना ही भ्रम हो और सारी चीज़ें कुलवन्त को सूट न करती हों.,.और जो कुछ दीखता है उसके सिवा उसकी कोई ज़िन्दगी ही न हो।

और आज सुबह कुलवन्त उसी उन्मुक्त ढंग से कमरे में इधर से उधर टहल रही थी—अपने भाई की सफलता बखानती हुई। पहाड़ों पर रहनेवाले अक़सर चढ़ाई के रास्तों के समय हाथ पीठ के पीछे की ओर लटकाकर उँगलियाँ आपस में फँसा लेते हैं, शायद थकान कम लगती है। और इस तरह चलना अब कुलवन्त की आदत हो गई थी। फूलोंवाले स्लीवलेस कुर्ते से निकली सुडौल बाँहों पर पतला-झीना-सा दुपट्टा सिमटकर गला कसता हुआ-सा पीछे की ओर लटक गया था, कुर्ते और दुपट्टे के बीच खुली छाती पर काली रेशमी डोरी से लटका बिनाका-पेस्ट से निकला सुनहरा पान, टहलते-टहलते मुड़ने पर झटका लेकर झूल जाता था...उसकी यह बच्चों जैसी रुचियाँ, हरकतें...वीरेश्वर को हमेशा बच्चे की शैतानियाँ देखकर होनेवाले आनन्द की गुदगुदी होती।

"हाँ, तो वीरेश्वर, कैन यू बीट इट, अवतार उस घंटे-आध घंटे में इसकी पूरी जनम-पत्री खोद ले गया है? कैसे बीमार है, कितने दिनों रहने का प्रोग्राम है, घर पर क्या होता है..."

वीरेश्वर ने अपनी जानकारी दी, "होटलवाला शायद बता रहा था, लड़की का अपेंडिसाइटिस का ऑपरेशन हुआ है, इसीलिए शायद दो-चार दिन घूमना-फिरना बन्द रहेगा। दिल्ली में कुछ बिज़नेस है...।"

"हाँ, यही सब अवतार बता रहा था।" फिर नीचे होंठ झटककर कहा, "अरे, एबॉर्शन-ऊबॉर्शन होगा, अपेंडिसाइटिस बता दिया...हाँ, सच्ची बात है वीरेश्वर किसी को क्या पता? बस, महीने-डेढ़ महीने बाद चले जाएँगे। कह देंगे, पहाड़ घूम आए...वहाँ बिटिया की ज़रा-सी तबीयत ख़राब हो गई थी..." वह उसी तरह टहलती रही।

"ह...हा...हा!" वीरेश्वर को खुद अपनी हँसी बड़ी नक़ली, बनावटी, अनावश्यक और बेहूदी लगी। वस्तुतः यह भीतर से आतंक के मारे सिहर उठा...कैसी आसानी और अपनेपन में आकर कुलवन्त ने ऐसी भयंकर बात कह दी (कुलवन्त की अपनी भी तो बेटी है!) जैसे कह रही हो—'आज शायद ठंड ज़्यादा रहेगी।' उसकी इस बात पर न जाने नीता क्या सोचे? न चाहने पर उसकी निगाहें अचानक नीता के चेहरे पर जा पड़ी। उसे लगा, जैसे वहाँ अपरिभाष्य निरीहता उमड़ आई, जैसे एक पल को लगा—बाहर कुर्सी पर गेंदे की क्यारियों के पास चीड़ के पेड़ के नीचे जिस लड़की को वह बैठे देख आया है...वह नीता ही है।

सच पूछा जाए तो कहीं यही शंका उसकी 'बीमारी' की बात होटलवाले से सुनकर उसके खुद भी मन में आई थी; लेकिन इस समय कुलवन्त के मुँह से सुनकर ऐसा लगा, जैसे कहीं कुछ क्रूर और क्रूड हो गया है...एक जीती-जागती चींटी क़दमों के नीचे आकर कुचल गई है।

"तुम भी सच कुलवन्त..." मुँह से उसके केवल इतना ही निकला; लेकिन एक अजीब बेचैनी के एहसास से घुटकर वह उठ खड़ा हुआ...और इस सबसे भाग निकलता-सा वह बोला, "होटलवाला चाय नहीं लाया...।" मन में सोचा, इतने दिनों में नीता-कुलवन्त को पहचान तो गई होगी, और यह भी समझ गई होगी कि उसकी किस बात को कितनी गम्भीरता से लेना है। लेकिन उधर देखने का साहस नहीं हुआ—देखेगा तो एक निरीह और दयनीय चेहरा दिखाई देगा, जो पेड़ को इस तरह देख रहा होगा जैसे वहाँ किसी चिड़िया को देख रहा हो...उसने झटके से बात बदल दी, "अच्छा कुलवन्त, मिरांडा-मचाचे को मारो गोली, यह बताओ, इस समय तुम्हारा क्या प्रोग्राम है?" उसकी इच्छा हुई, इस समय कुलवन्त यहाँ से चली जाए।

"अब? अब तो यह चीज़-'हेम' ले जा रही हूँ। सेंडविच बनेंगे...तुम लोग एक से पहले ही पहुँच जाना...नीता, कपड़े-कुपड़े पहले ही ठीक कर जाना, ताकि फिर यह न कहो कि बस को देर होगी।" कुलवन्त को अचानक प्लास्टिक की डोलची का ध्यान आ गया, "अरे, अब तो चलूँ भई, बहुत देर हो गई!" फिर वह उँगली माथे पर रखे खड़ी-खड़ी सोचती रही, "मुझे ऐसा लगता है, कुछ भूले जा रही हूँ...नीचे जाकर याद आएगा तो फिर नौकर को दौड़ना पड़ेगा।"

"मैं नहीं आ पाऊँगी। माफ़ी चाहती हूँ।" नीता ने अचानक कहा, "मेरी तबीयत ठीक नहीं है...फिर आपने बस के सफ़र से इतना डरा दिया है कि सोचती हूँ कुछ न खाऊँ तो वही ज़्यादा अच्छा है। वहाँ आपके यहाँ जा:कर कुछ न खाना अच्छा नहीं लगेगा...वैसे भी..."

बात काटकर अत्यन्त ही स्नेह से कुलवन्त ने कहा, "तो दो दिन बाद चली जाना न...। तबीयत ठीक हो लेने दो। पहाड़ की हवा में तो यों ही दो-चार दिन रहकर आदमी चंगा हो जाता है। दो-चार दिन और रहोगी, तो पहले से ज़्यादा अच्छी हो जाओगी।" फिर वीरेश्वर की ओर देखकर कहा, "रास्ते में और ख़राब हो गई तो?"

फिर कहीं कोई संकेत है क्या? वीरेश्वर को नीता की सीधी निगाहें अपने चेहरे पर महसूस हुईं, भीतर जैसे अस्त-व्यस्त-सा होने लगा; लेकिन ऊपर से बिना किसी आग्रह के कहा, "बात यह है कि चाहता तो मैं भी यही था, लेकिन साथ में इनके भाई-भाभी तो आए हैं। वे इधर दूसरे पहाड़ चले गए हैं। वो भी आज की बस से चल दिए होंगे...स्टेशन पर इनकी राह देखेंगे। ऐसा ही शायद इन लोगों में तय है। वरना कह तो मैं यही रहा था कि कुछ और रह लो।" हालाँकि उसने नीता से आग्रह नहीं किया था।

नीता के उसके पास आने का यह एक झूठा कारण वीरेश्वर ने गढ़ा था, और इसे अन्त तक बनाए रखना चाहता था। बहुत ही बुझे-से स्वर में नीता ने भी कहा, "हाँ, यही बात है। अब उन लोगों का साथ तब भी है, वरना बाद में अकेले परेशानी होगी।" वीरेश्वर को लगा, जैसे 'अकेले' शब्द सबके भीतर कहीं बजा।

"देख लो, तबीयत ठीक रहे तो आ जाना।" कुलवन्त ने बहुत ही मुलायम और नरम स्वर में कहा, "अपने साथ किसी तकल्लुफ़ का तो सवाल ही नहीं है–फिर वीरेश्वर, तू ही अकेले आके क्या करेगा? यहाँ तेरी फ्रेंड अकेली रह जाएगी...।"

"नहीं...नहीं, ये जाएँ।" नीता जल्दी से बोली, "मेरी वजह से ये क्यों रुकें? मैं थोड़ी देर आराम भी कर लूँगी। रात को पता नहीं गाड़ी में सोने को मिले भी या न मिले...।"

"अच्छा, देख लो। जैसा बने, वैसा कर लेना। तबीयत ठीक रहे तो आ जाना।" और झटके से डोलची उठाकर कुलवन्त चल दी, "मुझे ज़रा देखना भी होगा...वहाँ खानसामा बैठा जम्भा रहा होगा।"

वीरेश्वर चाय के लिए आग्रह करता रह गया, लेकिन वह रुकी नहीं। सिर के ऊपर हाथ हिलाती चली गई, "फिर कभी पी लूँगी...।"

होटलवाला चाय दे गया। इस बीच देर तक वीरेश्वर को लगता रहा, जैसे कुलवन्त अभी भी कमरे में चहलक़दमी कर रही है।

चाय ढालते-ढालते, जैसे शब्द टटोलती हुई नीता ने बिना उसकी ओर देखे ही इस तरह कहा मानो ज़ोर-ज़ोर से बोलती हुई सोच रही हो, "मुझे इस झूठ का निर्वाह अब कितने समय तक और करना होगा? वीरेश्वर, तुम ग़लत मत समझना। यह झूठी और नक़ली ज़िन्दगी मेरे लिए अब असह्य हो गई है...। यहाँ फिर भाई-भाभी का झूठ...मेरे अहं और सम्मान के साथ तुम कितने दिनों खिलवाड़ और करोगे? मेरे साथ चलने में तुम्हें शर्म आती है, तुम हाथ छोड़कर आगे-पीछे इस तरह चलने लगते हो जैसे अकेले हो। किसी नए आदमी के सामने यह बताने की तुममें हिम्मत नहीं है कि मैं तुम्हारी मित्र हूँ। आज भी दूसरों के सामने मैं तुम्हारे मित्र की बहन हूँ। तुम सोचते हो, सब लोग तुम्हारी इन बातों का विश्वास कर लेते हैं?...सचमुच, मुझसे बर्दाश्त नहीं होता वीरेश्वर, मेरी ग़ैरत हर बार उकसाती है कि उसी समय तड़ाक्-से कह दूँ कि मेरे कोई भाई-भाभी नहीं आए, मैं इनके निमंत्रण पर और इनके पास ही आई हूँ और मैं इनके मित्र की बहन नहीं–इनकी मित्र हूँ...सिर्फ़ तुम्हारा दयनीय चेहरा देखकर रुक जाती हूँ..."

नीता से वीरेश्वर को यह पुरानी शिकायत थी कि बोलते वक़्त या तैश में आकर अक़सर उसे बिलकुल ख़याल नहीं रहता कि वह क्या कह रही है, किस लहजे में कह रही है और उसका परिणाम क्या हो सकता है। अभी तो उसका रिश्ता इतना 'कच्चा' है, मान

लो आगे जाकर कभी पक्का हुआ तो अपनी इस ज़बान से तो वह उसका जीना मुहाल कर देगी...उसने करुण-याचना के स्वर में केवल इतना कहा, ''जाते समय लड़कर ही जाना ज़रूरी है नीता?''

''मैं खुद नहीं चाहती...लेकिन तुम मेरी मजबूरी और अपमान शायद कभी नहीं समझोगे।'' और नीता फिर चुप हो गई। साफ़ लगा कि बात समाप्त नहीं हुई...टूट गई है और जो कुछ अनकहा रह गया है, वही महत्त्वपूर्ण और निर्णायक है...शायद उसने ही उनकी दूरी को और भी अधिक बढ़ा दिया है। वह चुपचाप अपलक सोचती चाय पीती रही, दोनों हाथों में प्याला पकड़े। आख़िरी घूँट भरकर कहा, ''मुझसे यह सब चलेगा नहीं, और तुममें निर्णय ले सकने की हिम्मत नहीं है...।'' फिर जैसे एक निर्णय के साथ वह उठकर खड़ी हो गई, सुस्ती उतारने के लिए अँगड़ाई लेने के बहाने खड़ी रही, फिर अन्दर चली गई।

वीरेश्वर ने बैठे-बैठे ही निगाहें उठाकर जाती हुई नीता को पर्दे के उठकर लौट आने तक देखा। इस नीता को वह सचमुच एकदम नहीं पहचानता, अंग-अंग के घनिष्ठ परिचय के बावजूद वे लोग आपस में एकदम-एकदम अजनबी हैं।

खाना-पीना, तैयारी सब चलती रही और यह अजनबी होने का एहसास जहाँ-का-तहाँ बना रहा। दोपहर को दोनों कुछ देर साथ-साथ लेटे भी; लेकिन जैसी ठंडी और निर्जीव लाशें एक-दूसरे से सटी-लिपटी रहीं...।

नीता को विदा करके कुलवन्त के साथ लौटते हुए वीरेश्वर के मन में न बिछोह का दुख था और न अपराध-बोध। खीज-जैसा एक अनजान और अनाम बोझ था। लगता रहा, जैसे सुबह जो कुछ नीता ने कहा था, वह उसका गुस्सा नहीं, अनेक गहरी प्रतिक्रियाओं का एक समाहार था, जो उस समय और अब भी, निर्णय-जैसा लगता है। सारी आत्मीयता और निकटता के बावजूद नीता का यह तीन दिनों का साथ बहुत प्रीतिकर नहीं लग रहा था। काश, उसके निमंत्रण पर नीता न आती...तब शायद इस क्षण-जैसा पराएपन, बेगाना और दूर होने का एहसास तो उसकी रग-रग में ज़हर की तरह नहीं धुल-घुट रहा होता। लेकिन सारी कटुता, दूरी और पराएपन के बाद भी नीता एक दिन उसकी ज़िन्दगी में नहीं रहेगी, उससे कटकर भीड़ और दुनियादारी की बाढ़ में खो जाएगी और अचानक किसी दुकान, किसी रेस्तराँ, किसी स्टेशन, किसी मोड़ पर एक-दूसरे के सामने पड़कर वे चौंककर ठिठक जाएँगे, पहचानने की कोशिश करेंगे या ठंडे स्वर में पूछेंगे—'हलो, क्या हाल है?'' यह कल्पना ही उसे बड़ी बेधक लगती थी और किसी तरह भी स्वीकार नहीं थी।

दूर ऊँचाई पर बने बँगले की खिड़कियों-दरवाज़ों के शीशों पर सूरज की किरणें सीधी पड़ रही थीं और आँखों को चुभती थीं। कुलवन्त ने उसी तरह हाथों को पीछे लटकाकर उँगलियाँ आपस में उलझा ली थीं और दोनों चुपचाप चल रहे थे...एक-एक क़दम नापते से। कभी कोई परिचित मिल जाता (कुलवन्त आधे से ज़्यादा निवासियों से परिचित थी) तो मशीनी मुस्कराहट के साथ 'सत् सिरी अकाल' कहकर फिर पतले-पतले होंठों को कस लेती। अचानक वीरेश्वर को लगा, जैसे उसके मन में झुँझलाहट-जैसा कुछ भरने लगा है और रह-रहकर एक दुर्निवार इच्छा होती है कि उसके दोनों सुडौल कंधों को ज़ोर से भींचकर पूछे—'तुम मुझसे नीता के बारे में कुछ पूछती क्यों नहीं हो? वह मेरी कौन है, क्यों आई थी, क्यों चली गई?' और यह इच्छा कहीं उस पर इस तरह न सवार हो जाए कि वह बेबस हो जाए, इसलिए वीरेश्वर उसकी ओर न देखकर दूर-दूर देख रहा था...ढलानों पर देवदार और चीड़ के पेड़ चुपचाप खड़े थे...और वीरेश्वर को भ्रम हुआ कि वह इस हँसती-छेड़ती, अनाप-शनाप बकती कुलवन्त के साथ नहीं, किसी सरो के पेड़ के साथ चल रहा है।

होटल के सामने कुर्सी पर वही मिरांडा-मचाचा बैठा-बैठा तन्मय भाव से कुछ पढ़ रहा था। दोनों हाथों की सलाइयों पर बुनाई भी चल रही थी। उसे जैसे जानने की क़तई इच्छा नहीं थी कि सामने से कौन गुज़रता है, कौन नहीं।

"ऊपर तक घूमने तो चलेगा न? या कुछ काम है?" होटल के सामने रुककर नीचे देखते हुए जूते की टो से काल्पनिक कंकड़ को ठोकर मारती कुलवन्त ने पूछा।

सिनेमा के आँगन में लोगों का आना-जाना शुरू हो गया था और सिनेमा शुरू होने से आध घंटे पहलेवाले रेकॉर्ड बजने शुरू हो गए थे। इस समय बज रहा था—'इस रूप के दो चोर हैं कित जाऊँ हाय रब्बा!' वीरेश्वर को बेहुत थकान लग रही थी, एक बार मन में आया कि टिकट लेकर हॉल में जा बैठे।

"काम तो कुछ नहीं है। तुम्हें?"

"तो चल, ऊपर तक एक चक्कर लगाकर आते हैं। दोस्त के जाने से तू बहुत उदास हो गया है। यहाँ बैठकर घुटेगा ही...चल।" उसने वीरेश्वर के कंधे पर हाथ रखकर कहा। कुलवन्त का यों जगह-बेजगह बेझिझक कंधे पर हाथ रखना पहले तो उसे बड़ा अटपटा लगा था; लेकिन अब प्रायः इसका अभ्यस्त हो गया था और अक्सर प्रत्याशा करने लगता था। हालाँकि खुद लाख हिम्मत जुटाने के बाद भी वह न तो कभी कुलवन्त को 'तू' कह पाया और न यों कंधा छू सका।

और फिर दोनों चुप हो गए। गाने के बोल पीछे टूटते रहे। वही परिचित मोड़, चढ़ाइयाँ, ढलानों और चढ़ानों पर चिपके बँगले, घाटियाँ...चढ़ाई के कारण साँसों के स्वर

एक-दूसरे को सुनाई देते रहे और वीरेश्वर अपने को समझाता रहता, हाँफने के कारण शायद वे लोग आपस में नहीं बोल पा रहे हैं। उसे यह भी ध्यान था कि हाँफते हुए ही अक्सर दुनियाभर की बातें करते चलने में कुलवन्त को कठिनाई नहीं होती। कल इस समय नीता भी साथ थी...इस समय जाने क्या सोचती हुई जा रही होगी...शुभा इस समय ऑफिस से घर आने के लिए क्यू में खड़ी होगी, रीगल स्टैंड के सामने...

रोज़ छतरी के सामनेवाली बेंच पर आकर बैठा करते थे। आज भी जब बेंच के पास आकर वीरेश्वर ने रूमाल से बेंच की सीमेंट की सतह झाड़ी तो बड़ी अन-पहचानी-सी अनुभूति हुई, जैसे तूफ़ान में बेड़ा टूट जाने के बाद केवल वे ही दो अपरिचित किसी तरह बचे हैं और यह बच निकलना ही उन्हें आपस में बहुत निकट ले आया है।

सामने घाटी खाली अंजुली की तरह खुलती-उतरती चली गई थी और तलहटी में सपाट मैदान था। घनी हरियालियों के बीच कहीं से धुआँ उठ रहा था और पतली सड़क यहाँ-वहाँ पेड़ों के बीच लम्बे केंचुए की तरह झूल रही थी। एक जगह मकानों की छतों का लाल गुच्छा था और पहाड़ के दूसरी ओर कहीं ढोल बज रहे थे। सपाट मैदान के आख़िरी सिरे पर चमकीली डोरियों-जैसी नदियों के बहुत ऊपर बीचोबीच आसमान में सूरज डूब रहा था। पहली बार धरती से इतने ऊपर बीच आसमान में सूरज का डूबना उसे अजीब लगा था। अब नीचे के साँवले कोहरे को देखकर उदासी जागती थी।

"कुलवन्त जान-बूझकर चुप है...शायद मुझे अपने भीतर डूबे रहने और अपनी उपस्थिति से बाधक न होने का अवसर दे रही है।'...वीरेश्वर ने सोचा। उसकी जिज्ञासाहीनता के प्रति खीज, रास्ता चलने में अपने-आप घुल गई थी। शायद कुलवन्त समझती है, वह बहुत दुखी है। उसे क्या पता, नीता और उसके बीच क्या घट चुका है? कुलवन्त की ग़लतफ़हमी की कल्पना से बीच की यह चुप्पी बोझिल बेचैनी में बदलने लगी, तो जेब में सिगरेट टटोलते हुए उसने मुस्कराने की कोशिश के साथ कहा, "मेरी तो ख़ैर दोस्त गई हैं, सो चुप रहना समझ में आता है। तुम्हारा चुप रहना बड़ा अननेचुरल और भयानक लगता है।" सिगरेट जलाकर उसने माचिस हिलाकर दूर फेंक दी...मन में तैरा, शायद इसी तरह की किसी की हरकत के कारण चीड़ के जंगल-के-जंगल जल जाते होंगे।

'कुलवन्त ने यों ही झुककर एक छोटा-सा कंकड़ उठा लिया और घाटी में फेंकती हुई बोली, "बात यह है वीरेश्वर, तू ज़िन्दगी को बहुत-ही-बहुत गम्भीरता से लेता है।" जब वह कोई फूहड़ और बहुत गम्भीर बात कहती थी, तो अंग्रेज़ी का प्रयोग करती थी, "जियो और फिर उस जिए हुए पर बैठकर कुढ़ो...ये दोनों काम अपने बस के नहीं हैं। एक ही काम हो सकता है। अब अवतार सन्देशा लेकर आया है कि दारजी ने बहुत ज़रूरी बुलाया है। कुछ ज़रूरी काग़ज़ों पर दस्तख़त करने हैं। मैंने तो साफ़ कह दिया, जो मन आए सो करो। अपने तो ये पहाड़ और अपनी कॉटेज ही वाहेगुरु की मेहर से बनी रहे। अभी छुट्टियाँ होंगी। स्कूल के बच्चे आ जाएँगे, दो-ढाई महीनों को, तो दिनों का पता

ही नहीं चलेगा...तब तक मचाचे देखेंगे, कोकाकोला पिएँगे, हफ़्ते में तीन-चार तसवीर देखेंगे, तू रहेगा तो तेरे साथ घूमेंगे, गप्पें लड़ाएँगे...। और जिससे हँसी-खुशी दो-चार घंटे कट जाएँ वो करेंगे...।"

इसी सड़क पर कहीं नीता की बस जा रही होगी, वीरेश्वर ने सूनी-सूनी निगाहों से नीचे सड़क पर टकटकी लगा ली थी...काश, उसके और नीता के बीच आ गए उस तनाव को बचाया जा सकता किसी तरह! दूरबीन होती तो ज़रूर बस को खोज निकालता। इस क्षण बस को देख लेना ही नीता को अपने निकट पा लेने से कम नहीं होता शायद...। नीता ऐसे बोलती नहीं है, शायद मन में कहीं बहुत-बहुत यन्त्रणा पा उठी थी...। भीतर से शायद कुलवन्त भी वह नहीं है जो दीखती है, जो कोकाकोला की तीली मुँह में लगाकर हँसते हुए कहे, "वीरेश्वर, 'आइ एम प्रैंक।' वह भी कहीं बहुत दुखी होगी...। बेड़ा टूटने और किसी तरह एक-साथ बच निकलकर किनारे लग जाने की बात फिर उसके मन में आई...लेकिन इस बार उसमें न तो पहले-जैसी गहराई अनुभव हुई, न बच निकलने की वैसी अनुभूति। उसने पूछा, "नीता से तुम्हारी बहुत दोस्ती हो गई थी न...?"

"रब्ब दे बन्दे तों सबी चंगे एं!" जैसे जवाब उसने सोच ही रखा था। फिर एक पाँव दूसरे पर रखा और हाथों की उँगलियाँ आपस में फँसाकर घुटने को पकड़े-पकड़े पीठ ढीली छोड़कर ज़रा आराम से बैठ गई, "फिर यह पहाड़ है वीरेश्वर। दो दिन का साथ है, लोग दो दिन को आते हैं, चले जाते हैं। हमें तो अकेले ही रहना है। जाड़ों में तो आदमी की शक़्ल देखने को तरस जाते हैं।"

तब वीरेश्वर को सहसा जैसे उसका उत्सुकताहीन दृष्टिकोण समझ में आ गया। उसे लगा, कुलवन्त की उसके साथ मैत्री भी इस अकेलेपन को काटने का साधन ही है, और वह स्वयं एक निमित्त या माध्यम-भर है। उसकी जगह कोई भी हो सकता था। अपमान का एहसास, दंश का निश्चित आकार ले पाता कि ख़याल आया, क्या कहीं, दूसरे शब्दों में यही शिकायत नीता आज दोपहर को उससे नहीं कर रही थी? मैत्री, स्थायी हो या अस्थायी, अपना-अपना अकेलापन काटने का माध्यम नहीं तो और क्या है? सोचकर बड़ी वीभत्स-सी बेचैनी होने लगी और प्रबल इच्छा हुई कि वह भी उठकर उसी तरह टहलने लगे, जैसे सुबह कुलवन्त उसके कमरे में टहल रही थी...कहीं उसे नीता के व्यवहार में इसीलिए तो अजनबीपना नहीं लगा था कि कुलवन्त उसे खुद अपने अकेलेपन से लड़ने का माध्यम बनाए है! या तो यह स्थिति नीता को स्वीकार नहीं थी या स्वयं किसी का माध्यम होने के कारण वह नीता को समझ नहीं पाता था? लेकिन यह शिकायत तो शुभा को होनी चाहिए, नीता को तो शायद अधिकार नहीं है...। अधिकार...? प्यार का अधिकार या अकेलेपन के पूरक होने का अधिकार? वीरेश्वर के भीतर यह चलता रहा और वह ऊपर मानो अपने-आपसे बोलता रहा, "फिर भी कुलवन्त, कभी-कभी मैं सोचता हूँ, इस अकेलेपन से लड़ने के लिए आदमी कितनी उलझनें खुद अपने चारों तरफ़ बुन लेता है।

जानता है कि यह सब ऊपरी है, निमित्त भर है, किसी से लड़ने का हथियार है...।''

''देख, ये इंटेलेक्चुअल स्नॉबरी तो यहाँ बैठकर झाड़ मत! ऊँची-ऊँची बातें अपनी समझ में नहीं आती। इतना हम जानते हैं कि हथियार ही सही, लेकिन एक-से-एक ख़तरनाक हथियार लेकर चलना आदमी की बड़ी स्वाभाविक, शायद आदिम इंस्टिंक्ट है। इससे कहीं उसके भीतर का एडवेंचरिस्ट ईगो (दुस्साहसी अहं) सन्तुष्ट होता है।'' घास का एक तिनका लेकर वह यों ही कान कुरेदने की तरह उसके कान में घुमाती रही।

वीरेश्वर चुप हो गया। जिस रूपक को उसने शुरू किया था, उसके ही माध्यम से कुलवन्त ने कोई गहरी बात कह दी है या यों ही जो मुँह में आया है बक दिया है, यह उसकी समझ में नहीं आया। अपना सूत्र जोड़ता हुआ बोला, ''लेकिन मैं जड़ हथियार की बात नहीं कहता। अकेलेपन से लड़ने का हथियार ऐसी आसानी से फेंका नहीं जा सकता न? वह लड़नेवाले से जवाब-तलब करता है और अधिकार माँगता है : और लड़नेवाला पाता है कि वह स्वयं अपने 'हथियार' का वैसा ही हथियार है। अजीब गोरखधंधा है...हर जगह एक नई कहानी के सिरे निकल आते हैं...मैं...नीता...शुभा...अवतार...वह मिरांडा-मचाचा—इन सबको देखकर नहीं लगता कि ये अलग-अलग सब एक-एक कहानी के शुरू या अन्त के सिरे हैं और समानान्तर चलने लगे हैं? हर सिरा एक-दूसरे को अपने अकेलेपन से लड़ने का हथियार बनाता है और बदले में दूसरे से उलझ जाता है...।''

बात कहकर खुद वीरेश्वर की समझ में नहीं आया कि वह कहना क्या चाहता है। लगा, किसी सीधी-सी बात को उसने जबरदस्ती उलझा दिया है। कुलवन्त ने सहसा घुटना छोड़कर फिर उसके कंधे पर हाथ मारा, ''मैं पूछती हूँ, ये सारी बातें आज ही करनी हैं क्या? अपना और मेरा दिमाग़ मत ख़राब कर...।''

वीरेश्वर ने झुककर अपनी गोदी में कोहनी टिका ली थी, और उँगलियों में सिगरेटवाली हथेली पर ही ठोड़ी रखे वह नीचे दूर तक देखता बोल रहा था; कान के पास ही, उसके और कुलवन्त के बीच सिगरेट धुआँ दे रही थी।

कुलवन्त ने अचानक उसकी उँगलियों से सिगरेट खींचकर अपने होंठों के बीच रखने से पहले कहा, ''ला, दो-एक सुट्टा मुझे भी दे...।'' फिर गहरा कश खींचकर वह होंठों को गोल करके धुएँ के छल्ले बनाने की कोशिश करने लगी। लेकिन दो-तीन बार की कोशिश के बावजूद एक भी छल्ला नहीं बना। बचे हुए धुएँ को क़िस्तों में उगलती हुई कहती रही, अंग्रेज़ी में, ''ऐसा क्यों कहता है कि बहुत-सी कहानियों के सिरे एक जगह समानान्तर चल रहे हैं? क्या ऐसा नहीं हो सकता कि कहानी एक ही हो और उसे डोरी की तरह बीच-बीच में कैंची से काटकर एक जगह रख दिया हो, और हर हिस्सा केंचुए की तरह अलग-अलग गुड़मुड़ाने लगा हो...!''

छल्ले बनाने के प्रयत्न में कुलवन्त के पतले-पतले होंठों के गोल, सलवटों वाली पंखुड़ियों जैसे व्यास को ग़ौर से देखते हुए भी वीरेश्वर समझ नहीं पाया कि वहाँ कहीं

हलकी मुस्कराहट भी है—चौंका वह तब, जब कहीं बहुत दूर से आता सम्बोधन उसने सुना, "ओए वीरेश्वर, ले न अपनी सिगरेट, कोई देखेगा तो कहेगा, सरदार तो सिगरेट छूते नहीं हैं और सरदारनी सुट्टे लगा रही है। एक बार किसी ने मुझसे यह बात कह दी थी, तब मैंने सीधे ही खींचकर तमाचा दिया था...कैन यू बीट इट?"

चारों ओर घिरते अँधियारे को देखकर दोनों के मन में साथ ही ख़याल आया कि अब लौटना है...

मरा हुआ चूहा

यह कहानी 25-12-66 को लिखी गई थी। उसी संकोच में रखी रही जिसमें 'हासिल' लगभग 14 साल से फाइल बन्द रही।

मैं चाहता हूँ कि मोटी-मोटी फोहश गालियाँ मेरे मुँह से सहज स्वाभाविक रूप से निकलें। मगर इन संस्कारों ने मेरी रेड़ मार कर रख दी है। बचपन में 'साले' शब्द बोल कर पिता का जो तमाचा खाया था वह अभी भी हर गाली के साथ याद हो आता है। बाद में कुछ सीखी और बोलने की कोशिश की–मगर उनमें वह फोर्स कहाँ? अब मैं चाहता हूँ कि मेरी बगल में जो आदमी बैठा है उसे खुलकर पंजाबी और बनारसी गालियाँ निकालूँ; मगर सोच इतना ही पाता हूँ कि यह निहायत बदतमीज और बेहूदा है, हरामी का बच्चा और सूअर का पिल्ला है–साले की गर्दन कितनी मोटी है। लगता है, इसे पेचों से सीट के साथ कस दिया गया है। या इसके ऊपर जिम्मेदारी डाल दी गई है कि बस ख़त्म हो जाने के बाद डिपो तक अपनी देख-रेख में इसे छोड़कर आना है। ऐसे इत्मीनान से बैठा है, जैसे इसे कहीं जाना-वाना नहीं है, बस यों ही सीट घेरने के लिए आ बैठा है और उठने का नाम ही नहीं ले रहा। मैं ऐसा क्या करूँ कि यह भन्ना कर ही इस सीट से उठकर दूसरी पर जा बैठे–भाई साहब, सीधे बैठिए, मेरे ऊपर लदे क्यों चले आ रहे हैं। मगर नहीं, आप हैं कि पास खड़ी किताबों से लदी लड़की को ऐसी बेवकूफ और खाली निगाहों से देख रहे हैं जैसे बस में सामने चिपके बनियान-मोजों के विज्ञापन को देख रहे हों। यह नहीं होता कि खुद खड़ा हो जाए और उसे बैठने दे। पहले लोग कितने तमीजदार हुआ करते थे कि जहाँ उन्होंने लड़की देखी, उठकर अपनी सीट पेश कर दी। बच्चेवाली कोई औरत आकर खड़ी हो जाए तो शायद यह शर्मा-शर्मी उठे, वरना साला यों ही काठ के उल्लू की तरह बैठा रहेगा। सोच रहा होगा कि मैं उठूँ तो उसे इस सुन्दर लड़की की बगल में बैठने का मौक़ा मिल जाए। मैं क्या इतना बेवकूफ़ हूँ कि इसे ऐसा मौक़ा दूँगा। मत उठ, मैं भी नहीं उठूँगा। फ़िल्म होती तो नायक ज़रूर इसे उठाकर खिड़की से बाहर फेंक देता।

मैं भले ही भाग्य को नहीं मानता, लेकिन बस में बैठने के मामले में मैं निश्चय ही मनहूस हूँ। मैंने अलग-अलग सीटों पर बैठकर देखा मगर आज तक तय नहीं कर पाया

कि सुन्दर और जवान लड़कियाँ किस सीट को सबसे ज़्यादा पसन्द करती हैं। ज़रूर किसी न किसी ने इस बात का भी वैज्ञानिक अध्ययन किया होगा। मगर यहाँ तो हाल यह है कि मेरी सीट पर अदबदाकर कोई न कोई मोटी गर्दन वाला उल्लू का पट्ठा आ बैठता है। बस में घुसनेवालों में से ऐसे आदमी को मैं फ़ौरन ही ताड़ लेता हूँ कि इनमें कौन है जो बीस खाली सीटें छोड़कर मेरी ही सीट पर बैठेगा ताकि कोई और वहाँ आकर न बैठ सके। अक्सर ग़लती नहीं होती। ये भारी पेटवाले अधेड़, लड़कियों के लिए कोई शिष्टाचार नहीं दिखाते। कॉलेज के लड़के ज़रूर कभी-कभी उठकर सीट ऑफ़र कर देते हैं। और ये, अजी राम का नाम लो...ये तो यहीं आमरण धरने पर बैठे रहेंगे...

मुझे भी जिद है; देखें साथवाले बजरबट्टू कितनी दूर तक यों ही बैठे रहते हैं। बीच में कई बार अपने सामनेवाली सीट के डंडे पर इस तरह हाथ रखे थे, और यों बैठक बदली थी कि लगा कि शायद अब उठेंगे, मगर फिर और अधिक इत्मीनान से जम गए। कई बार ये साहब मुझे धोखा दे चुके हैं। बीच में मेरे मन में भी कमज़ोरी आई थी कि अगर ये अगले स्टॉप तक नहीं उठे तो मैं ही लड़की को सीट दे दूँगा। मगर हर अगले स्टॉप पर मैंने इरादा बदल दिया। इन बस कंडक्टरों को चाहिए कि ऐसे गँवारों को दस पैसे से ज़्यादा का टिकट ही न दें। लड़कियों का टिकट कम से कम बीस पैसे का हो, ताकि ऐसे उजड्डों के उठने पर भी आध-पौन घंटा साथ बैठ सकें—अगर अपने घुटने को कुछ और उधर कर लूँ तो लड़की के घुटने को छू सकता हूँ...यह लड़की भी अजीब गधी है। हिन्दुस्तान की सारी लड़कियाँ गधी हैं। अपनी तरफ़ से कुछ नहीं करेंगी और खड़ी-खड़ी इन्तज़ार करती रहेंगी कि आप ही अपने घुटने से इनकी टाँगों को छुएँ। क्यों साहब, आप क्यों पहल नहीं कर सकतीं? आदमी के सामने स्थिति तो साफ़ हो।

सारे हिन्दुस्तान के बस कंडक्टर घुन्ने, बदमाश और सैडिस्ट हैं। अगर आपकी सीट खाली है और लड़कियाँ बस में चढ़ी हैं तो आप पाएँगे कि कंडक्टर साहब अदबदाकर आपकी छाती पर खड़े हैं। अब इसे ठेलकर तो लड़की आपकी सीट पर बैठने से रही.. .वह बेचारी एकाध पल राह देखेगी, तब तक कंडक्टर को हटाकर कोई मोटी गर्दन आपकी बगल में जम चुकी होगी। इन हरामी कंडक्टरों को मालूम है कि बाहर की भीड़-भाड़, धक्का-मुक्की में लड़कियाँ पीछे छूट जाती हैं और आदमी पहले घुस पड़ते हैं। इसलिए थोड़ी देर मौक़ा दिया जाना चाहिए कि वे भी चढ़ सकें। मगर नहीं साहब, जैसे ही आदमी चढ़े कि कंडक्टर ने सीटी या घंटी बजाई। ये लोग भी काठ हो गए हैं। शहरों में आदमी की कोमल संवेदनाएँ कैसे मर जाती हैं, इसका सर्वश्रेष्ठ उदाहरण ये कंडक्टर हैं। अब अगर चाहे तो यह कंडक्टर कह सकता है कि साहब आप उठकर खड़े हो जाइए, ये ख़ातून यहाँ बैठेगी। मगर नहीं, व्यक्ति के मौलिक अधिकारों का संरक्षण इसी समय इन पर हावी होग।

मोटी गर्दन ने पूछा था कि क्या अगला स्टॉप कश्मीरी गेट है, मैंने अतिरिक्त भलमानसी से बताया कि हाँ वही है। यानी वहाँ आपको उतर जाना चाहिए। मगर नहीं,

आप वहाँ भी कयामत और जहन्नुम तक बस में बैठे रहने की मुद्रा में जमे रहे—यानी आप बस में सिर्फ़ जनरल नॉलेज बढ़ाने के लिए बैठे हैं कि किसके बाद कौन-सा स्टॉप है। भाई साहब, यह तो आप वहीं 'पूछताछ कार्यालय' में भी कर सकते थे। मैंने यह भी कोशिश की कि टिकट देखकर ही पता चले कि आपका साथ हमें कितनी देर भोगना है। मगर पाया कि टिकट मोड़कर अँगूठी में फँसा लिया गया है।

और इस स्टॉप से बस के चलने के साथ ही मैं सारी दुनिया से विरक्त हो गया। किसने कहा था कि आसक्ति से क्षोभ जागता है और क्षोभ से विरक्ति। थोड़ी देर में यह लड़की ज़रूर किसी न किसी सीट पर बैठ जाएगी, तब मोटी गर्दन उठे न उठे, मुझे क्या है। और मान लो, आप अपनी सारी हरामजदगियों के बावजूद उठे भी तो कोई दूसरे चश्मुद्दीन यहाँ आकर फिट हो जाएँगे। सहसा, मैंने बिना कारण कहा, "साहब अपनी यह कुहनी तो हटाइए।" "मुझे निकलना है..." जैसे कराह कर उन्होंने कहा और ऐसे उठे जैसे राज पाट छोड़कर परलोक जा रहे हों—दरोदीवार पर हसरत की नज़र डालते हुए—मैं बिलकुल एक तरफ़ हट गया कि आप आराम से निकल जाएँ और विचार बदलने का कोई मौक़ा न मिले। जब यह लड़की निकलेगी तो इस तरह हटकर जगह देने की बात का ख़याल भी नहीं आएगा, ताकि टाँगें अधिक से अधिक लड़ती हुई जा सकें...अब कहीं कोई और बाज सूरत न झपट पड़े, इसलिए उसी तरह (यानी दूसरों का रास्ता रोके हुए) मैंने अदब से कहा, "आप बैठिए..." अनुभव से जानता हूँ कि खिड़की की तरफ़ बैठाने (या बैठ जाने) के क्या लाभ हैं—उसे अधिक उधर सरकने का मौक़ा नहीं मिलेगा और इधर आप मोर्चा लिए बैठे ही हैं...

उसे सही जगह बैठाकर विजयी की तरह कोट के दोनों पल्ले ठीक करके, आसपास के लोगों की ईर्ष्या भरी नज़रों का मज़ा लेते हुए मुझे उस गुज़र जानेवाली मोटी गर्दन पर दया आई। वे बेचारे इस सुख की कल्पना करते हुए ही चल बसे। हो सकता है वे भी मेरे बारे में वही सब सोचते रहे हों...ज़रूर सोच रहे होंगे। सारे सहयात्री एक-दूसरे के भीतर चलनेवाली बातों को कितनी अच्छी तरह समझते हैं। मगर ऐसे समय उन्हें न समझना ही बेहतर है। बगलवाली ने किताबें गोद में रखीं और न जाने कहाँ से लाल रंग का स्वेटर निकालकर बुनना शुरू कर दिया। विदेश होता तो पूछता, 'कहिए, किसके लिए बुना जा रहा है।' और बातों का सिलसिला चलने लगता। मैंने खिड़की से बाहर देखने के बहाने उनके नाक नक़्श, चेहरे और उम्र का जायजा लेने की कोशिश की। मेरे एक मित्र का दावा है कि वे कुहनियाँ देखकर लड़की की वास्तविक उम्र बता सकते हैं। मैं जानना चाहता था कि यहाँ कितनी दूर तक बढ़ा जा सकता है। इधर-उधर देखा कि बस में कहीं कोई परिचित तो नहीं है। ऐसा भी होता है कि आप जब तक ऐसा कुछ तय करें और अचानक पाएँ कि कोई गिद्ध साहब आपकी इस हरकत को ताड़ रहे हैं। इन्हीं में कोई चुगद सूरत लड़की का संरक्षक (पति, भाई या ऐसा ही कुछ) निकल आता है। हमेशा डर बना रहता

है कि अब पीछे से भारी पंजा गर्दन पर पड़ा, 'जनाब, सीधे होकर बैठिए।' लाख-लाख धन्यवाद है इन बस बनानेवालों का, जिन्होंने यों साथ बैठने की सुविधा तो दे दी, वरना ये सुन्दरी तो किसी बालकनी पर टँगी होती और आप ठंडी आहें भरते छायावादी डकारें ले रहे होते। अब और कुछ न सही तो भी उनकी बैठक की मांसल ऊष्मा की 'छुअन' पीने का सुख तो है ही...

मैंने अक्सर ही महसूस किया है कि ऐसे समय शरीर की मांसपेशियाँ एक ही बैठक में अकड़ी रहने के कारण अचानक दुखने लगती हैं और लगता है जैसे पोजीशन बदले बिना किसी भी तरह चैन नहीं मिलेगा। थोड़ी देर आप अपने से लड़ते हैं, अपने को समझाते हैं कि नहीं, ऐसा कोई बात नहीं है और आप अपनी ही पोजीशन में काफ़ी सुखी हैं, मगर स्थिति आपको असम्भव लगने लगती है और मजबूरी में पोजीशन बदलते हैं, सीट से नीचे खिसक जाने से बचने के लिए कुछ इस तरह खिसकते हैं, कि अहसास होता है हमसफर का स्पर्श सुख अचानक ही सुलभ हो गया है। बस में यह पल-दो पल का साथ पता नहीं कब अचानक छिन जाए कि धड़कते अंकुश के नीचे जल्दी-जल्दी तय करते हैं कि उनकी सलाइयों के साथ बाँहों की जुम्बिश किस हद तक आमन्त्रण हैं। 'बैठक' या कंधों का जो भी स्पर्श (शुरू में बस के हिलने-मुड़ने के कारण) आपको प्राप्त है उसमें स्वीकृति या प्रतिरोध कितना है और क्या उसे कुछ स्थायित्व दिया जा सकता है?

पहला बोध होता है कि उस तरफ़ सामने वाली सीट के डंडे पर रखा हुआ आपका हाथ अब दुखने लगा है, उसे अपनी गोद में रखने से ही आराम मिलेगा। तब आप उसे क्रमशः सरकाते हुए नीचे अपनी गोद में गिर जाने देते हैं या उसी हाथ से बालों को इकसार करते, फिर कोट का कालर ठीक करते हैं, टिकट खोलकर देखते हैं और हाथ वापस रखना भूल जाते हैं और पाते हैं कि बगल वाले साथी से सिर्फ़ कंधे ही नहीं छू रहे, कुहनी के ऊपर की पूरी बाँह छू रही है। आप ज़रा-सा हटकर प्रतीक्षा करते हैं, फिर दूसरी बार स्पर्श देर तक चलता है। अब आप उसे हटाने की ज़रूरत ही महसूस नहीं करते। इस बीच बस के हर झटके से या पास खड़ी भीड़ के दबाव की 'मजबूरी' से आपकी टाँग भी उधर ही सरक जाती है और आप चाहने लगते हैं कि वह हिस्सा उसकी किताबों, कार्डीगन या आपके कोट के उधर वाले पल्ले से इस तरह ढँक जाए कि 'चश्मेबद्दूर' का मन्त्र दुहरा सकें...

आहा, दो-तीन स्टॉप का समय आपने व्यर्थ ही टोहने में खो दिया। मामला तो पहले से ही तैयार था। दूसरी दिशा की खिड़कियों के पार या खड़े हुए लोगों के कपड़ों, चेहरों को योगी की तटस्थ एकाग्रता से अध्ययन करते हुए, अनचाहे ही अपनी कुहनी और कंधों का दबाव बढ़ जाता है। उधर हलकी कसमसाहट होती है, लेकिन आप जानते हैं कि वहाँ बस की दीवार होने के कारण सरकने की गुंजाइश नहीं है। मान जाओ मुनियाँ, मान जाओ...दो-चार मिनट का ही तो साथ है...दुहराते हुए आप स्थिति बरकरार रखते हैं।

बिलकुल उल्टी तरफ़ मुँह फेरे हुए भी आप देख लेते हैं कि आपके चेहरे और बाँह को सख़्त निगाहों से देखा गया है। यानी आपकी 'पात्रता' जाँची गई है। यह आदमी देखने में तो कैसा भला लगता है। मगर आप यह भी जानते हैं कि अगर भलमनसाहत में ही बँधे रहते तो आपको बुद्धू माना जाता। भीतर से मुस्कराते हैं...देख लो छमियाँ, देख लो...लगता है तब तक उधर की खिड़की से बाहर के दृश्य उन्हें भी दिलचस्प लगने लगे हैं, लोग कैसे चढ़ते-उतरते हैं। स्थिति वहीं की वहीं बनी रहती है। आपके मन में 'मैदान मार लेने' का सुख है। अब आप आराम से अपनी कुहनी बगलवाले कूल्हे पर टिका देते हैं...तभी सहसा कार्डीगन और साड़ी के पल्ले को, हलकी दृढ़ता से इस तरह सँभाला जाता है कि आपका जी धक्क से रह जाता है, बिछुड़ने का समय तो नहीं आ गया। लेकिन बिना देखे भी आप देख लेते हैं कि बुनाई-वुनाई दूसरे हाथ में समेटे आपकी तरफ़वाले हाथ को ठीक उसी तरह सामनेवाली सीट पर तान दिया गया है ज़ैसे कुछ देर पहले आपका हाथ रखा था। नेल पॉलिश लगे नाखून, चूड़ियाँ और कार्डीगन की बाँह आपके सामने है और बाक़ी सबकुछ इस तरह ओट में आ गया है कि आप अब जरा अधिकार से अपनी कुहनी कूल्हे पर टिका देते हैं। बाँह की बाधा हट या उठ जाने से, अपनी बाँह पर गुदगुदे उभार का सीधा सम्पर्क सोखते, निश्चिन्त हुए मन से भीतर ही भीतर आशीर्वाद की मुद्रा में आ जाते हैं, जियो बेटा, जियो...क्या मौक़ा दिया है...भगवान तुम्हें, तुम्हारे पुरखों को ता-कयामत सलामत रखे...और पहले की आशंका, उत्तेजना या जो कुछ आप कर रहे हैं, उसकी शर्म से थरथराता हुआ आपका सारा अस्तित्व हर पाप और अपराध से मुक्त होकर अजीब सनसनाहटों में तार के खम्भे की तरह गूँजने लगता है। आप भूल जाते हैं कि बस सड़क पर जा रही है या बादलों पर...आपका स्टॉप निकल गया या आना है। आस-पास कोई जलकुक्कड़ बैठा-बैठा कुढ़-कुढ़ कर नैतिकता की ऐसी-तैसी कर रहा होगा; यह भय भी सहसा मन से छूमन्तर हो जाता है। आपका मन अजीब दया से उस देखनेवाले के लिए उदार हो जाता है, 'जो मुझे प्राप्त है वह तुझे नहीं है तो तू बैठकर ही सुख पा।' यों ज़ाहिरा तौर पर आप ड्राइवर को ही देख रहे हैं कि कैसे मनोयोग से वह गाड़ी चला रहा है...क्या शीशे में आपको वह देख सकता है? टैक्सी होती तो ज़रूर देखकर मुस्कराता...अब पीछे का ट्रैफिक देखने से ही उसे कहाँ फुरसत होगी...

मामला कुछ और बढ़ना चाहिए...मजबूरी में कूल्हे से टिकी कुहनी हटाकर आप उससे उभार की आधी गोलाई महसूस करते हुए गुंताड़ा भिड़ा रहे हैं केन्द्र आपकी पकड़ में हो--आपके शब्द, कान, आँख, स्पर्श सभी कुछ कुहनी में जा चिपकते हैं। आपकी मनुहार भरी मुद्रा कहती है। ज़रा-सा इधर और सरक आओ न...कोई प्रतिक्रिया नहीं होती तो कुहनी से हलका-सा कोंच कर मनुहार दुहराते हैं...साथ ही पूरी लम्बाई में यानी बैठक से पिंडली तक छूती हुई आपकी टांगें भी मनुहार दुहराती हैं--ए सुनती हो...अब ठूँठ बनकर क्यों बैठी हो...दिमाग़ उस समय चमत्कारों पर विश्वास और चाहना करने लगता है...एक

क्षण को सारे लोग अन्धे हो जाएँ तो आप झटके से उसका मुँह मोड़ कर चूम लें—इस तरह कुहनी से न्योतने की बजाय सीधे बाँह पकड़कर अपनी ओर खींच लें...उस ओर रखा हुआ हाथ पकड़कर अपनी गोद में दबा लें और फिर अचानक बस की छत से टपककर एक काला पर्दा आपके चारों ओर खिंच जाए...और कुछ न सही, किसी तरह अपनी कुहनी से बातें करते हाथ को ही दो इंच दूर रखी जाँघ पर ही रख लें...किसी को पता ही न चले कि यहाँ कौन-सा नाटक हो रहा है...

आसमानों में उड़नखटोले पर बैठाकर तैरती हुई सनसनाहट इस सुख को पूरी तरह भोगने भी नहीं देती।...एक रहस्य है, समझौता और संवाद है जो सिर्फ़ हम दो हमसफरों के बीच है और इसे सारी बस में कोई नहीं जानता। फिर भी आप जानते हैं कि कंडटकर जानता है, इन स्थितियों से गुज़रे हुए दूसरे मुसाफ़िर जानते हैं। सभी को इन समझौतों को पढ़ने का गहरा अभ्यास है। कंडक्टर ने दोनों को अलग-अलग टिकट दिए हैं, यह उसकी सहृदयता है कि केवल दूर खड़ा अंजान बने रहने का भाव दिखा रहा है या अपने को कंडक्टरी में उलझाए है...ले लेने दो मजा साले को...

शरीर की जबान और शब्द इतने स्पष्ट हैं और उनसे किस तरह बाक़ायदा वार्तालाप हो सकता है, साश्चर्य इस बात को महसूस करते हुए भी आप झुँझला रहे हैं कि लोग इतने एफिशिएंट क्यों हैं? जाने कितनी बसें हैं जिनकी बत्तियाँ बिगड़ जाती हैं, बैटरी डाउन होने के कारण भीतर की सारी बत्तियाँ बुझानी पड़ती हैं। इस बस में कम्बख़्त कोई और ख़राबी भी तो नहीं हैं..उधर कुहनी अब अधिकारपूर्वक अपनी तरफ़ वाले उभार के केन्द्र को सहलाने और दुलराने लगी है...काश, इस सुख की अवधि को निश्चित करने के लिए आप पूछ पाते कि 'आपको कहाँ उतरना है?' उतरने की जगह आपको भी कहाँ पता है आप तो खुद ऊपर हवाओं में तैर रहे हैं...

और फिर धीरे-धीरे लगता है आपका उड़नखटोला नीचे आ रहा है और आस-पास गुज़रती जगहें क्रमशः पहचान में आने लगी हैं। बस के इंजन की घरघराहट आस-पास की पीं-पीं, भों-भों कहीं ग़ायब होने के बाद फिर से चारों तरफ़ आ चिपकी है। या इन सारी आवाज़ों का टेप कुछ देर बन्द रहने के बाद फिर बजने लगा है, और ऊपर से उतरते हुए नीचे की बत्तियाँ और मकान ऊपर उठकर आपकी ओर लपकने लगे हैं। भीतर की चेतना और बाहर की दुनिया सब कहाँ सैर करने चले गए थे, लगता कि वापस लौट आए हैं। ऐंठन की तरह दुनिया के गोलार्ध को दबाए रखने वाली बाँह ढीली पड़ गई है...बेहद बौखलाए, शर्मिंदा आप जेब से रूमाल निकालकर माथा पोंछते हैं, आँखें और मुँह साफ़ करते हैं। आश्चर्य और आशंका से एक बार अपनी कमर पेटी को यों ही ऊपर खिसकाकर इधर-उधर देखते हैं कि दुनिया वैसी ही है जैसी आप 'छोड़' गए थे या वहाँ कुछ बदल गया है। हाँ, निश्चय ही कुछ बदल गया है। फिर सावधान मुद्रा में आने के लिए सहसा अपने जूतेवाले पाँव इस तरह उठा लेते हैं जैसे फ़र्श पर कोई चूहा भागता निकल गया हो...

"तीन मूर्ति..." कंडक्टर की आवाज़ से झटका लगता है। मगर दिखाना यह है कि आपका स्टॉप अगला है। लगता है बस का हर व्यक्ति केवल आपको ही घूर-घूर कर मुस्करा रहा है। अगले स्टॉप पर उठते हुए आपकी टाँगें लड़खड़ा जाती हैं। ऊपर की रॉड पकड़े आप शराबी की तरह दरवाज़े तक आते हैं। लड़की की ओर देखने की हिम्मत नहीं होती। निगाहें नीचे हैं, कहीं पैंट में कोई दाग तो नहीं बन गया। जैसे पिट कर बाहर निकल रहे हों। हर पल धड़का बना है कि पीछे से कोई आवाज़ लगाएगा, 'भागा!' लोग आपस में बातें कर रहे हैं। शायद आपके बारे में ही कुछ कह रहे हैं। जब आप पास से निकले थे तो 'टिकट हो गया?' कहने के साथ क्या कंडक्टर कुछ मुस्कराया भी था?

स्टॉप पर उतरकर आप जानबूझकर व्यस्त भाव से जगह पहचानने की कोशिश करते हैं। नीचे खड़े होकर चाहें तो खिड़की से लगी बैठी उस बुनाई व्यस्त शक्ल को भी देख सकते हैं। वहाँ ऐसी तटस्थता है जैसे कहीं कुछ नहीं घटा। मगर आप जानते हैं, होंठों पर हलका हिकारत भरा व्यंग्य है। जाने कब से कुलबुलाता एक भाव अब उभरकर शब्द ले लेता है, "बदमाश"।

अचानक आप अशोका होटल की सबसे ऊपर की छत के ऊपर, पंख तौलती चील की तरह जा बैठते हैं और साथ ही नीचे छोटे से बबुए की तरह खड़े अकेले आदमी को देखते हैं जो सड़कों और घर-पेड़ों के पैटर्न से बनी शतरंज के बीच पिटे हुए प्यादे की तरह खड़ा है और समझ नहीं पाता है कि अपने गन्तव्य से किस दिशा में और कितनी दूर निकल आया है और जिसे हर क्षण लगता है कि अब पीछे लौटने को कोई बस नहीं मिलेगी, वह सिर्फ़ इस सड़क से उस सड़क पर भटकेगा। इस बेवकूफ को यह बात उसी समय क्यों समझ में नहीं आई थी जब शिकारी किताबें लिए उसके पास आ खड़ा हुआ है और पूरी बस में वही एक था जो चिह्नित कर लिया गया है। अब तो कहीं भाग भी नहीं सकता। तीव्र, कुशल और ठंडी निगाहों के फोकस में क़ैद, तरह-तरह की हरकतें और क्रियाएँ करते परीक्षण चूहा जैसा बन जाना कितनी बड़ी बेचारगी और दयनीयता है...चूहा जो कुछ भी करता है, पास खड़ा हुआ वैज्ञानिक पहले से जानता है, उसके 'स्वतन्त्र' प्रयत्नों पर मन ही मन हँसता है और उसे तरह-तरह की छूटें देता जाता है। चूहे की हर 'सफलता' उसकी पराजय और वैज्ञानिक की विजय है।

ठंडी सुनसान सड़कों पर खड़े हुए अब आपको न हार का अहसास है न जीत का। आप वैज्ञानिक की तटस्थता से 'घटित' चूहे के मृत शरीर को देख रहे हैं। फिर आपने इस मरे चूहे की पूँछ पकड़कर हिलाया और झटके से एक ओर उछाल दिया। साथ ही अपने आपको उड़ती चील की तरह झपटते हुए पाया जिसने ऊपर ही शिकार को रोक लिया था और पंजों में दबोचे कहीं ऊपर लिए चली जा रही थी...।

हासिल

इस कहानी का पहला प्रारूप मैंने 8 दिसम्बर, 84 को लिखा था; यह अपने वर्तमान रूप में 6 नवम्बर, 88 को लिखी गई, आई.आई.टी. के विज़िटर्स हॉस्टल में। तब मैं वहाँ अतिथि लेखक की तरह रह रहा था और 'अपने' साथ था। ज़ाहिर है, दिमाग़ में यह 84 के भी पहले एक-दो साल रही होगी। 'गड़ा खजाना' पिछले 35 साल से भी अधिक समय से मन में है। आज तक नहीं लिखी गई।

सचाई यह है कि इसे छपवाने (या छापने) की हिम्मत आज तक नहीं जुटा पाया हूँ। पात्र में लोग मुझे देखेंगे—यह डर ही रहा होगा। हालाँकि कहानी अनेक मित्रों के अनुभवों से बनी है। कभी लगता है कि यह शुद्ध बुढ़भसं और बकवास है—कुंठित वासना-पीड़ित लेखक की ठरक। फिर कभी लगता है कि ऐसी साहसिक कहानी केवल टॉल्सटाय ही लिख सकता था—हालाँकि कलात्मक स्तर पर यह उसके पैरों की धोवन भी नहीं है। संशयात्मा लेखक को यह कहानी अपनी महान और निकृष्टतम—एक साथ ही लगती है।

नामवर जी का कहना है कि यह शुद्ध राजनैतिक कहानी है और 50 साल के भारत का रूपक है। हो सकता है, उनके भीतर लेडी चैटरली के सन्दर्भ में क्रिस्टोफर कॉडवेल की आत्मा जागृत हो गई हो। मेरा आग्रह था कि यह बात वे लिखकर दें, तो मैं कहानी प्रकाशित करा दूँ। आख़िर इस बार वह तैयार भी हुए, तो उनकी हिम्मत जवाब दे गई और बीमारी का बहाना करके 'होली फैमिली' में जा छिपे। शायद यह भी क्रिश्चियन-मॉरैलिटी शरणं गच्छामि का ही रूपक हो। बहरहाल, वे अभी तक तो अपनी बात पर 'दृढ़' हैं, मगर बात चूँकि मौखिक है, इसलिए हस्बे-मामूल बदल भी सकते हैं।

—लेखक

बहरहाल खेल शुरू हो चुका था और न चाहते हुए भी नवल को उसमें शामिल कर लिया गया था। सच बात तो यह है कि अब खेलने के प्रति न वैसा उत्साह रह गया है,

न हार-जीत को लेकर वह लापरवाही, क्यों इस उम्र में रही-सही प्रतिष्ठा धूल में मिलाई जाए! अब दूसरों को खेलते देखना ही अच्छा लगता है। भीतर एक गर्वीला सन्तोष है : इन नयों को क्या मालूम कि हम किन-किन खेलों से गुज़र चुके हैं!

लेकिन अचानक ही उस दिन देखा कि धूप का चश्मा लगाए सामने एक लड़की खड़ी है। ''जी, मेरा नाम स्वप्ना संदीप है। आपकी जगह की तलाश करते-करते घंटा-भर हो गया। आप ही नवल जी हैं न?'' कंधे पर सफ़री बैग और चेहरे पर थकान।

नवल जैसे चौंककर एकदम उठ खड़ा हुआ, ''अरे, तुम?'' समझ में नहीं आ रहा था कि क्या करे—उत्साह में गले लगा ले या...मगर हाथ बढ़ाकर मेज़ के पार सिर्फ़ उसका हाथ पकड़ा, ''बैठो, बैठो न,'' फिर हाथ छोड़ दिया। गेहुँआ रंग, सही कद-बुत। कुछ दुबली। बहुत सुन्दर न हो, मगर चेहरे पर अजीब-सी लुनाई, जिसे अंग्रेज़ी में कहते हैं सेक्स-अपील। उसने चश्मा उतारकर मेज़ पर रखा और पर्स से रूमाल निकालकर चेहरा पोंछा—बिन्दी बचाते हुए। बैग कुर्सी की पीठ पर लटका दिया था। इस बीच वह कुर्सी पर बैठ गई थी। नवल को लगा, जैसे उसे देखकर हलकी-सी चौंकी। क्या दिमाग़ी तस्वीर को झटका लगा? झट कहा, ''पानी पियूँगी।''

नवल ने आवाज़ दी, ''बहादुर, पानी दो। फिर दो चाय बना देना,'' उसे ग़ौर से देखा—तौलते हुए। लड़की में आत्मविश्वास है। पूछा, ''अकेली ही आ रही हो? कहाँ ठहरी हो?''

''हमारे साथ आने को कौन था?'' उठती साँस को दबाकर कहा, ''इंटरव्यू का बहाना करके आई हूँ। वैसे तो पापाजान को कोई चिन्ता-फिक्र है नहीं, मगर आने में ज़रूर अड़ंगा लगाएँगे।''

''ख़ैर, पानी लो पहले...'' फूली साँस अब सम पर आ रही थी। शरीर पर सलवार-समीज, दुपट्टा। पानी वह एक ही साँस में पी गई। दिसम्बर के मौसम के बावजूद प्यासी थी। काफ़ी भटकना पड़ा है। एक नथुना हलका फड़क रहा था। कानों में छोटे टॉप्स। नवल उसे एक साथ नहीं, हिस्सों में देख रहा था। मुस्कराकर कहा, ''तो आख़िर आ ही गई...''

''लगा, आपसे सलाह लेना ज़रूरी है।'' अब उसने इधर-उधर देखा। ''जल्दी निकलना चाहती थी। सोचा था, एक-दो घंटे बाद लौट जाऊँगी। निकलते-निकलते देर हो गई। पाँच घंटे का बस का सफर है। आज लौटना तो शायद...''

''ठीक है, कल चली जाना। यह तो बताकर आई होगी...'' अभी तक नवल सँभल नहीं पाया था। स्थिति के लिए तैयार होता, तो बात दूसरी थी।

वह बता रही थी, ''दिक़्क़त सिर्फ़ माँ की है। गठिया की वजह से उन्हें देख-भाल की ज़रूरत है।'' फिर गम्भीरता उतारकर कहा, ''बाक़ी हमारी खातिर-चिन्ता करने के लिए कौन बैठा है ? माँ के लिए बोलती आई हूँ पड़ोस की एक फ्रेंड से...'' नवल को लगा,

वह ना-मालूम ढंग से जायजा ले रही है।

इच्छा हुई, एकदम उठे और जाकर शीशे में अपना चेहरा देखे। उम्र से चाहे जितना कम लगता हो, फिर भी 50-55 तो लगता ही होगा। पूछा, ''यहाँ कोई रिश्तेदार या...?''

''हैं तो सही। जमुना पार, लेकिन फिर वहाँ समय से पहुँचना होगा...'' कुछ सोचते हुए कहा,''सुबह जल्दी निकलना चाहती हूँ। दोपहर तक पहुँच जाऊँगी।'' शायद नर्वसनेस बचाने के लिए मेज़ पर रखे चश्मे की कमानियों से खेल रही थी।

''हमारे यहाँ तो आजकल कोई नहीं है। यही बहादुर और मैं...'' पता नहीं क्यों, यह कहते हुए संकोच हो रहा था कि यहीं ठहर जाओ...फिर लगा, क्यों झंझट न्यौता जाए।

''तो क्या हुआ? आप तो मेरे लिए...'' वह रुक गई।

नवल ने मन में वाक्य पूरा किया, 'पिता समान हैं' भीतर जैसे किसी ने दाँत पीसे। पता नहीं, यह किस क्षण बालकृष्ण 'नवीन', बनने का भूत सवार हुआ था। काश, उन जैसा खिला और खुलता हुआ रंग भी होता ! साँवले रंग पर सफेद दुधिया बाल ही आपके चेहरे को गरिमा और तेज़ देते हैं। 'माई फुट' इन्हें शुरू से ही काले करता, तो कम-से-कम दस साल तो उम्र कम लगती ही...अब मन में खीज महसूस हो रही थी। झंझट ही है, इस झमेले को टालो...पता नहीं...अरे, अपनी ही समस्याएँ क्या कम हैं? इस तरह हर पाठक के माई-बाप बनते रहे, तो अनाथाश्रम ही खोलना पड़ेगा। ऊपर से बोला, ''ख़ैर, वह तो कोई बात नहीं...तुम सोच लो...हम लेखक लोग वैसे ही...''

''वह डर मुझे आपसे नहीं है।'' इस बार वह ग़ौर से आँखों में देखती हुई मुस्कराई, ''फिर अब चली भी गई, तो आपके साथ समय नहीं मिलेगा। बहुत बातें करनी हैं...''

चाय आ गई थी और वह कुछ दुष्टता से होठों को प्याले की तरफ़ बढ़ाते हुए कह रही थी। होंठ पतले हैं। ऐसी लड़कियाँ संकल्प की दृढ़ होती हैं। तभी तो हिम्मत से चली आई। अब वह कहीं खोई हुई-सी कह रही थी, ''पता नहीं क्यों, मुझे लगता है, मन की बात मैं सिर्फ़ आपसे ही कह सकती हूँ। फिर, रिश्तेदारों के यहाँ ठहरना मुझे पसन्द भी नहीं है। वही दकियानूसी सवाल-जवाब...'' फिर जैसे चुनौती की तरह पूछा, ''आपको तो कोई असुविधा नहीं होगी...?''

नवल सायास हँस पड़ा, ''बहुत! महीने-भर का खाना खा जाओगी, बिजली ख़र्च कर दोगी...इत्यादि...इत्यादि...'' ऊपर से वातावरण सहज हो गया। नवल झटके से उठ खड़ा हुआ, तो उसने बैठे-बैठे ही सिर उठाकर देखा, उसकी चाय अभी बाकी थी। ''ठीक है, बात करेंगे...पहले अन्दर जाकर मुँह-हाथ धो लो...पाँच-छह घंटे का बस का सफर करके आई हो....मैं ज़रा पास ही एक साहब से मिलकर आता हूँ। माफ़ करना, फिर वे निकल जाएँगे। यह बहादुर सब बता देगा। किसी भी चीज़ की ज़रूरत हो, तो माँग लेना। जैसे ठंडे या गरम पानी की ज़रूरत हो या...'' कोई रोक रहा था, शिष्टाचार के लिए ही कुछ देर और रुकना ज़रूरी है।

और नवल बाहर आ गया। बेचैनी-सी क्यों होने लगी थी? भागकर बाहर आया है क्या? क्या काम है, किससे मिलना है? किस डर पर काबू पाने के लिए समय चाहता है? जिस स्थिति की प्रतीक्षा में इतना उत्तेजित और उत्सुक था, अचानक उसका सामना करने पर इतनी घबराहट और भय क्यों है? दूर-दूर का खेल सही और सुरक्षित था—बात सिर पर ही आ पड़ेगी, ऐसा तो...खुली साँस चाहिए, मगर इस तरह एकदम भाग आना सही नहीं है। क्या सोचेगी? वह बेचारी इतना विश्वास करके भरी हुई आई है और आप हैं कि भाग आए—मूर्ख है? समझेगी नहीं? ऐसा न हो कि जब तक लौटूँ, जा चुकी हो... काश, ऐसा ही हो...लानत है! तुम्हें डर किस बात का...साले, पिता समान...मगर इस तरह हिम्मत करके अकेली चली आई है, कुछ बात तो ज़रूर है। अरे, होना क्या है, माँ-बाप जबरदस्ती शादी किए दे रहे हैं, किसी और को चाहती होगी...हो सकता है, वहाँ देखने के लिए कोई आने वाला हो और यह यहाँ भाग आई हो, या किसी के साथ आई हो और वह इधर-उधर कहीं चला गया हो। इसे साथ न रख सकता हो। सोचा, चलो, रात में ठहरने की समस्या नवल जी के यहाँ ही हल कर ली जाए। यह तो मैं पत्र में लिख ही चुका हूँ कि इन दिनों अकेला हूँ और सिर्फ़ नौकर है...साली, किसी मुसीबत में न डाल दे... पुलिस-वुलिस का न झमेला हो...

ऐसा नहीं है कि इतनी उम्र में नवल ऐसी स्थितियों से गुज़रा न हो, मगर तब और बात थी। पार्क में बैठा, वह यही सब सोच रहा था, ऐसा क्यों लग रहा है, जैसे यह स्थिति पहली बार आई है और ज़िन्दगी में पहली बार इसका सामना करना पड़ रहा है? याद आया, जब कहानियाँ लिखा करता था, तो हर बार लगता था, जैसे वह पहली कहानी लिख रहा है; मालूम नहीं, कैसी बनेगी ! हाँ, यह ज़रूर था कि एक बार कहानी शुरू करने के बाद वह उसे सँभाल ले जाता था। अब बरसों से कहानी नहीं लिखी, तो वही आत्म-संशय कचोटने लगा है, शुरू कर दूँ और आगे न सँभली, तो? कितने पत्र आते थे पहले लड़कियों के...अब तो...

वही तो मुसीबत हो गई। बात दो साल पहले की है, अचानक एक पत्र मिला, लिफाफे के कोने पर लिखा था, 'स्वप्ना संदीप'। किसका होगा? खोला, 'आदरणीय, और 'आपके लिए मैं एकदम अपरिचित हूँ' से शुरू हुआ था। ऐसे पत्रों को नवल अब अच्छी तरह जानता है। ये या तो भावनाओं के संकट में पड़ी हुई रूमानी लड़कियाँ होती हैं या शोध-छात्राएँ। और छात्राएँ पहले तो सारी श्रद्धा-भक्ति दिखाकर यह सिद्ध करती है कि कैसे नवल जी की रचनाओं से प्रभावित होकर उन्होंने हठपूर्वक उन्हें ही अपने विषय के रूप में चुना, उनके गाइड कौन हैं और इस कार्य के लिए कैसे नवल जी के सहयोग की ज़रूरत है। साथ ही, प्रायः लगी होती है एक प्रश्नावली। उन प्रश्नों का ईमानदारी से जवाब देने का मतलब यह होता है कि सारा शोध-प्रबन्ध आप ही लिख दें। उन्हें वह अपनी रचनाओं की सूची और शुभकामनाओं के साथ प्रायः लिख देता है कि एक बार पहले उन्हें

ध्यान से पढ़ लो। कभी आ जाना और स्वयं इन प्रश्नों पर बात कर लेना। ये अपने किसी भाई-बाप या गाइड के साथ आती हैं। कुछ मूर्ख होती हैं, कुछ समझदार, लेकिन सारा सम्बन्ध बड़ा कामकाजी-सा होता है। लड़की अगर सुन्दर है, तो गाइड और छात्रा का सम्बन्ध ज़रूर कथाकार की तरह नवल को आकर्षित करता है...दूसरी तरह की पत्र-लेखिकाएँ या तो खुद उदीयमान लेखिकाएँ होती हैं या किसी एक रचना से अभिभूत होकर लिखती हैं। वे आपकी सारी चीज़ें पढ़ने की बजाय दूसरे लेखकों की ऐसी ही रचनाएँ पकड़ लेती हैं। यह पत्र भी नवल के एक उपन्यास *दूसरा शिखर* से प्रभावित होकर लिखा गया था। लगा, लड़की समझदार है और गहराई से सोचती है। पात्रों की मानसिकता और सम्बन्धों को लेकर, दूसरे लेखकों की रचनाओं से हवालों के साथ कुछ सवाल उठाए गए थे। देखा जाए, तो एक शुद्ध बौद्धिक पत्र था। नवल ने एक औपचारिक-सा उत्तर दे दिया, अपनी और रचनाओं के बारे में राय पूछी और जब लगा कि सारा पत्र बहुत मशीनी हो गया है, तो एक लाइन डाल दी कि ऐसे छोटे-से क़स्बे में रहकर तुम इतनी गहराई से पढ़ती-सोचती हो, यह अच्छी बात है। और क्या-क्या पढ़ा है? कहीं पढ़ाती हो क्या?...

ख़ैर, इसके बाद नवल भूल गया। ऐसे पत्र अब बहुत रोमांचित नहीं करते। पहले की तरह छाती से लगाकर घूमने की उम्र भी बहुत पीछे छूट गई है। अब तो ऐसे पत्र रूटीन में आ गए हैं। कुछ दिनों के बाद फिर एक पत्र आया। कुछ ऐसे व्यक्तिगत सवाल थे, जिन्हें सामान्य बनाकर पेश किया गया था—जीवन का उद्‌देश्य वग़ैरह—छोटे क़स्बे में किताबें और वातावरण न मिलने की शिकायत थी। ऐसे में आप जैसे महान व्यक्ति की कुछ लाइनें कभी-कभी मिलती रहेंगी—इसका आश्वासन माँगा गया था। लेखकीय व्यस्तता में खलल डालने की माफ़ी। अच्छी रचनाओं के नाम पूछे गए थे और बौद्धिक-भावनात्मक दृष्टि से एकाकी और निर्वासित जीवन बिताने की तकलीफ़। नवल ने भी एक सामान्य-सा जवाब लिख दिया कि संवेदनशील व्यक्ति तो सभी जगह अकेला और अनसमझा होता है और यही शायद हम दोनों के बीच कॉमन है। सोचा, या तो यह कोई टीचर है या तबादले में आए किसी अफ़सर की पत्नी।

ऐसी लड़कियाँ जब दिल्ली-लखनऊ-इलाहाबाद के वातावरण से नौकरी के लिए या माँ-बाप, पति इत्यादि के पास जाती हैं, तो छोटी जगहों में काफ़ी छटपटाती हैं। अपने को कहीं-न-कहीं बड़े शहरों के वातावरण से बौद्धिक या भावनात्मक रूप से जोड़े रखती हैं। और इसी तरह अपना खालीपन भरती हैं। ये अस्थायी रूप से, अपने घरों या रिश्तेदारियों में, दो इम्तिहानों के बीच छुट्टियों में आई होती हैं, किसी जगह हॉस्टल में रहती हैं और इस माहौल में अपने को अनफ़िट पाती हैं! नवल ने हिसाब लगाया, शिक्षण-संस्थाओं की छुट्टियाँ नहीं हैं, यानी एक-दो सम्भावनाएँ ख़त्म हो जाती है! ज़रूर यह कोई ऐसी लड़की है, जिसके आस-पास उसकी बात समझनेवाला कोई नहीं है और इस तरह पत्र लिखना इसका शग़ल भी है और साथ ही अभिव्यक्ति की एक ज़रूरत भी। निश्चय ही वहाँ अपने

को सबसे ऊँचा समझती होगी, तभी इश्क-विश्क में भी नहीं पड़ी है। इसी तरह एक सही संवाद का सुख या निजी और व्यक्तिगत सन्तोष तलाश कर रही है—जब अपने वातावरण में थीं, तो अज्ञेय और मुक्तिबोध को पढ़ती थीं, अब इस जंगल में शिवानी और गुलशन नन्दा को कहाँ तक पीसें...?

लेकिन इन सारे सवाल-जवाबों का मौक़ा ही नहीं आया और उसने दूसरे-तीसरे पत्र में बता दिया कि वह लेखिका बिलकुल नहीं है, न कहीं पढ़ाती है। साहित्य की नहीं, अर्थशास्त्र की विद्यार्थिनी रही है। साहित्य पढ़ने का शौक है और अमुक-अमुक लेखकों को पत्र लिखती रही है! पते पर उसने 'कुमारी' शब्द को विशेष बनावट में लिखा था, अब नवल चौंका। लड़की भोली नहीं है, बात को बिना कहे भी अगले तक पहुँचाना जानती है। औरों को भी लिखती रही है, यानी शगल-वृत्ति ज़्यादा है, अभिव्यक्ति या संवाद की ज़रूरत कम। हो सकता है, किसी और लेखक के इशारे पर लिख रही हो। इस लेखक की बात उसे बताकर मित्रों-सहेलियों के बीच मजे लेती हो, 'देखा, कैसा बेवकूफ बनाया! एक शब्द में असलियत पर आ गए।'

अब नवल थोड़ा सावधान हुआ। मुस्कराकर मन में कहा, 'बेटे, यह खेल हम खुद भी बहुत खेल चुके हैं। कभी किसी को नीलिमा बनर्जी बनकर लिख रहे हैं, तो कभी शुभा प्रियदर्शनी बनकर महँगे रेस्तराँ में बुला रहे हैं।' पहले तो लगा, छोड़ो यार, मारो गोली, कहाँ इस उम्र में आकर बचपने के इस खेल में लगे हो? फिर सोचा, 'चलो, ज़रा देख ही डाला जाए, यह खुद या इसके पीछे के खिलाड़ी में कितना दम-खम है? खेले हुए भी तो बहुत अरसा हो गया। एक बाजी और बस—तो बहुत होशियारी से तारीफ़ करते हुए लिखा कि अर्थशास्त्र की विद्यार्थिनी होने के बावजूद साहित्य, दर्शन और ज़िन्दगी की समझ अच्छी है। लिखने की कोशिश करेगी, तो अच्छा और प्रौढ़ लिखेगी—न कोई व्यक्तिगत प्रश्न पूछा, न बताया। और इसी तरह एक-दो पत्र आए-गए। एकाध में यह भी टटोला कि कहीं लड़का तो नहीं समझे बैठी है, मगर किताबों पर जन्मतिथि भी छपती है। ज़रूर पढ़ी होगी। ख़ैर, नवल की दिलचस्पी अब कम हो गई थी। सोचा, शायद वह भी समझ गई है कि इससे आगे नहीं बढ़ेंगे...

कुछ दिनों तक चुप्पी रही। महीने-भर बाद पत्र आया, घर की परेशानियों के कारण लिख नहीं पाई। माँ की तबीयत ख़राब थी। गठिया में सारे हाथ-पाँव जकड़ गए थे। लकवा मार जाने का डर था। नौकरी के इंटरव्यू के लिए दिल्ली आई थी। एक-दो बार करोलबाग से गुज़री, तो सोचा कि आपसे मिल लूँ, मगर हिम्मत नहीं पड़ी और अपने इस छोटे से क़स्बे में वापस लौट आई। यह थी तीन-चार महीने में लिखी गई पहली व्यक्तिगत चिट्ठी। लिहाज के नाते नवल ने न मिलने का उलाहना दिया, इंटरव्यू के बारे में जानना चाहा और जो कुछ मदद कर सकता है, उसका आश्वासन दिया। यह भी लिख दिया कि अगर वह ठीक समझे, तो यहाँ उसकी नौकरी की बात की जा सकती है। इसके लिए यह भी ज़रूरी

होगा कि अपने बारे में कुछ और सूचनाएँ दे दें, सम्भव हो, तो अपनी योग्यताओं के बारे में भी लिखे। अब पहली बार जिज्ञासा हुई कि देखें तो सही, यह चीज़ क्या है, रहस्य सूँघकर तो लेखक वैसे भी चौकन्ना हो उठता है। सच बात तो यह थी कि यह चिन्ता और सरोकार कम, उसके बारे में ज़्यादा जानने की तरक़ीब अधिक थी। नवल मानकर बैठा था—किसी भी बिन्दु पर पत्र-व्यवहार बन्द हो सकता है। हो जाए, मेरा क्या जाता है। उसके लिए तो यह अभी भी हलका मज़ाक़ ही था, मगर कुछ दिनों बाद फिर पत्र आया। चिन्ता के लिए आभार प्रकट किया गया था। बताया कि वहाँ के जिस कॉलेज के लिए इंटरव्यू था, उसके ट्रस्टी दिल्ली में रहते हैं, लेकिन वहाँ किसी दूसरे का चुनाव हो गया है और वह माँ की सेवा में लगी है। आकांक्षा और आशा की गई थी कि नवल उसके प्रति जैसा सद्भाव महसूस करता है, वह बना रहेगा, क्योंकि उससे उसे बहुत बल मिलता है। मैट्रिक से लेकर इम्तहानों की सूचना थी—वर्षों के अनुसार। जन्मतिथि नहीं थी। शुरू में सेकेंड क्लास था। एम.ए. में फर्स्ट, ज़ाहिर है, लड़की चाहे जितनी मेधावी हो, इस योग्यता से तो वहीं क़स्बे में कहीं अध्यापकी ही पा सकती थी। व्यक्तिगत परेशानियों के बारे में बताया गया था कि सारी बातें पत्र में नहीं लिखी जा सकतीं। कभी मिलेगी, तो विस्तार से बता देगी। उसे नवल पर बहुत भरोसा है! और नवल ने बैठकर हिसाब लगाया कि उम्र 26-27 की होनी चाहिए। साल-भर से तो रिसर्च ही कर रही है—नवल ने फिर भी सावधान भाषा में मदद का आश्वासन दिया। साफ़ है कि किसी भी कारण से हो, आर्थिक रूप से आत्मनिर्भर होना चाहती है। पूछा, किस तरह की नौकरी करना चाहोगी? दिल्ली में कोई सिलसिला बैठा, तो रहने का क्या होगा? आगे-पीछे कौन है?

उत्तर में सूचनाएँ मिली—'दो भाई हैं और अपना-अपना सिलसिला देखकर बाहर चले गए हैं। माँ का गठिया इतना बढ़ा हुआ है कि लगभग अपाहिज है। माँ-बाप के बीच सम्बन्ध बहुत मधुर नहीं हैं। बाप के पास बच्चों या परिवार के लिए न कभी समय रहा, न ध्यान। इस हालत में माँ को अकेला नहीं छोड़ा जा सकता, यानी दोनों लड़ मरेंगे—जहाँ भी नौकरी करेगी, माँ साथ रहेंगी। पढ़ाने की नौकरी एकदम पसन्द नहीं है। पी-एच. डी. करना चाहती है। बिजनेस मैनेजमेंट का इम्तहान देने का भी इरादा है। आपके मार्गदर्शन का बहुत सहारा है।'

नवल का ध्यान गया, शायद पहली बार पत्र में 'आपकी, स्वप्ना' लिखा गया था। नाम असली है या बाद में लिया गया? संदीप बाप का नाम होगा। आजकल तो परित्यक्ताएँ भी अपने नाम के आगे कुमारी लगाने लगी हैं। अब इतने दिनों बाद नवल ने लिख दिया कि इधर आने का प्रोग्राम बनाओ, तो विस्तार से सारी बातें समझी जाएँ—कोई-न-कोई रास्ता तो निकलेगा ही। हिम्मत से सारी स्थिति को सँभालने और सामना करने की सलाह दी गई थी। भरसक कुछ करने का आश्वासन था, वचन नहीं।

नवल अपनी स्थिति समझता था!

और अब नवल के अन्दर बैठा लेखक पूरी तरह जाग उठा था। कौन है यह? कैसी है? रंग-रूप, क़द-काठी कैसी है? आर्थिक स्थिति निम्न-मध्यवर्गीय ही होनी चाहिए। शादी अब तक क्यों नहीं हुई? अगर आ ही गई, तो इसकी क्या मदद करूँगा? कहीं से अनुवाद या लिखने का काम दिलाऊँ, तो कर पाएगी? वैसे, भाषा और लिखावट तो बुरी नहीं है। अपने-आपको गालियाँ भी देता कि इस उम्र में इतनी ज़िन्दगी देख चुकने के बाद क्यों इस क़स्बाई लड़की के प्रति इतनी दिलचस्पी पैदा हो गई है? आख़िर वह चाहता क्या है? इस बात को उससे ज़्यादा और कौन समझ सकता है कि यह शुद्ध मानवीय सरोकार नहीं है। अगर यह लड़का होती, तो? तब भी क्या इसमें उसकी दिलचस्पी इतनी ही बनी रहती? या मान लो, कल को अचानक एक काली-कलूटी देहातिन लड़की आकर सामने खड़ी हो जाए, तब भी क्या सारा मानवीय सरोकार ऐसा ही बना रहेगा? यह लड़की क्या सचमुच, मेरी रचनाओं या लेखकीय व्यक्तित्व से प्रभावित होकर मुझ पर इतना विश्वास दिखा रही है या मेरे प्रभाव से अपनी व्यक्तिगत समस्या हल करना चाहती है?

यह तो साफ़ है कि लड़की के व्यक्तित्व में कहीं कुछ कमी है, जो अभी तक 'कुमारी' शब्द पर इतना ज़ोर है। नवल का अनुभव यह भी है कि बढ़ती उम्र की ऐसी लड़कियाँ बाहरी दुनिया से इतनी हताश और निराश हो जाती है कि एक अस्वाभाविक शिद्दत के साथ माँओं से जा चिपकती हैं, शायद उपेक्षिता माँ में ही अपने-आपको देखने लगती हैं और बाप के रूप में बाहरी दुनिया को—अपमान, प्रताड़ना, धोखे के डर से इस सुरक्षा के बाहर क़दम रखते हुए डरती हैं—शायद बाहर चलना तब भूल जाती हैं और डरते-डरते किसी की उँगली पकड़कर ही निकालने की बात सोचती हैं, कहीं खो या भटक न जाएँ। बार-बार माँ के पास वापस आने के लिए तैयार—कहीं यह इसी तरह तो मेरी उँगली पकड़कर अपने आप से बाहर निकलने की बात नहीं सोचती—बहरहाल, अब तो खेल शुरू हो चुका है, इसे किसी-न-किसी परिणति तक तो ले जाना ही है—मान लो, मैं आज अपनी तरफ़ से चुप हो जाऊँ और देखूँ कि एक दिन अचानक वह सामने आ खड़ी हुई है...तो?

और आज वह आख़िर ठीक उसी तरह आकस्मिकता से आ ही गई और नवल साहब उसे घर में छोड़कर पार्क में चक्कर काट रहे हैं—एक तरह से सामना करने की हिम्मत जुटा रहे हैं! मगर क्यों, आख़िर ऐसा है क्यों? क्यों नहीं वह इसे स्वाभाविकता से ले पाता—एक ज़रूरतमन्द लड़की की मदद करने के रूप में सारी बातें उसके सामने क्यों नहीं आतीं?

ताज्जुब की बात है कि उस समय नवल के दिमाग़ से शुरूवाली आशंका अपने-आप पूरी तरह निकल गई कि कोई साथी या नया शैतान लेखक चटखारे के लिए अपनी प्रतिभा का कमाल दिखा रहा हो—या लड़की ही मजा लेने के लिए अपने को ऐसी असहाय और ज़रूरतमन्द बनाकर पेश कर रही हो? असलियत खुले, तो पता लगे कि किसी

कलक्टर-कमिश्नर की पत्नी है या व्यवसायी परिवार से जुड़ी है, ऐक्टिंग का शौक है या किसी से शर्त लगाए बैठी है—हो सकता है, कहानी या उपन्यास पढ़ने के बाद यही बात दिमाग़ में आई हो कि चलो, एक मन-बहलाव यह भी सही—यहाँ तो अक्सर लड़कियाँ छेड़-छाड़ के लिए ऐसे उलटे-सीधे टेलीफ़ोन करती ही रहती हैं। अच्छा, मान लो, ये ही सब हैं, फिर भी बात को एक सिरे तक तो पहुँचाना ही होगा और अब तो देखे बिना कोई चारा ही नहीं है कि कितने बड़े 'खिलाड़ी' से पाला पड़ा है। और मान भी लो कि खुद खेल रही है, फिर तो ऐसी ज़िन्दादिल को जीतने का सन्तोष मिलना ही चाहिए—नवल अपने पत्रों की एक-एक पंक्ति याद करने की कोशिश करने लगा। नहीं, मैंने ऐसा कुछ भी नहीं लिखा है, जो अशालीन हो या अगर कल छाप दिया जाए, तो शर्मिंदा होने की ज़रूरत पड़े—अपने कुछ और साथियों के क़िस्से याद आए—पाँच उँगलियों में दस अँगूठियाँ धाँसे अपने को यूसुफ का अवतार समझनेवाले संपादक कुन्दन जी का क़िस्सा याद आया, तो बेसाख्ता हँसी आने लगी—एक लेखिका को दूसरे ही पत्र में ऐसा कुछ लिख मारा कि तीसरे दिन उसका पति जूता लेकर चढ़ दौड़ा—केबिन से जब चश्मा उछलकर बाहर आया, तो सारा स्टाफ हँसने लगा—अरे भाई, कुछ भी लिखने से पहले देख तो लेते कि सामनेवाला कौन है, कैसा है?

नहीं कह सकता कि यह नवल के मन की दमित कामना थी या दूसरे पहलू को देखने का आग्रह। डरते-डरते यह भी सोचता, यही क्यों माना जाए कि लड़की कुरूप-कुंठित और कुन्द जहन ही है! सुन्दर सलीकेवाली और समझदार भी तो हो सकती है। यह तो पत्रों से ही ज़ाहिर है कि संवेदनशील और कलात्मक सोचवाली है। बाप फिक्र नहीं करता। भाई लोग बाहर हैं और इसी स्थिति में लड़की निर्णय करती है कि अपनी लड़ाई खुद लड़ेगी, आत्मनिर्भर होगी। हो सकता है, इसी घरेलू खींच-तान में शादी का सिलसिला न बैठा हो—दहेज-जाति-पाँति दुनिया भर के तो चक्कर हैं हिन्दू समाज में। स्वतन्त्र ढंग से सोचनेवाली है, इसलिए हर ऐरे-गैरे से तो शादी नहीं कर सकती—छोटी जगह में रास्ते भी क्या हैं? हो सकता है, मेरे ही सहारे निकलने की बात सोचती हो—यहाँ कोई काम-धाम करेगी, तो आत्मविश्वास आएगा। सही साथी मिलने पर शादी भी कर ही लेगी—चलो, अपने ही माध्यम से किसी की ज़िन्दगी बन जाए, तो बुरा क्या है !

ये सब सोचकर नवल को बहुत अच्छा लगता और वह अपने को शाबाशी देता कि वह लेखक है, इसलिए दूसरों का भला करने की बात सोचता है। क्या फ़ायदा ऐसे लेखन से, जो लेखक को ही निःस्वार्थ और बेहतर आदमी बनाने की दिशा में न बढ़ाए? दूसरों की मजबूरी से फ़ायदा उठानेवाले घटिया आदमी और एक लेखक में कुछ तो फ़र्क़ होना ही चाहिए—मगर यह ऊँचाई बहुत देर नहीं टिकती और वह अपने-आप से सवाल करता—'सच बताओ बेटा नवल, उस लड़की को लेकर तुम्हारे मन में सिर्फ़ यही भावनाएँ हैं? फिर, उसे लेकर तुम्हारे पूरे भीतरी भावनात्मक जगत् में इतनी खलबली क्यों मची है?

तुम क्या इसमें कोई और सम्भावना नहीं देख रहे? अगर बात इतनी ही सीधी और सरल है, तो क्यों बार-बार मन में वह धिक्कार जागता है कि कहीं तुम कुछ खिलवाड़ कर रहे हो? कि उसकी उम्र तुम्हारी बेटी की उम्र से कुछ कम ही है? 30-32 साल के फ़र्क को कहाँ ले जाओगे? जिस दिन से तुम्हें यह लगा है कि यह लड़की तुम्हारे ऊपर विश्वास करती है या तुम्हारे ऊपर निर्भर करने लगी है, क्या उसी दिन से तुम्हारे भीतर कुछ योजनाएँ नहीं बनने लगी हैं? नौकरी या काम दिलाने या सिर्फ़ उसे मानसिक शक्ति देने के एहसान के बदले क्या तुम सचमुच कुछ नहीं चाहते? इस तरह की सम्भावनाओं को लेकर 25-30 वर्ष पहले की तुम्हारी बेचैनी समझ में आ सकती है और तुम उनसे गुज़रे भी हो, लेकिन इतना सब देख और भोग लेने के बाद भी तुम्हारे भीतर का यह कुंठित किशोर क्यों इस तरह सिर उठा रहा है? एक अपाहिज इच्छा ही तो नहीं है? कुछ तो अपनी उम्र और सफेद बालों का लिहाज़ करो बालकृष्ण शर्मा 'नवीन'...

भीतर यह धिक्कार चलता रहता और ऊपर से नवल अपने-आपको एक अनवरत प्रतीक्षा में पाता। उसने लिखा था कि वह मिलकर ही बातें करेगी। इंटरव्यू के लिए दिल्ली आई भी थी, यानी यहाँ आना ऐसा मुश्किल नहीं है, किसी भी दिन सामने आ खड़ी हो सकती है। प्रतीक्षा के इस तनाव में वह हमेशा नहाया-धोया, चुस्त-दुरुस्त रहता। पता नहीं, कब चली आए? बार-बार लगता—इधर तो मैंने जैसे कपड़े-लत्तों, शक्ल-सूरत सब पर ध्यान देना ही छोड़ दिया है। दाढ़ी बनाते समय हर बार उलटा हाथ फिराकर देख लेता, ठीक तो बनी है। हाथ के पंजे के पीछे की चमड़ी देखकर मुट्ठी बाँधता, नहीं, ऐसी झुर्रियाँ तो नहीं है। उसकी उम्र में तो लोग कैसे छुहारे हो जाते हैं, कम-से-कम वैसा तो नहीं लगता है—बरसों से वह अपनी उम्र को लेकर इतना कॉन्शस नहीं हुआ था, जितना अब रहने लगा था। एकाध बार मिलनेवालों ने पूछा, "किसी सभा-गोष्ठी में जा रहे हैं क्या?"—"हाँऽऽ, जाना तो है। मन बना, तो चला जाऊँगा।" मन होता, थोड़ी खुशबू-वुशबू भी लगा ली जाए...

मन में उठते धिक्कार को वह तरह-तरह के तर्क देकर पछाड़ता रहता। अरे, इसी तरह देखो, तो दुनिया की सारी औरतें माँ-बहन-बेटियाँ ही हैं। हमेशा यही सोचते रहो, तो कहीं कुछ नहीं हो सकता। ये तो सामाजिक नियम है, आज एक है, कल दूसरे हो जाएँगे। इस तरह की सामाजिक मर्यादाओं से प्रकृति का अपना प्रवाह कभी रुका है? फिर हम लेखक लोग रचनाकार हैं, सर्जक हैं। बहुत स्वाभाविक है कि प्रकृति की सर्जक नारी के प्रति हमारा आकर्षण सहज और प्राकृतिक हो। यह वासना या व्यभिचार नहीं, दो समानधर्माओं का देश-काल-उम्र सबको लाँघकर एक-दूसरे का अभिनन्दन करना है। नारी प्रकृति की श्रेष्ठ कृति है और जब कलाकार उधर आकर्षित होता है, तो इस कलाकृति को एप्रिशिएट करता है। अगर यह सम्बन्ध सामाजिक मर्यादाओं से ऐसा ही अनुशासित होता, तो क्यों ब्रह्मा अपनी ही पुत्री, सरस्वती पर इस तरह आसक्त होते? क्यों कलाएँ

नारी को ही केन्द्र बनातीं?

नवल को एक और बात अपने पक्ष में बल और प्रेरणा देती। वह महसूस कर रहा था कि जब से इस लड़की ने उसकी सलाह, सहायता और सौहार्द्र में विश्वास प्रकट किया, तभी से उसकी कल्पना को जैसे पंख लग गए हैं और वह दिवास्वप्नों में जीने लगा था। 'पता नहीं, कब से मेरी कल्पना इतनी निर्बाध और निर्बंध नहीं हुई ?' वह साश्चर्य अपने-आपसे कहता, अब मेरी समझ में आ रहा है कि दसियों बरस से मैंने कुछ भी रचनात्मक क्यों नहीं लिखा? सिर्फ़ स्मृतियाँ आपका कितना साथ दे सकती हैं? अगर कल्पना नहीं हो, तो उन स्मृतियों को अतीत के गड्ढ़ों से बाहर निकालकर कैसे कलाकार भविष्य में फेंकेगा? वे तो आपको भी जड़ ही बना देंगी। स्वप्ना सचमुच सपने देखने का माध्यम बनकर आई है...लोगों ने तो पता नहीं, कब से घोषणा कर दी है कि लेखक के रूप में नवल मर चुका है। सच पूछिए, तो वह खुद विश्वास करने लगा था कि अब कभी भी कोई चीज़ उसकी कलम से नहीं आएगी...बस, हमेशा अपने आपको आश्वासन दे देता है कि एक दिन ऐसा चमत्कार होगा कि बैठूँगा और पागल की तरह लिखना शुरू कर दूँगा--लिखता ही चला जाऊँगा और समाप्त करने पर पाऊँगा कि मैंने एक कालजयी उपन्यास की रचना कर डाली है! सिर्फ़ अपने को बहलाने और स्थगित किए जाने का बहाना--मजा यह कि इस बारे में खुद नवल कभी साफ़ नहीं हो पाया कि आख़िर यह चमत्कार घटित कैसे होगा? वह तो केवल एक अन्धविश्वास की तरह प्रतीक्षा कर रहा था। शायद अपने अवचेतन में इतना ज़रूर जानता था कि यह चमत्कार उसी दिन घटित होगा, जिस दिन मूल से झकझोर देनेवाला कोई अनुभव इस जड़ता को ठोकर से तोड़ देगा--जैसे वाल्मीकि को दीमकों के ढूह से, एक बड़े अनुभव ने निकालकर बाहर खड़ा कर दिया था...

और जाने क्यों, नवल को लग रहा था कि यही वह झकझोर डालनेवाला अनुभव है, जिसकी प्रतीक्षा वह अवचेतन में कर रहा था। कैसे करेगा इसका सामना? साबुत भी निकल पाएगा या नहीं? बहरहाल, जो भी हो, इस स्वप्ना ने ही तो उसे भीतर तक उद्वेलित कर दिया है और सोई हुई कल्पना स्वच्छन्द हो उठी है। अगर स्वप्ना मुझे इस जड़ता से निकाल कर बाहर खड़ा कर देती है, तो सच कहता हूँ, मैं उसके चरण धोकर पीने के लिए तैयार हूँ, वह अपने से कहता! अपने को पुनर्जीवन देने के लिए नैतिक-अनैतिक, जायज-नाजायज कुछ भी क्यों न करना पड़े--मुझे कोई अपराध-बोध नहीं होगा...हम कलाकारों के पास यह कल्पना और दिवास्वप्न न हों, तो कैसे कुछ रचेंगे? भाड़ में गई नैतिक मर्यादाएँ और शील-सच्चरित्रता! यह हमारा सारा लेखन इन्हीं बन्धनों के ख़िलाफ़ ही तो विद्रोह है। अगर कलाकार इन्हीं में बँध जाएगा, तो 'कुमार-सम्भव' नहीं, 'मनुस्मृति' लिखेगा! कुछ नहीं होता, पाप और अपराध! अगर 'स्वप्ना' नाम की यह संजीवनी बूटी फिर से मुझे चैतन्य प्रदान कर देती है, तो इससे बड़ी नैतिकता और क्या होगी? मौक़ा

मिला और ज़रूरत हुई, तो सीधे उसी से कह दूँगा कि मरता हुआ एक आदमी अगर तुम्हारी कृपा से बच जाता है, तो इससे बड़ी नैतिकता क्या है? अगर 'किसी की जान बचाने' और 'सामाजिक मर्यादा' में से किसी एक को तुम्हें चुनना हो, तो क्या तुम उस झूठी मर्यादा को चुनना पसन्द करोगी? अब नवल को जैसे एकदम साफ़ दिखाई देने लगा था कि नारी कैसे पुरुष की मूलभूत प्रकृति को, उसकी आदिम जिजीविषा को छूकर जीवित कर देती है। वह इन्हीं अर्थों में तो प्रेरणा, आद्याशक्ति है कि अपनी हलकी-सी ऊष्मा से साठ साल के प्रौढ़ को (वह अपने को वृद्ध कहते डरता था) पल-भर में एक बेचैन किशोर में बदल डालती है। साला, अजब देश है अपना यह हिन्दुस्तान भी ! यहाँ 45 के बाद आदमी को 'बुड्ढ़ा' घोषित कर दिया जाता है और समझा जाता है कि दुनिया की किसी खूबसूरत या स्वादिष्ट चीज़ में उसकी कोई दिलचस्पी नहीं होनी चाहिए। अगर है, तो अनैतिक है। फ्रांस में साठ साल का पिकासो, पच्चीस साल की फ्रैंस्वा जिलों से न सिर्फ़ खुले-खजाने इश्क करता है, बल्कि बाक़ायदा शादी करके रहने लगता है। हेमिंग्वे खुलेआम कहता है कि हर नई औरत के आत्मीय और अन्तरंग प्यार ने उसे नए उपन्यास की प्रेरणा दी है। हम ढोंगियों की क़ौम, ऐसा कह या सोच भी नहीं सकती! वे लोग वर्जनाहीन और खुले हुए हैं। तभी तो बुढ़ापे तक सर्जना करते रहे हैं। चाहे टॉलस्टॉय या रवीन्द्रनाथ, रविशंकर या अज्ञेय, क्या भगवान भरोसे बैठकर अन्तिम समय तक रचना और चिन्तन करते रहते थे? नेहरू के व्यक्तित्व की ऊर्जा और गत्यात्मकता हवा में से आ गई थी क्या?

और इसी जोश में नवल दुनिया के एक से एक बड़े कलाकार, लेखक, वैज्ञानिक, दार्शनिक (मार्क्स, आइन्स्टाइन, बर्टेण्ड रसेल) की जीवनियों से ऐसे प्रसंग निकाल-निकालकर अपने-आपको बल देता रहा, नारी क्या है? सिर्फ़ एक बहता हुआ सोता! उसे तो बहना ही है। अगर आप कुछ मिनट उसके किनारे अपनी थकान मिटा लेते हैं, दो घूँट पानी पीकर, अगली लम्बी यात्राओं पर निकल पड़ने के लिए तरोताजा हो जाते हैं, तो इसमें बुराई कहाँ है? नहीं, न इसमें कुछ ग़लत है, न अनैतिक।

अपने भीतर निरन्तर चलते इन सवाल-जवाबों से नवल स्वयं चकित था, लेकिन इन्हीं सबके बीच कभी-कभी, किसी कोने के बिल से मुँह निकालते साँप की तरह एक और आशंका सिर उठाने लगती! अच्छा, मान लो, जैसा मैं चाहता हूँ या जैसी कल्पनाएँ रात-दिन करता रहता हूँ—सभी कुछ वैसा हो भी गया और फिर भी मैं कुछ नहीं लिख पाया, तो? इस सारी जोखिम, दुस्साहसिकता का हासिल या जस्टिफिकेशन क्या होगा? क्या उसकी स्थिति भी अकील अहमद नाज जैसी नहीं हो जाएगी? नाज साहब किसी ज़माने में बहुत खूबसूरत और जबरदस्त शे'र कहते थे। दो-तीन संग्रह भी छपे और उर्दू साहित्य में उनकी धूम मच गई, मगर इधर दसियों बरसों से उन्होंने कोई शे'र नहीं कहा। हाँ, प्रतिष्ठा खूब हो गई। शान से रहने-सहने का वसीला और रोज़ शराबों का दौर। शुरू में पता नहीं, किसी छोटे-से गाँव में इक्का चलाते थे या मस्जिद बुहारते थे। शायरी की बदौलत बढ़ते चले

गए। मुशाबरा लूट लेनेवालों में हंगामी। खुद मुशायरा ऐसी खूबसूरती से संयोजित करते कि लोग वाह-वाह करते रहते। बात-बात में अपने और दूसरों के बेहद मौजूँ शे'र कहना, निहायत नाटकीय ढंग से हर शायर का परिचय कराना, उसे पेश करना! क्या ग़ज़ब की याद्दाश्त! इधर यह दौर आया कि जिनके बाप-दादों ने पैसे की शक्ल नहीं देखी थी, उनके पास अन्धाधुँध पैसे आ गए, तो उन्हें आर्ट और कल्चर का चस्का लगा। झूठ, बेईमानी और मूल्यहीनता की इस मानसिकता को सामन्ती उर्दू शायरी की जहनियत से अच्छा आधार और कहाँ मिलता! वही शराब, साकी और महबूबा उन्हें परोस सकती थी। वह हमेशा से ही दरबारों, महफिलों और कोठों की चीज़ रही है और उसे क्रेज बना दिया बेगम अख़्तर, मेहँदी हसन, गुलाम अली, पंकज उधास और अनूप जलोटा ने—सौ-सौ रुपए के टिकट—हाथो-हाथ ग़ायब—नतीजे में पैसे वाले पंजाबियों और मारवाड़ियों में भी उर्दू शायरी का शौक फूटा, फैशन की चीज़ थी। मालूम हुआ कि नाज साहब हर शाम किसी-न-किसी पैसेवाले के यहाँ या पाँच सितारा होटल में गोष्ठी सँजोए उसे रंगीन किए हैं, स्कॉच उड़ा रहे हैं। लापरवाही से कहते हैं, "क्या करें, साले गाड़ी भेजते हैं, बुलवाते-पहुँचवाते हैं और हज़ार-दो हज़ार नज़र कर जाते हैं। दिन में इनकी औरतें आ जाती हैं, शे'र नोट करती हैं, तलफ्फुज दुरुस्त कराती हैं, लिखती हिन्दी में हैं, लेकिन हिज्जे और मायने पूछती हैं। तोहफे और नोट देती हैं और बिस्तर गरम कर जाती हैं। कम्बख़्तों से शीन-काफ सधकर ही नहीं देता। ख़ैर, आप तो जानते ही हैं, औरत और शायरी का तो चोली-दामन का साथ है, मगर हमने देख लिया, शायरी साली जागती ही नहीं। हम भी सोचते हैं, न सही शायरी, इस मजे से क्यों महरूम रहें? साल में दस-पाँच नए जायके मिल ही जाते हैं। कलाम तो जागता नहीं, कुछ सबाब और धर्म का काम ही हो जाता है।"

नवल सोचता था कि इतने सब-कुछ के बाद भी अगर सोई हुई सरस्वती नहीं जागी, तो क्या होगा? इससे बड़े नए अनुभव की तलाश? कहीं ऐसा तो नहीं होगा कि मैं भी इसी स्थिति से समझौता कर लूँगा और नाज़ साहब की तरह पुरुष-वेश्या बनकर अपने मन में या दोस्तों के बीच शेखी मारा करूँगा कि इतनी औरतों के साथ सोया?

बहरहाल, उन दिनों नवल के दिमाग़ में सिर्फ़ स्वप्ना संदीप छाई हुई थी और वह या तो हर समय उसी से सवाल-जवाब करता रहता या फिर अपने-आपसे लड़ता रहता! यह अफ़सोस मन में ज़रूर होता कि जब हमारे दिन थे, तब ये सारी स्वप्नाएँ कहाँ मर गई थी? कम्बख़्त आई भी तो कब?

और अब वह सचमुच आ गई है, तो नवल पार्क में बैठा सिगरेटें फूँक रहा है!

नवल जब लौटकर फ्लैट में घुसा, तो नौ बज रहे थे। घंटी बजाने और दरवाज़ा खुलने के बीच उसे लगता रहा कि कोई जादू हो जाए और स्वप्ना वहाँ से जा चुकी हो। अभी

भी समय है और वापस जाकर किसी दोस्त के यहाँ सो जाए, कहीं कोई अनिवार्यता है, जो टल जाएगी। बहुत कुछ ऐसा है ज़िन्दगी में, जो सोचने में उत्तेजक, रोमांचकारी और प्रेरक लगता है, वास्तविकता का रूप लेते ही अपना सारा सम्मोहन खो देता है, वह ग़लत वक़्त पर, ग़लत जगह और ग़लत स्थिति में अपने आपको झोंक रहा है। यह दरवाज़ा जल्दी से क्यों नहीं खुलता, कहीं किसी ने देख लिया, तो? एक बार देखा, घर तो अपना ही है न?

बहादुर ने दरवाज़ा खोला, तो नवल जैसे सरककर अन्दर आ गया। कुछ पूछता, इससे पहले उसने देखा कि पीछे स्वप्ना खड़ी है, चॉकलेटी साड़ी में। शायद नहाई है, बाल खुले हैं। अनायास ही मुँह से निकल पड़ा, ''माफ़ करना स्वप्ना, देर हो गई। जिन साहब से ज़रूरी काम था, वे किसी और जगह शतरंज खेल रहे थे, वहाँ जाकर उन्हें पकड़ा। तुम्हें असुविधा तो नहीं हुई? तुम भी क्या सोचोगी...'' साबुन या शैम्पू की खुशबू बुरी नहीं है।

''कोई बात नहीं। मैंने भी सोचा, ज़रूरी काम होगा, तभी तो...'' स्वप्ना बहुत सहज थी और इस तरह बोल रही थी, जैसे यहीं रहती हो, ''इस बीच इस बहादुर से हमारी दोस्ती हो गई।''

''मेम साहब ने खाना बनाया।'' बहादुर ने हँसकर कहा, रसोई में जाते हुए।

नवल अपने कमरे में जाते हुए ठिठका, फिर जाकर देखा—कमरा साफ़-सुथरा, व्यवस्थित है, पीछे-पीछे स्वप्ना थी। ''तुमने तो सब कुछ इस तरह बना दिया, जैसे...''

''बाप का घर हो...'' स्वप्ना ने हँसकर बात पूरी की।

नवल दुहराकर रह गया, ''बाप का घर...'' आगे कुछ सूझा नहीं। लड़की तेज़ है, सारी सावधानियाँ बरत रही है। घर की सुरक्षा और एकान्त में आकर नवल अपने-आप ही सहज हो आया, अब जो होगा, देखा जाएगा। वह दीवार से लगी किताबों की अलमारी को इस तरह देख रही थी, जैसे कि चार-पाँच सौ साल पहले की इमारत के भित्ति-चित्र देख रही हो। ''यहाँ कितनी किताबें हैं। वहाँ हम उनकी शक्ल देखने के लिए तरस जाते हैं। कुछ ले जाएँगे...''

नवल हँसा, ''अगर इसी तरह हर किसी को ले जाने देता, तो ये इतनी होतीं?'' वह इस बात से बेचैन हो रहा था कि दो घंटे की अनुपस्थिति में ही लड़की का रवैया इतने अधिकार और विश्वास का हो गया है, मानो यहाँ कब से आती रही हो...वह कुर्सी पर बैठ गया, ''चाय-वाय हो गई? खाना कब खाओगी? क्या कर डाला इस बीच में...''

''कुछ नहीं—आप कुछ लेंगे, चाय-कॉफी...'' फिर बाद की बात का जवाब दिया,''हम और बहादुर उधर टी.वी. देख रहे थे।''

''हुम्...अच्छा, तुम्हें भूख हो, तो खा लो, मैं तो कुछ रुककर खाऊँगा...'' कहकर नवल ने उसे ग़ौर से देखा—सचमुच सुन्दर है या मुझे ही लग रही है?

''नहीं, बाद में ही खा लेंगे...'' वह बताने लगी, ''चाय के साथ बिस्कुट ले लिये थे। चार-पाँच घंटे की बस की थकान थी। नहाने से एकदम फ्रेस हो गई...''

नवल कुछ व्यस्त भाव से बोला, ''जरा बहादुर को बुलाओ।'' तब तक बहादुर स्वयं वहाँ आ गया था। शोध-इंटरव्युओं के लिए तरह-तरह के लोग आते ही रहते हैं। इसलिए बहादुर को अजीब नहीं लगना चाहिए। लापरवाह लहजे में कहा, ''सुनो बहादुर, ये यहीं रहेंगी आज। उधर के कमरे में बिस्तर लगा दो। पानी और गिलास रख देना। और देखो, खाना बाद में खा लेंगे। तुम बनाकर रख जाना...कोई और तो नहीं आया था? इन्हें चाय-वाय पिला दी न...'' वह सारी बातें इस तरह एक साथ बोल रहा था कि बहादुर को कुछ पूछने का समय न मिले, ''इनका सामान किधर है?'' वरांडे से टी.वी. की आवाज़ आ रही थी।

''उधर ही है सा'ब,'' कहकर बहादुर चला गया। उसने टी.वी. बन्द कर दिया, तो एकदम ऐसा सन्नाटा छा गया कि नवल और स्वप्ना जैसे झटके से एक-दूसरे के सामने आ खड़े हुए हों। या अब तक आवाज़ की आड़ थी। अब तक स्वप्ना दूसरी कुर्सी पर बैठ गई थी, बीच में छोटी मेज़ थी। नवल ने सिगरेट जलाई और माचिस को कुछ ज़्यादा ही हिलाकर बुझाया। फिर धुआँ उगलते हुए पूछा, ''हाँ, तो अब बताओ...''

''मुझे तो लगता ही नहीं कि पहली बार आपसे मिली हूँ। वरना लेखकों की बात सोचकर बड़ा डर लगता है। पता नहीं, उनके सामने बोला भी जाएगा या नहीं। आप तो एकदम...''

''आदमी जैसे हैं।'' नवल ने बात पूरी कह दी और हँस पड़ा। ''हैं, ऐसे भी लेखक हैं हमारे यहाँ। तुम अज्ञेय जी से मिली हो?''

''नहीं।'' उसने कुछ ज़्यादा ही नाटकीय भोलेपन से सिर हिलाया, ''एक बार हमारे यहाँ आनेवाले थे, कॉलेज में। पता नहीं, क्या हुआ ! नहीं आए...'' फिर हलकी झेंप के साथ कहा, ''कभी 'शेखर एक जीवनी' के पीछे पागल थे हम लोग...''

''अब?'' नवल आधा खोया हुआ-सा देख रहा था—अंडाकार चेहरा, गेहुँआ रंग, नहा-धोकर लड़की बुरी नहीं लगती। खुले बाल। बिन्दी।

''अब नवल जी की रचनाएँ अच्छी लगती है।'' जैसे वह जान-बूझकर शैतानी से बता रही थी, ''वह 20-22 तक की उम्र की रचनाएँ थीं, जैसे 'गुनाहों के देवता' 16 और 18 के बीच की चीज़ है...''

''यानी 22 के बाद आदमी को गीता पढ़नी चाहिए...''

''यानी आपकी रचनाएँ गीता हैं।'' और इस बार वह खिलखिलाकर हँस पड़ी। फिर लगा, शायद कुछ ज़्यादा छूट ले ली है। बोली, ''वे द्वीपों और एकान्त पहाड़ों में विचरने वाले अकेले और इकलौते लोग हैं। होल टाइम लवर्स। पाठक चाहता है कि कुछ हम-आप जैसे हों। अड़ोस-पड़ोस भी हो। कहाँ रहते हैं, क्या खाते हैं, पैसों का हिसाब-किताब क्या है? कहीं कोई समाज है भी या नहीं? यही कुछ तो पात्रों को अपना बनाता है।'' दाँत सुन्दर हैं।

"यह तो उन्होंने खुद साफ़ कर दिया है। वे लोग समय के प्रवाह में बह आए द्वीप हैं। न उनके आगे कुछ है, न पीछे। जैसे और जितने हैं, उतना ही काफ़ी है।" नवल ने तर्क दिया।

वह गम्भीर हो गई, "सुनने में बात अच्छी ही लगती है, मगर सवाल यह भी तो उठता है कि हम उन्हें किस धरातल पर अपना मानें? कहाँ आइडेंटिफाई करें? वह सबकुछ तो एक स्वप्न जैसा लगता है। और सपनों का तर्क भी होता है कि जैसे और जितने हैं, बस, उतने ही हैं, वही काफ़ी है, मगर..."

नवल को लगा, वे दोनों बेकार की बातें कर रहे हैं। शायद चाहता था कि बात खुद उस पर आए। कल की लड़की बराबर से तर्क कर रही है। कहा, "यह बताओ, तुम्हें मेरी रचनाओं में औरों से अलग क्या लगता है?"

"पात्रों का आन्तरिक वार्तालाप...ऊपर से हम जो कहते हैं, वह हमारा एक धरातल होता है। एक सामाजिकता होती है। समानान्तर चलता है भीतरी वार्तालाप–असली आदमी वही होता है, चाहे जितना टुच्चा और छोटा हो..." वह इस तरह बोली, जैसे पता था कि यह सवाल आएगा, "यही कशमकश तो पात्र और स्थिति को नाटकीयता देती है..."

नवल को अच्छा लगा–लड़की इंटेलिजेंट है और अपने ढंग से सोचती है, मगर कहीं यह मेरे भीतर चलनेवाले वार्तालापों को तो नहीं पढ़ रही है? हो सकता है, संकेत से बता रही हो कि उसके मन में जो कुछ हो रहा है, उसकी जानकारी उसे है। व्यक्तियों, स्थितियों को पढ़ने की तीसरी आँख होती है इन कम्बख़्तों में...

नवल को आश्चर्य होता है, ये लड़कियाँ हर स्थिति में इतनी जल्दी सहज कैसे हो जाती है? उसे अच्छा भी लग रहा था। ख़याल आया, लड़की अगर तेज़ है और खुद सोचती है, रटी या सुनी हुई बातें नहीं बोल रही है, तो क्यों न इसे अपनी सारी रचनाएँ पढ़वाई जाएँ, अपने जीवन के बारे में बताया जाए और इससे एक जीवनी लिखवाई जाए? हमारे यहाँ अच्छी जीवनियाँ हैं ही नहीं। एकाध आत्मकथा तो मिल जाएगी, लेकिन किसी दूसरे की गहराई में उतरकर संवेदना और विश्लेषण के साथ किसी ने कुछ लिख हो, ऐसा कहाँ है? जीवित लेखकों के बारे में तो कहीं भी, कुछ नहीं मिलता। अन्दरूनी तहों में एक बात शायद और भी थी कि ये साहित्य-वाहित्य की बातें अभी ख़त्म हो जाएँ, तो अच्छा है, ताकि बाद में व्यक्तिगत बातें करने का निर्विघ्न मौक़ा मिल सके।

ठंड थी। शॉल ओढ़कर नवल ने एक बार दोनों कमरों और बालकॅनी का चक्कर लगाया। उसका तौलिया सूख रहा था। दूसरे कमरे में सफ़री बैग रखा था–करीने से बन्द किया हुआ। मन-ही-मन मना रहा था कि कोई आ न जाए–पड़ोसी या मिलनेवाला। खाना खाया। सब्जी नए हाथ की थी, इसलिए अच्छी लगी। बीच-बीच में वह चुप होकर जैसे कहीं खो जाता। भौंहों से सटी बिन्दी, फिर नाक, कभी-कभी फड़कता एक नथुना–इस

चेहरे का वर्णन करना हो, तो कैसे करेगा? अब लग रहा था, शायद किसी भी लड़की का चेहरा ग़ौर से देखे उसे बरसों हो गए हैं, इसीलिए पहले जैसी फोटो उतारनेवाली निगाह नहीं रह गई है—फिर अचानक ही, 'एक ज़रूरी प्रोग्राम देखना है।' कहकर टी.वी. चालू कर दिया। ख़बरें सुनीं और एक साहित्यकार राजदूत का इंटरव्यू देखता-सुनता रहा। शॉल ओढ़े वह भी चुपचाप बैठी रही। शायद सोच रही हो कि वह किसी महान विचार में डूबा है, इसलिए छेड़ना नहीं है। शायद अवचेतन में प्रतीक्षा थी कि बहादुर रसोई समेटकर चला जाए, तभी असली बातें शुरू हों और जब वह जाने लगा, तो पूछा, "कॉफ़ी लोगी?" "नहीं, ज़रूरत होगी, तो खुद बना लेंगे। कहाँ क्या है, मुझे पता है।" बहादुर ऊपर बरसाती में सोता है। वह चला गया, तो नवल ने अन्दर से चिटखनी लगाई और गहरी निश्चिन्तता की साँस ली। हाँ, तो अब आया है वह असली 'क्षण'—बाथरूम में ब्रश करते हुए उसने अपने-आपको बताया।

"आओ, इधर ही बैठते हैं।" नवल अपने तख़्त पर बैठ गया। रजाई खोलकर पैरों पर डाल ली। वह बेंत की कुर्सी पर बैठ गई। बहुत डरते-डरते संकोच से पूछा, "अच्छा, एक बात बताओ तुम थक भी गई हो, सर्दी काफ़ी है। थोड़ी-सी ब्रांडी लोगी?"

"नहीं, मैं नहीं लेती।" स्वर में क्षमा-याचना थी। वह एक पत्रिका खोलकर किसी कहानी में डूबी थी, "आप लेते हों, तो लें, मुझे कोई आपत्ति नहीं है।"

"अच्छा, तुम टी.वी. बन्द कर आओ और कुछ ओढ़ने को ले लो।" कहकर नवल ने गिलास में ब्रांडी ली और बैठकर 'चीयर्स..'' कहते हुए एक घूँट भरी। अपने भीतर अतिरिक्त हिम्मत लाने के लिए ले रहा है क्या? उसे गौर से देखकर कहा, फिर सोचा, 'लड़की तो तुम बुरी नहीं हो...' शायद समझ गई थी कि वह प्रशंसा से उसे देख रहा है, 'कोई गहना-वहना...कुछ भी नहीं...'

"शुरू से ही शौक नहीं रहा..." फिर उमड़ती झेंप समेटकर एकदम बोली, "सच बताऊँ, आते हुए आपसे बहुत डर लग रहा था।" फिर शायद लगा कि कुछ ऐसी ही बात वह पहले भी कह चुकी है।

"क्यों?" नवल फिर चौंका। यह किसी तरफ़ इशारा या पहले से ही रोकने की सावधानी तो नहीं है?

"सोचती थी, ऐसा महसूस करूँगी, जैसे एक्सरे मशीन के सामने खड़ी हूँ, पर मिलकर कुछ लगा ही नहीं। आप तो बिलकुल हम-तुम जैसे ही हैं।"

"सींग-पूँछ कुछ नहीं दिखाई दिया?"

"होंगे ज़रूर। तभी तो आप लेखक हैं, वरना हम नहीं लिखने लगते...?"

दोनों हँस पड़े। लड़की हाजिर-जवाब है। हलके से उभरे हुए गाल कभी-कभी गड्ढ़े होने का भ्रम देते हैं। नुकीली ठुड्ढ़ी बीच से बँटी हुई है। कहीं-न-कहीं तो इसका वर्णन करना ही है, इसलिए गौर से नोट्स ले लो...? हलकी-सी खुशबू लगाई है क्या? नहीं, कुछ

देर पहले यहाँ अगरबत्ती जलाई गई होगी।

कुछ देर की असुविधाजनक चुप्पी को तोड़कर नवल ने घूँट भरा और बोला, "तो क्या समस्या है?" नवल को हर क्षण लग रहा था, जैसे सब कुछ कई बार ठीक इसी तरह घटित हो चुका है और दुहराया जा रहा है। जैसे ऐसे बने-बनाए सेटों को वह पहले भी कई बार देख चुका है...सिर्फ़ एक ही कसर है। ऐसे माहौल में बत्ती ऊपर की नहीं जलती, टेबुल-लैम्प जलता है, ताकि नीम अँधेरे का सपनीला वातावरण अपना जादू खुशबू की तरह भरने लगे—वह भी होगा। मगर कुछ देर रुककर।

"समझ में नहीं आता, कैसे शुरू करूँ?" कुर्सी के हत्थे पर कुहनी टिकाकर वह उँगलियों से होंठ छूती हुई सोचती-सोचती बोल रही थी, फिर धीरे-धीरे बताने लगी। कहना चाहिए, प्रायः छिपाया कुछ नहीं। हाँ, बताने में कोई तरतीब नहीं थी। बाप सेना में मेजर था। शादी पहले ही हो चुकी थी, माँ बहुत पढ़ी-लिखी नहीं है, गाँव की है। पिता का साथी मिलिटरी अफ़सरों में उठना-बैठना होता था। पार्टियाँ और रिसेप्शन होते रहते थे। उनके परिवार के लोग यहाँ आपस में आते-जाते थे। इसलिए माँ को कभी साथ नहीं रखा। हम लोग प्रायः गाँव में ही रहे, शुरू में वहीं पढ़े। पिता कभी-कभार या तो खुद आ जाते या पैसे भेज देते। जगह-जगह तबादले होते हैं, बच्चों और परिवार को कहाँ लिये-लिये फिरेंगे।

"फैमिली क्वार्टर इतनी आसानी से कहाँ मिलता है? उधर शायद अपने साथियों में बता रखा था कि शादी हुई तो थी, बीवी मर गई। फिर वहीं के एक अफसर की बहन से शादी कर ली। अब रिटायर होकर इसी क़स्बे में आ गए हैं। अलग घर है। एक लड़की और एक लड़का। दोनों बाहर रहकर पढ़ रहे हैं। कभी-कभी इस घर में भी आते हैं। दूसरी माँ कभी नहीं आती। शायद क़स्बे में आने से पहले यह शर्त रही होगी। माँ भी नहीं जाती। हम लोग एक-दो बार गए थे। लेकिन सारे व्यवहार से लगा कि होली-दीवाली हो आना ही ठीक है—एक तरह से हम लोगों ने अपनी ज़िन्दगी खुद बनाई है। दो छोटे भाई हैं, एक टीचर है, शादी करके अलग रहता है। दूसरा कुवैत चला गया। अब एक तरह, बस माँ है और हम हैं। जिस दिन हमारा दिल्ली आने का प्रोग्राम था, पिता आए थे। पूछते रहे, दिल्ली क्यों जा रही है, आठ-दस दिनों बाद मुझे भी काम है, साथ ही चली चलना। मैंने नौकरी के लिए इंटरव्यू और तारीख की बात बताकर जिद की कि नहीं, मैं तो अकेले ही जाऊँगी, इस तरह न किसी के इंटरव्यू रुके रहते हैं, न नौकरियाँ। लड़-भिड़कर आई हूँ। बोलो, न किसी के शादी-ब्याह की चिन्ता, न हारी-बीमारी की। बस, रोक लगाने आ गए—अकेली लड़की वहाँ कहाँ रहेगी, वहाँ कौन है? जब सब कुछ हमें ही करना है, तो इस टोका-टाकी का क्या मतलब है? खुद ही लखनऊ से एम.ए. किया है। माँ ने किस तरह पढ़ाया है, वही जानती है। अब समस्या है कि न वहाँ रह सकती हूँ, न माँ को अकेले छोड़ सकती हूँ..."

ये सब बताते हुए कई बार उसकी आँखों में आँसू आए, गालों से ढुलककर बूँदें

टपकीं, चेहरा विकृत हुआ, कभी रूमाल से और कभी उँगलियों से पोंछा, फड़कते नथुनों और काँपती ठोड़ी को, कुछ समय चुप रहकर शान्त होने का समय दिया। नवल कभी टकटकी लगाए उसे देखता और कभी सिगरेट के जलते गुल पर निगाहें टिकाए एकाग्र भाव से सुनता रहा। अचानक उसे लगा कि वह निहायत आत्मीय और अन्तरंग आत्मस्वीकार इतनी रोशनी-भरे कमरे में यों बैठकर सुनना अनुचित है। दो पैग ब्रांडी का दिया आत्मविश्वास और 'डैम-केयर' का भाव था या सचमुच, इस अन्तरंग क्षण को सम्पूर्णता में सोखने की इच्छा, उसने आहिस्ता से उठकर ऊपर का बल्ब बुझाकर सिरहाने का टेबुल-लैम्प जला दिया। अब सेट पूरा हो गया था। स्वप्ना सिर उठाकर उसे देखती रही। वह फिर अपनी जगह आ बैठा, पैरों पर रजाई डाल ली और सिरहाने पीठ टेककर एक घूँट लिया। रोशनी का दायरा स्वप्ना के हाथों और धड़ तक आकर समाप्त हो गया था। नवल को रह-रहकर लगता, जैसे स्वप्ना का हाथ, नीचे का धड़ कोई स्वतन्त्र हिस्सा है, जिसका ऊपर अँधेरे में, भावोच्छ्वास में डूबी स्वप्ना से कोई सम्बन्ध नहीं है। अँधेरे में उसके चेहरे की रूप-रेखा अब साफ़ होने लगी थी। वह अभी भी अपने में डूबी थी। रुँधे स्वर में कहने लगी, "अब आप ही बताइए, वहाँ ज़िन्दा रहने का किताबों के सिवा और क्या तरीक़ा है? छोटी जगह है, न किसी से खुलकर मिल सकते हैं, न हँस-बोल सकते हैं, लेकिन लगता तो रहता ही है कि अपने लिए जो कुछ भी करना है, खुद ही करना है। मन तो होता है, बाहर कहीं नौकरी का सहारा मिले, तो वहाँ से भाग आएँ और कभी मुड़कर न झाँकें, मगर फिर माँ का क्या होगा..."

अब नवल ने आगे बढ़कर उसका सिर प्यार से थपथपाया—"हिम्मत रखो, कोई-न-कोई रास्ता तो मिलेगा ही..." गीले गालों पर हाथ फेरते हुए उसी की शॉल से आँसू पोंछ दिए। कुछ देर हाथ कंधे पर ही रहने दिया।

"ऐसे में आप ही सोचिए, आपके पत्र कितनी बड़ी हिम्मत बाँधते रहे हैं—आपके पास ऐसे बीसियों पत्र आते होंगे, लेकिन कमज़ोर क्षणों में किसी की कही या लिखी बात कैसे आदमी को आत्महत्या के किनारे से वापस ले आती है, यह शायद आप नहीं सोच सकते..." वह अटक-अटककर बोल रही थी।

नवल सचमुच भावुक हो आया था। "क्या बात करती हो..." कहकर उसने स्वप्ना की बाँह पकड़कर उठाते हुए कहा, "इधर आओ..." उसने हलका-सा प्रतिरोध किया, "नहीं, मैं ठीक हूँ।" "आओ न," नवल ने कहा, तो वह ना-मालूम ढंग से उठकर पास ही बैठ गई। कंधे पर बाँह रखकर, अपने से सटाए नवल उसे जैसे सान्त्वना देता रहा, लेकिन अनचाहे ही नसें खिंचने लगी थीं।

जो कुछ भीतर हो रहा था, उसे देखते हुए नवल खुद डर रहा था। यों अपने से उसे चिपकाकर सान्त्वना देना ग़लत या झूठ लग रहा हो—यह भी नहीं है, मगर लगता था—अन्दर एकदम अलग ही दुनिया है। टेबुल लैम्प की रोशनी, शेड के ऊपरी हिस्से से

कमरे की छत पर छपा हुआ छाया-प्रकाश का बड़ा-सा फूल, झम-झम बजता-सा एकान्त और दिसम्बर की सर्दी का उकसाता शब्दहीन संगीत...नवल को लगता, जैसे वह एक बहुरूपिया है, जो सफेद बाल और प्रौढ़ चेहरा लगाए लोगों को अपनी लच्छेदार भाषा में बेवकूफ बनाता है—वह जो कुछ भीतर है, उसे कोई नहीं जानता। इस भव्य, सम्मानजनक आदरणीय मेकअप में बाक़ायदा राक्षस—पता नहीं कब ऊपर का यह मुलम्मा, यह मुखौटा खिसक कर नीचे आ जाए और बड़े-बड़े दाँतों वाला चेहरा दिखाई देने लगे—अपने उस चेहरे से उसे खुद डर लगने लगता। कभी अपने चारों ओर देखता और लगता, जैसे वह बड़ा मकड़ा है और चारों ओर मुलायम रेशम का खूबसूरत, तरतीबदार जाल फैलाकर बीच में बैठा चौकन्ना और चुस्त इधर-उधर देख रहा है कि कब मक्खी हमले की सीमा के भीतर आती है। अपनी यह कल्पना उसे इतनी सच्ची, घिनौनी और भयावह लगी कि बेचैनी से उसका दम घुटने लगा, जैसे पानी से बाहर सिर निकालकर साँस लेना ज़रूरी है। एकाएक मन हुआ कि खिड़की खोल दे और अपने बनाए जाल को छिन्न-भिन्न करके असलियत बता दे, "स्वप्ना, तुम किसके सामने ये सब बता रही हो? तुम नहीं जानती..." यह सीधी-सादी लड़की कम्बख़्त कहाँ से यहाँ आ मरी?

लेकिन ये सारी बातें अंदरूनी सतहों पर ही चल रही थी और ऊपर का खेल अपनी जगह जारी था। वह बता रही थी कि घर छोड़कर एक दिन के लिए भी निकलना कितना मुश्किल है। आज तो साग-सब्जी से लेकर डॉक्टर के यहाँ जाना, घर का टैक्स जमा कराना—सभी कुछ उसे करना पड़ता है। बिजली चली गई, तो पेंचकस लेकर फ्यूज ठीक कर रहे हैं; पानी टपक रहा है, तो स्टूल लगाकर टंकी की मरम्मत कर रहे हैं, रात में उठकर माँ को बाथरूम ले जाना...घर में वही लड़की है और वही लड़का भी। सारा वातावरण ऐसा भावुक और करुणामय हो आया था कि नवल ने अनायास वह भी कर डाला, जिसके लिए घर में प्रवेश करने के क्षण से ही वह अपने-आपको तैयार कर रहा था। उसकी बाँह पकड़कर सीधा किया और एकदम छाती से चिपकाकर चारों तरफ़ रजाई लपेट ली। छाती पर गुदगुदे दबावों को सोखता वह उसकी कनपटी सहला रहा था। कुछ ही देर में वह उसकी गोद में थी। पता नहीं। कब यह बात नवल के मन में उठने लगी थी, क्या यही सही क्षण है? अभी नहीं। अभी शायद जल्दी हो जाएगी। मिट्टी को थोड़ा और मुलायम होने दो...कुछ और रुको...मुड़कर गिलास उठाया और ब्रांडी का एक बड़ा घूँट भरकर कहा, "तुम भी ले लो, ठंड है।"

छाती से चिपका उसका सिर हिला, "ऊँहुँक।"

हठ से बोला, "नशा नहीं दवा है।" और गिलास उसके होंठों के बीच लगकर दाँतों से टकराया, शायद मुँह खुला और जानबूझकर लगभग पूरी ब्रांडी गले में उड़ेल दी...स्वप्ना घूँट भरते ही जैसे तड़पकर उठ बैठी, दोनों हाथ छाती पर रखकर कराहते हुए कहा, "उफ् आग है। जल गई..." वह दोनों हाथ इस तरह झटकने लगी, जैसे ततैया मिर्च खा ली

हो...नवल को झटके से लगा, बहुत बड़ी गलती हो गई। कहीं यह कम्बख़्त चीखने-चिल्लाने न लगे–वह घबरा उठा। समझ में नहीं आ रहा था कि क्या करे–एकदम तबीयत ख़राब हो गई या क़ै-वै करने लगी, तो कैसे सँभलेगा...? लेकिन स्वप्ना धीरे-धीरे शान्त हो गई, तो नवल की मानो साँस आई...''तुमने तो यार, मेरे हाथ-पाँव फुला दिए।'' नवल ने कहा।

''आपने भी तो एकदम गिलास ही उड़ेल दिया।'' उसने शिकायत से देखकर उलाहना दिया। ''नशा चढ़ गया, तो?''

''तो क्या? सो जाना चुपचाप–'' और इस बार बेझिझक नवल ने उसकी बाँहों के नीचे हाथ लगाकर पास खींच लिया, फिर उसके बाल, गर्दन, बाँहें और कंधे सहलाता रहा। अभी गजब हो जाता न–सारा किया-धरा एक मिनट में चौपट हुआ जा रहा था। झिझकता-सा हाथ कंधे से सरककर छातियों पर देर तक रखा रहा, हलके बढ़ते दबाव के साथ–सिर्फ़ ब्लाउज़ पहने है, और कुछ नहीं–कितनी अजीब बात है कि छातियों पर ऐसा दबाव 'स्वाभाविक' लगता है, उँगलियों की ज़रा सी हरकत उसे 'योजना' बना देती है–अन्दर। सिर्फ़ एक आवाज़ उठ रही थी, बहुत हो गया 'स्वाभाविकता' का नाटक, अब अपने असली रूप में आ जाओ–

अब फिर स्वाभाविक होकर स्वप्ना जैसे इस सबसे बेख़बर अपनी बात बताए चली जा रही थी, ''आपसे पत्र-व्यवहार न होता, तो शायद किसी पागलपने में मैं कुछ खा-पीकर सो जाती...''

''बेवकूफ़-पगली...'' नवल ने मन-ही-मन में कहा, 'साली, फिर ये सब जो हो रहा है, वह कहाँ से होता...?'

अब वह ज़्यादा आराम से और ढीठ होकर उसकी छातियाँ सहला रहा था–जैसे उसकी सहानुभूति अधिक सक्रिय हो उठी है। पता नहीं, धीरे-धीरे चढ़ते नशे से या अपने-आप ही वह भी हिल-डुलकर अधिक सुविधा और आराम से लेटी थी। नवल देर से महसूस कर रहा था कि टेबुल लैम्प बुझा देना चाहिए। रोशनी की ज़रूरत नहीं है। एक एकाग्र रोशनी में वह 'मेरे बुढ़ापे' को ज़्यादा नजदीक से देख सकती है। चेहरे की झुर्रियाँ, सफेद बाल, साँवला रंग, आँखों का मटमैलापन इतने पास से ज़्यादा विरक्ति पैदा करेंगे–वह उसके खुले बालों में, गर्दन पर उँगलियाँ फिराकर उसे 'जगा' रहा था। उसे इस तरह अपनी गोद में इत्मीनान से खुलकर लेटे पाकर एक क्षण को कौंधा, जैसे वह बीस बरस पीछे लौट गया है और बेटी प्रज्ञा को गोद में लिटाकर सुला रहा है–आज वह अपनी ससुराल से दुखी और प्रताड़ित होकर आए और रोते हुए अपनी तकलीफ़ बताने लगे, तो क्या मैं उसे इसी तरह लिटाकर सान्त्वना नहीं दूँगा...? स्वप्ना को कभी बाप का प्यार नहीं मिला। वह बाप की खोज में ही मेरे पास नहीं आई है? और मैं हूँ कि उसकी छातियों की गोलाइयों और कूल्हे के कटाव देखकर अनुमान लगा रहा हूँ कि कितने पुरुष हाथों के दबाव जगा रहा होगा, मेरा वह सहलाना...इस विचार के साथ ही सचमुच नवल एकदम

ठंडा होने लगा—जैसे कहीं से कोई धिक्कार शब्दाकार ले रहा था—ख़त्म करो यह चालाकी और सिर्फ़ आदमी की तरह हमदर्दी दे सकते हो, तो दो—क्यों अपनी और उसकी निगाहों में गिर रहे हो?

सहसा स्वप्ना ने लड़खड़ाती-सी आवाज़ में पूछा, "एक बात बताएँगे..."

उसके सवाल को झटके से लपककर नवल ने जवाब दिया, "मत पूछो—जो तुम जानना चाहती हो, मुझे मालूम है—किसी को मेरे साथ रहने का शौक नहीं है। अब बेटे-बेटी ज़्यादा प्यारे हैं। बाप शुरू से खलनायक रहा है, आज भी खलनायक है। मैंने तुम्हें लिखा था कि अकेलापन हम सबकी नियति है। एक दिन काले हाशियों के बीच तुम भी ख़बर पढ़ लेना..."

रोको-रोको—नवल, साला यह इस वक़्त आत्मकरुणा का ज्वार कहाँ से उमड़ने लगा? यह भी कोई मौक़ा है? और उसने मुड़कर गिलास में फिर ब्रांडी डाली और एक घूँट में जैसे अपने को सँभाल लिया। अचानक ही उसके भीतर गुस्से जैसा कुछ उभरने लगा—जाए भाँड़ में सारी दुनिया...नवल, यह ज़िन्दगी का एक अनमोल और अलभ्य अनुभव तुम्हारी गोद में लेटा है और तुम उल्लू के पट्ठे..

और यह भी सच है कि समानान्तर चलते इस धिक्कार या गुस्से के बावजूद इस वातावरण का बोझ कुछ ऐसा सजीव उकसानेवाला था और ढाल पर लुढ़कते चले जाने की लाचारी कुछ ऐसी निरवरोध थी कि इस प्रक्रिया को बीच में रोक देनां नवल के बस में नहीं था। भीतर से ग्लानि उठे या धिक्कार, मन्त्र-बिद्ध आदमी की तरह उसे वही करना था, जो हो रहा था। सारी स्थिति को वह जिस बिन्दु पर ले आया था, वहाँ खुद वह एक स्वतन्त्र और प्रबल कोड़ेबाज की तरह उसे सब कुछ करा रही थी। वह सिर्फ़ माध्यम था। लोगों पर देवी या भूत आता है, तो शायद इसी तरह असहाय माध्यम के रूप में बदल जाते होंगे। और तब उसने एक झटके से बत्ती बुझा दी, नीचे हाथ लगाकर सिर उठाया और बेझिझक स्वप्ना के होंठ चूम लिए—शराब और सिगरेट की बदबू स्वप्ना को उबकाई ला सकती है। इस भावना को उसने जबरदस्ती दबा दिया...लगा—या तो वह खुद इस स्थिति के लिए तैयार थी या नशे में इतनी बेसुध कि वहाँ कोई प्रतिरोध नहीं था। पता नहीं क्यों, एक क्षण लगा कि अभी वह एक झटके से रजाई, नवल और सबकुछ को दूर हटा देगी और ज़ोर से चीखती हुई नवल को, उसकी नीचता को गालियाँ सुनाना शुरू कर देगी—इससे पहले ही जो कुछ कंरना है, कर लो—लेकिन स्वप्ना ने कुनमुनाकर बहुत आहिस्ता से नवल के माथे पर हाथ लगाया और सिर अलग कर दिया—फिर जैसे बहुत स्वाभाविक स्वर में बोली, "पिला दी है, तो क्या है, गन्ध तो लगती ही है..."

लेकिन अब नवल कुछ नहीं सुन रहा था। उसके कानों में अजीब सनसनाहट गूँज रही थी। लगभग किशोर हड़बड़ी में उसने साड़ी खींचकर बाहर फ़र्श पर पटक दी—बाक़ी कपड़े खींच-खोलकर उतार डाले—कपड़े उतारते समय लगा—उतनी अबोध नहीं है—बहुत

बार इस तरह उतरवाए होंगे—अबोध हो, तो ठीक; न हो, तो ठीक—अब क्या फ़र्क़ पड़ता है—नवल को याद आया कि अन्दर वह 'ब्रा' नहीं पहने हुए है, यह बात उसने पहले भी मार्क की थी...यानी मेरी अनुपस्थिति में जब नहाने गई थी, क्या तभी से जानती थी कि हमें यहीं पहुँचना है, और जब उसने कहा था कि वह मेरे यहाँ ही रह जाएगी, क्या तब भी इसके दिमाग़ में यह बात थी...?

इससे पहले कि नवल के दिमाग़ में कोई बात आकार ले, स्वप्ना ने जैसे कुछ सूँघ लिया। कम-से-कम नवल को यही लगा, क्योंकि वह खुद कुहनियों के बल उठी और बहुत हलके से नवल के होंठ चूम लिए...शायद लगा हो कि इस तरह हटाए जाने का मैं बुरा न मान लूँ...और तभी उसके भीतर चौंक उठा...तो क्या वह सारी नीचता और इस दिशा की 'पहल' सिर्फ़ मेरी ओर से ही नहीं हो रही...? इस बोध के बीच ही नवल ने पाया कि स्वप्ना दोनों बाँहें फैलाकर उसकी छाती से चिपक गई है और मुँह तथा गाल बालों में रगड़ती हुई बुदबुदा रही है, "मुझे नशे में पागल कर दिया है आपने" उसका नीचे सरकता हाथ वहीं रुक गया...और इन सबको जानने का एहसास या बोध का क्षण ही था कि नवल को लगा, जैसे किसी ने उसे पहाड़ की चोटी से अचानक धक्का दे दिया है और वह असहाय लाश की तरह धप्प् से नीचे आ गिरा है...

इस बात की आशंका, नवल को स्वप्ना से मुलाक़ात के पहले क्षण से ही उसकी अन्तश्चेतना में कुलबुलाती महसूस हो रही थी। आशंका के सच हो जाने का यह धक्का कुछ-कुछ वैसा ही आतंकप्रद था, जैसें दुश्मन पर हमला करते हुए हथगोला हाथ में ही फट जाए और शरीर के चिथड़े-चिथड़े उड़ा दे। निढ़ाल और लगभग अचेत होने से पहले धुँधला-सा सिर्फ़ एक ही खयाल क्षण-भर को कौंधा था कि अपमानित और शर्मिंदा वह चाहे जितना रहा हो, अपराध-बोध जैसा कोई भाव नहीं था। साहित्य, कला, साधना का इस्तेमाल अगर उसने इस निरीह लड़की को फँसाने के लिए किया था, तो उसने भी उसे अपनी असहायता, लाचारी और अनाथ होने को यहाँ तक पहुँचने की सीढ़ी बनाया था। निश्चय ही वह उसमें 'बाप' खोजने आई और कूड़ा-करकट छील-तराश कर मेरे भीतर से उसने 'बाप' ही निकाल लिया था—एक माँ की तरह मल-मूत्र और गन्दगी-पोंछकर...

नवल की छाती पर सिर रखकर अब वह बेहद सुख, अधिकार और निश्चिन्तता से लेटी थी। उसने अपने-आप से पूछा, 'क्या वह मुस्करा रही है, अपनी सफलता पर सन्तोष और अपनी खोज की तृप्ति से या व्यंग्य और भर्त्सना से? मुझे मालूम था, तू मुझे यहीं लाकर छोड़ेगा...! लेकिन नवल का शिथिल हाथ उसकी नंगी पीठ पर था और उस समय वह सिर्फ़ एक ऐसा थका-हारा, टूटा चकनाचूर बूढ़ा था, जो पोटाशियम साइनाइड जैसी कोई भी चीज़ खाकर अपने-आपसे और इस सबसे मुक्त हो जाना चाहता था—एक

मरणान्तक उत्कटता से चाह रहा था कि किसी जादू से वह देखते-देखते अदृश्य हो जाए—छाती पर रखा वह छोटा-सा सिर एक भयानक बोझ बनकर साँसों में उतर गया था और असहनीय हो उठा था...

और यह बोझ आज तक नवल की छाती पर लदा है कि उसने यह ख़तरनाक खेल क्यों खेला? उस दिन सुबह चाहे स्वप्ना से आँखें न मिला पाया हो, लेकिन यह सच है कि स्वप्ना आज उसकी बेटी ही है—वैसी ही निश्छल, वैसी ही अन्तरंग, लेकिन उस समय स्वप्ना के माध्यम से क्या वह सिर्फ़ अपनी 'क्षमता' या रचनात्मक ऊर्जा में अपने विश्वास को फिर से पाना चाहता था? या गांधी की तरह इस ख़तरनाक प्रयोग द्वारा अपने समाप्त हो जाने पर अन्तिम मुहर लगाकर निश्चिन्त हो जाना चाहता था? मगर उसके भीतर वह कौन-सा आत्महन्ता पागलपन, आत्मपीड़क या परपीड़क राक्षस था कि स्वप्ना जैसी युवती को उसने सिर्फ़ कसौटी का पत्थर मानकर इस्तेमाल किया, ताकि अपने कंचन की खोट को तीसरे आदमी की निगाह से जाँचकर अन्तिम फ़ैसला सुना सके? फिर सम्पूर्ण पराजय स्वीकार करने से पहले की दयनीय छटपटाहट क्या थी? वह एक लेखक और कलाकार की तरह अपने ही शव का घिनौना पोस्ट-मार्टम कर रहा था या सिर्फ़ अतृप्त वासना-कुंठित बूढ़े की गन्दी-कुचेष्टा और ठरक, जो प्यार और वात्सल्य की मिठाई देकर तेरह साल की लड़की की छातियाँ टटोलकर सुख पाता है?

बहरहाल, नवल के मन में आज भी उस सबको लेकर ग्लानि, जुगुप्सा या परिताप नहीं है। सबकुछ हार जानेवाले जुआरी की छाती चीरकर निकलती साँस ही उस खेल का हासिल है...?

सिद्धि

माँ-शक्ति को लगता है कि ये जूतियाँ पहनकर उन्हें सचमुच कुछ हो जाता है। उन्होंने मन्त्र-सिद्धि की बात सुनी थी, भीतर से विश्वास नहीं था। जैसे उसी विश्वास की स्थापना के लिए ये जूतियाँ उन्हें मिली हैं। पाँव में जूतियाँ डालकर व आँखें बन्द करके कुछ न सोचने का प्रयास करती हैं तभी भास होता है : जैसे वर्तमान का वह क्षण, जहाँ वे खड़ी हैं, एक ऐसा बिन्दु है जिसके आगे और पीछे वे दूर-दूर तक 'देख' सकती हैं। ये जूतियाँ उन्हें एक ऐसा शुभ्र स्फटिक-स्तम्भ लगतीं, जिस पर खड़े होकर उन्हें चारों ओर दिशाओं के अन्त तक के दृश्य साफ़-साफ़ दिखाई देने लगते...दूर क्षितिजों में झाँई मारते, बस्ती-मकानों के धब्बे, नदी की रुपहली धारा, पेड़ों के झुरमुट और धुंध में टँका सूरज को निस्तेज गोला...जैसे वे एक नीची उड़ान के विमान पर बैठी, सभी कुछ को आश्चर्य और पुलक से 'देखती' हैं...

वे दर्शन देते समय केवल आधा घंटे के लिए उन जूतियों को पहनतीं और फिर जाने कैसे 'हाल' में पहुँच जातीं। उस क्षण उन्हें खुद पता नहीं होता, वे क्या बोल रही हैं। हाँ, कहीं कुछ दूर देखती जातीं और उसे ही शब्द देने की कोशिश करती रहतीं...सैकड़ों लोग लाइन में लगे अपनी-अपनी बारी पर चरणों में लेटे होते...उनकी कृपा-दृष्टि की भीख माँगते रहते...बीमारी, कष्ट, बुरे नक्षत्रों से बचाव और आकांक्षित प्रश्नों के उत्तर की प्रार्थनाएँ करते रहते। उन्हें खुद होश नहीं होता, वे कहाँ से बोल रही हैं। जैसे उनका ऊर्ध्वांग किसी जादू से काटकर, हवाओं में ऊपर-ऊपर उठता जाता, वे खुद हवा की तरह हलकी होती जातीं। उन्हें लगता, जैसे वे केवल शब्दाकार हैं; जो कुछ देख रही हैं, उसका स्वरानुवाद हैं। अपने इस अमूर्त रूपान्तरण पर उन्हें स्वयं भी बेहद आश्चर्य होता। क्या इसे ही आदमी को, मूर्त को, माध्यम में बदलना कहते हैं ? लोग कहते, उन्हें भूत-भविष्य सभी कुछ आर-पार दिखाई देता है। वे महासिद्ध हैं, यही चर्चा उस समय चारों ओर फैली हुई थी। और यह सब उन जूतियों के कारण ही होता है, इस सच्चाई का बोध खुद उनके लिए संसार का सबसे बड़ा आश्चर्य है।...वे किसी को बता भी तो नहीं सकतीं कि ये जूतियाँ उन्हें कहाँ से मिलीं। हो सकता है, स्वयं उन्होंने ही कहा हो, या वैसे ही किंवदन्ती की तरह कथा फैल गई हो कि ये उनके गुरु महाराज की इष्टदेवी की पादुकाएँ हैं, माँ-शक्ति की साधना

से प्रसन्न होकर गुरु महाराज ने अपने स्वर्गारोहण से पहले उन्हें देते हुए कहा था, "शक्ति, इनकी गरिमा की रक्षा तुम्हारा दायित्व है..." माँ-शक्ति मन-ही-मन हँसती हैं : हाँ, उनके गुरु महाराज का ही तो प्रसाद हैं ये...और आज वे उन्हें गीता-रामायण से भी अधिक पवित्र-भाव से, सच्ची श्रद्धा के साथ मखमल में लपेटकर रखती हैं, गुलाब और चन्दन की पंखुड़ियों के बीच...केवल 'दर्शन' देने के समय उस आधा घंटे ही उन्हें पहनती हैं और फिर जैसे उनका चेहरा किसी भीतरी तेज से पिघलने लगता है...आसमान से लटके एक बहुत लम्बी रस्सियोंवाले झूले में धीरे-धीरे इस क्षितिज से उस क्षितिज की ओर जाने लगती हैं। उन्हें मालूम है, उनके जाने-अनजाने कई लोगों ने उन्हीं की तरह पावन गंगाजल से पाँव-हाथ धोकर मखमली बस्ते को माथे से लगाया है, परम श्रद्धा से डरते-डरते जूतियों में पाँव डालकर आँखें मूँदने और 'ध्यान' करने की कोशिश की है, मगर किसी को कुछ नहीं होता...ईमानदारी से यह उनके लिए अभिनय नहीं है, न चमत्कार दिखाकर श्रद्धा-विद्ध लोगों का विश्वास वसूलने को कोई आध्यात्मिक षड्यन्त्र है। अनुभूति की यह सिर्फ़ ऐसी स्थिति है, जिसकी परिभषा वे स्वयं नहीं कर पातीं। जब लोग उनके चरणों में पड़े इन जूतियों से माथा रगड़ते होते हैं, उनकी शरण और आशीर्वाद के छत्र के नीचे जीवन उत्सर्ग कर देने की विह्वल गुहारें लगाते होते हैं, तो उसकी बन्द आँखों से निश्शब्द आँसू झरते रहते हैं, सिंहासन के हत्थों पर उनकी मुट्ठियाँ ऐसी कस जाती हैं कि उन्हें पीस डालेंगी, बेबस-सी साँस ज़ोर-ज़ोर से चलने लगती हैं और पोर-पोर एक अजीब शीतल आग में कबाब की तरह भूना जाने लगता है। तब वे जवाब नहीं दे पातीं, सिर्फ़ कराहती हैं—और यह अनुभूति उन्हें कहीं किसी बहुत पुराने भूले हुए की याद दिलाती है...किसी और जन्म की कोई बात। मगर यह भी उन्हें मालूम है कि उस 'सुख' को तो उन्होंने कभी वास्तव में जाना ही नहीं...नारी शरीर पाने की यातना भोगी है। उस ब्रह्मानन्द के बारे में सिर्फ़ सुना है।

बहुत कम आयु में जब उन्होंने संन्यास लेने का संकल्प लिया तो ये हलके गेरुआ वस्त्र धारण करने के साथ-साथ आचमनी, कमंडल, रुद्राक्ष इत्यादि सभी चीज़ों की आवश्यकता हुई। ये चीज़ें नई भी ली जा सकती थीं। मगर लगा, बहुत पुरानी होंगी, तो प्रभाव अच्छा पड़ेगा। हो सकता है, किसी सच्चे योगी की प्रसादी की तरह ही ये वस्तुएँ मिल जाएँ। इसी खोज में उन्होंने ऐसी दुकानों के चक्कर लगाए जहाँ बहुत पुरानी वस्तुएँ भी मिलती थीं। वहाँ एक बुजुर्ग मियाँजी किसी और को इन जूतियों के बारे में विस्तार से बता रहे थे, "जनाब, ये जोहराबाई की जूतियाँ हैं। आपने तो हुज़ूर, उनका नाम भी नहीं सुना होगा। देखा हमने भी नहीं है। मगर कहते हैं, शहर के बड़े-बड़े घमंडी, अज़ीमुशान माथे इन पर रगड़े गए हैं, सोने-चाँदी और जवाहरातों की बारिशें हुई हैं और उन्होंने मलिकाए-आलम की तरह शान से अपने ज़माने के बड़े-से-बड़े रईस तीसमारखाँओं को इशारों पर नचाया है। सुनते हैं, नाचना-गाना ख़ास नहीं जानती थीं, मगर कोई हुनर

था। जिसको एक बार कभी उनके साथ हम-बिस्तर होने का नियाज़ मिला, क़सम खुदा की, वह ज़िन्दगी-भर फिर कभी उस दरवाज़े से गया ही नहीं। मालूम नहीं, कितने अमीर-उमरा, रईस और ख़ानदानी इन जूतियों को छाती से लगाए-लगाए फ़कीर हो गए, पागल और सौदाई हो गए। यक़ीन मानिए, लोगों ने खुदकुशियाँ की हैं, दर-दर की ठोकरें खाई हैं और कुत्तों की तरह सालों दरवाज़े के बाहर खड़े रहे हैं...वक़्त होता है साहब, हर चीज़ का। आज इन गन्दी, मैली और चीथड़े जैसी जूतियों को देखकर कोई क्या तो इसकी क़ीमत समझेगा और क्या इनके दाम लगाएगा...? हम तो कहेंगे साहब, जोहराबाई जोगन थी, जोगन...",

'जोगन' शब्द झनझनाया माँ-शक्ति की चेतना में। जोहराबाई और उसके 'यश-वर्णन' की शर्म से वे अभी उबर भी नहीं पाई थीं कि 'जोगन' शब्द तीर की तरह लगा...मगर हिम्मत नहीं पड़ी। अगले दिन फिर किसी को साथ लेकर गईं। मियाँजी नहीं थे, उनका लड़का था। इधर-उधर कुछ देखती-टटोलती रहीं और चुपचाप जूतियों को काग़ज़ में लिपटवाया, जो पैसा माँगा, दिया और इस तरह झेंपती हुई छिपाकर ले गईं, जैसे अश्लील चित्रों की किताब हो...! अकेले में कमरा बन्द करके देखा डरते-डरते : बहुत पुरानी, धूल-भरी, सिकुड़ी-मुचड़ी घिसी-घिसाई जूतियाँ थीं। कभी उन पर खूबसूरत ज़रदोज़ी का काम रहा होगा, अब तो काले-काले जाले-से रह गए थे। निश्चय ही मियाँजी ने बातों का जाल खड़ा करके बहुत बेकार और दो कौड़ी की जूतियाँ भिड़ा दी हैं। मगर फिर यों ही, कुतूहलवश पाँवों में फँसाया : सख्त थीं और चुभती थीं। फिर सोचा, जो कुछ भी मियाँजी ने कहा, उसमें दस प्रतिशत भी सच रहा, तो ऐसा क्या था जोहराबाई के पास ? वह हुनर कैसा होता है जो आदमी को हमेशा-हमेशा के लिए गुलाम बना ले ? किस उम्र से, कैसे और कब तक साधा होगा जोहराबाई ने उस सिद्धि को ?...और धीरे-धीरे वे किसी अनजान जोहराबाई के कोठे पर जा पहुँचीं...कहीं बहुत दूर से कानों में तबले और घुँघरू की आवाजें आने लगीं...और वे जैसे अपने-आप से उठकर कहीं पीछे और पीछे कुहासे में डूबती चली गईं : उन्हें लगा, उनके आगे एक रेशमी पारदर्शी पर्दोंवाला पलंग है—मसहरी की जालियों जैसा अँधेरा है और भीतर गुँथी हुई दो छायाएँ हैं; गहरी साँसें, उत्तेजक सीत्कारें और आक्रामक कराहें हैं...

और फिर हमेशा ही यही होने लगा। वे जूतियाँ पहनतीं और उन्हें लगता, जैसे कोई बेहद मुलायम हाथों से उन्हें उठाकर वर्तमान से नोच लेता और किसी रहस्यमय लोक में फेंक देता है। वे अपने और जोहराबाई के अतीत की यात्रा पर निकल पड़तीं...फिर यह भेद भी जैसे ग़ायब हो गया...किसी ने कभी बचपन में उन्हें सिंड्रैला नाम की लड़की की कहानी सुनाई थी और सचमुच मानने लगी थीं कि ज़रूर उस लड़की के साथ ऐसा ही हुआ होगा...जोहराबाई भी बहुत सुन्दर रही होगी—लोग कहते हैं, वे खुद भी कम सुन्दर नहीं हैं...लेकिन सुन्दर होने की सार्थकता को जोहराबाई ने कैसे और किस बिन्दु पर सिद्ध

किया...?

झंकृत चेतना की ऐसी ही एक मूर्च्छना में उनके भीतर एक सवाल उठा : वर्तमान से उखड़कर सिर्फ़ अतीत की ही यात्रा क्यों हो ? सपने सिर्फ़ एक ही दिशा में तो नहीं जाते...भविष्य की ओर भी तो जाते हैं ! जा सकते हैं ? और क्या काल में अतीत, वर्तमान, भविष्य जैसे विभाजन हैं ? उन्हें लगता है, जैसे काल एक ऐसा ठंडा, पथराई बर्फ़-सा फैलाव है जिसे हम सिर्फ़ अपनी स्थिति से, जहाँ और जिस बिन्दु पर खड़े हैं, वहीं से बाँट लेते हैं...वहाँ शायद ऐसा कुछ भी नहीं है--एक बार अगर आदमी अपने गुरुत्वाकर्षण से मुक्त हो सके, तो वह काल के इस फैलाव में कहीं भी, कितना भी जा सकता है...

इस निचाट सूने निर्जन फैलाव में तैरते हुए-से भटकना उन्हें बेहद-बेहद अच्छा लगता...मगर जैसे ही उन्हें लगता कि इस 'भटकाव' को समझ पाने, हृदयंगम कर सकनेवाली 'भाषा' उनकी पकड़ से छूट रही है, तो डूबते हुए आदमी की घुटन और बेचैनी से 'लौटने' को छटपटाने लगतीं...तब लगता, जैसे वे एक हवाई जहाज़ से कूद पड़ी हैं और छतरी खुल नहीं रही है...

तब अक्सर उन्हें अहसास होता जैसे वर्तमान एक कील है जो समय के चौड़े तख़्ते पर उन्हें ईसा की तरह ठोंके हुए है : लेकिन जूतियाँ पैरों में हैं, इसी अनुभूति से यह कील ढीली होने लगती है और वे हलकी होकर हवा में तैरने लगती हैं...उस क्षण उन्हें बिलकुल भी भान नहीं रहता कि सिंहासन के हत्थों पर उनकी पकड़ कितनी कस गई है, या दाँतों की पंक्तियाँ कैसे एक-दूसरे से जकड़ गई हैं, खूबसूरत चेहरा कितनी ऐंठन और पीड़ा से लाल हो जाता है...वे तो जोहराबाई के उस 'गुरु' को महसूस करना चाहती हैं, जो आदमी को हमेशा-हमेशा के लिए 'कील' देता है...पुरुष को किसी भी दूसरी प्रकृति के लिए एकदम निकम्मा और नपुंसक बना देता है...।

आज उन्होंने उन जूतियों पर सुन्दर मख़मल के गिलाफ़ सी लिए हैं, और अपने लम्बे गेरुआ चोग़े से हमेशा उन्हें ढँके रहती हैं और जब कोई जिज्ञासु उनसे पूछता है कि वे साधना के किस स्तर पर सिद्धि की किस ऊँचाई तक पहुँच गई हैं, तो इस प्रश्न का अर्थ नहीं समझ पातीं। कोई जवाब उन्हें सूझता ही नहीं...कैसे दें उस 'विलक्षण' को शब्द ? वे केवल मन-ही-मन यही कह पाती हैं, पता नहीं किस योगिनी, तपस्विनी की पादुकाएँ हैं कि मैं 'मैं' नहीं रह जाती, मुझे अपना होश ही नहीं रहता, शरीर गरमाती बर्फ़ की तरह पिघलता महसूस होता है, कानों में घूँघरू, झालर-घंटे से बजते सुनाई देते हैं...एक अजीब सुगन्धित-सा कोहरा...चारों तरफ सिर्फ़ एक उजास...अँधेरों से लिपटता-सा एक उजाला, धुएँ में गुँथी एक लपट...

फिर चौंककर सहसा 'चुप' हो जाती हैं : कैसी घिसी-पिटी-सी बातें वे कह रही हैं...फिर होश आता है, कह कहाँ रही हैं। यह सब तो उनके भीतर 'घटित' हो रहा है...

●●●